Camelia Cezara IGNĂTESCU

Dreptul familiei. Legislaţie adnotată şi legi speciale

Iaşi
2014

DREPTUL FAMILIEI. LEGISLAȚIE ADNOTATĂ ȘI
LEGI SPECIALE
Camelia Maria Cezara IGNĂTESCU

Copyright Editura Lumen, 2013
Iași, Țepeș Vodă, nr.2

Editura Lumen este acreditată CNCS

edituralumen@gmail.com
prlumen@gmail.com

www.edituralumen.ro
www.librariavirtuala.com

Redactor: Roxana Demetra STRATULAT
Design copertă: Roxana Demetra STRATULAT

Descrierea CIP a Bibliotecii Naționale a României
IGNĂTESCU, CAMELIA MARIA CEZARA
    Dreptul familiei : legislație adnotată / Camelia Ignătescu.
- Iași : Lumen, 2014
    ISBN 978-973-166-372-2
347.6(498)

Camelia Cezara IGNĂTESCU

Dreptul familiei. Legislaţie adnotată şi legi speciale

Iaşi
2014

Cuprins

Prefaţă

Lucrarea pe care v-o oferim a fost concepută, pe de o parte, ca un comentariu teoretic şi practic al normelor de dreptul familiei nou consacrate în Dreptul civil, iar, pe de altă parte, ca un instrument necesar tuturor categoriilor profesionale implicate în activităţi specifice menite să pună în aplicare legislaţia în materie.

Explicăm cititorilor noştri Cartea a II-a "Despre familie" din Codul civil şi încercăm să analizăm concepte consacrate prin reglementările acesteia.

Am socotit necesar să completăm normele sus-menţionate cu extrase din Codul de procedură civilă privind procedurile speciale ale divorţului şi partajului, din Codul penal privind infracţiunile contra familiei, precum şi din trei legi speciale care reglementează aspecte de esenţă, conexe temei alese.

Am avut în vedere Legea nr. 272/2004 privind protecţia şi prmovarea drepturilor copilului, cu modificările şi completările ulterioare, care reprezintă o abordare europeană a tuturor drepturilor copilului, a modalităţilor de apărare a acestora, în strânsă legătură cu normele Uniunii Europene.

Adopţia – problemă controversată ce impunea cu necesitate recrearea unui cadru juridic coerent şi nediscriminatoriu – beneficiază, prin republicarea cu modificări în 2012 Legii nr. 273/2004 privind regimul juridic al adopţiei, de o mult aşteptată rezolvare.

Principiul promovării interesului superior al copilului şi valorilor familiei cerea, neîndoielnic, o soluţie eficientă împotriva violenţei fizice şi morale produse între membrii familiei, soluţie ce s-a concretizat prin Legea 217/2003 privind prevenirea şi combaterea violenţei în familie, republicată 2012.

Adnotările textelor de lege urmăresc să răspundă pentru juriştii, avocaţi, magistraţi, cercetători în dreptul familiei, profesori, studenți și toți cei interesați, unor întrebări legate de interpretarea textului de lege în raport cu principiile dreptului, în general, și cu principiile dreptului familiei, în special.

Notățile legislative legate de consacrarea regimului matrimonial, a prestației compensatorii, a locuinței de familie sau a divorțului din culpa reclamantului sunt abordate din perspectiva determinării situării lor în contextul modern, flexibil și inovator al întregului Cod civil.

Precizăm că ar fi fost dificil să cităm autori în materie, întrucât, la data apariției acestei lucrări ne confruntăm cu o bibliografie sumară.

Sperăm că demersul nostru focusat pe legislația dreptului familiei să vă fie util, angajându-ne să revenim cu un curs amplu, în care să includemn și exemplele relevante din jurisprudență.

Autoarea

CODUL CIVIL -
Cartea a II-a – Despre familie
republicat în M. Of. nr. 505 din 15 iulie 2011

➢ **Legea nr.287/2009 privind Codul civil,** cu modificările aduse de **L. 60/2012** privind aprobarea O.U.G. 79/2011 pentru reglementarea unor măsuri necesare intrării în vigoare a Legii nr. 287/2009 privind Codul civil (M. Of. nr. 255 din 17 aprilie 2012 precum și **rectificarea cu privire la art. 297 publicată în M.Of. nr. 246 din 29 aprilie 2013**

Titlul I – Dispoziţii generale

Art. 258 - Familia

(1) Familia se întemeiază pe căsătoria liber consimţită între soţi, pe egalitatea acestora, precum şi pe dreptul şi îndatorirea părinţilor de a asigura creşterea şi educarea copiilor lor.

(2) Familia are dreptul la ocrotire din partea societăţii şi a statului.

(3) Statul este obligat să sprijine, prin măsuri economice şi sociale, încheierea căsătoriei, precum şi dezvoltarea şi consolidarea familiei.

(4) În sensul prezentului cod, prin soţi se înţelege bărbatul şi femeia uniţi prin căsătorie.

Legislaţie conexă:
- art. 48 Constituţia României

Notă.

Primul alineat din cartea Despre familie este o preluarea a principiilor consacrate prin art. 48 alin. (1) din Constituţie şi reflectă fundamentul relaţiilor de familie care se întemeiază, în principal, pe căsătorie.

Aceste principii sunt:

Principiul căsătoriei liber consimţite între soţi. *Raţiunea instituirii acestui principiu rezidă din faptul că o căsătoriei trebuie să aibă ca unic temei sentimentele de dragoste şi de preţuire dintre soţi, iar viitorii soţi sunt singurii care, în mod liber, pot decide încheierea căsătoriei.*

Principiul egalităţii în drepturi dintre bărbat şi femeie. *Conform acestui principiu, ce are la bază egalitatea deplină a femeii cu bărbatul în toate domeniile vieţii sociale, soţii au drepturi egale în căsătorie, toate deciziile care privesc căsătoria fiind rezultatul acordului de* *voință al acestora. Principiul vizează atât raporturile dintre soți cât și cele dintre aceștia și copii lor minori. Precizăm că egalitatea dintre bărbat și femeie nu exclude însă dreptul femeilor la un regim de protecție, la fel cu al tinerilor, atunci când rațiuni sociale impun aceste măsuri.*

Principiul exercitării drepturilor și al îndeplinirii îndatoririlor părintești de creștere și educare a copiilor lor.
Principiul se aplică indiferent dacă acești copii sunt din căsătorie sau din afara căsătoriei, ori sunt biologici sau adoptați. Materializarea acestui principiu se realizează prin toate dispozițiile cuprinse în Codul familiei, și se referă atât la părinți, cât și la oricare alte persoane care ocrotesc pe copii în lipsa părinților. Sunt circumscrise acestui principiu dreptul si îndatorirea părinților de a se îngriji de sănătatea și dezvoltarea fizică a copilului, ceea ce presupune atât satisfacerea tuturor nevoilor copilului în conformitate cu particularitatile stadiului de dezvoltare si nevoile speciale ale copilului cât și protectia copilului împotriva neglijenței sau a abuzului fizic, psihic si emotional, dreptul si îndatorirea părinților de a îngriji de educarea, învățătura și pregătirea profesională a copilului minor precum și dreptul si îndatorirea parintilor de a îndruma și supraveghea pe copilul minor.

Alin. (2)și (3) sunt concentrate pe principiul ocrotirii familiei, a căsătoriei și a copilului, familia constituind elementul natural și fundamental al societății, având pe deplin dreptul la ocrotire din partea societății și a statului. Modul în care statul asigură această protecție constă în reglementarea riguroasă a tuturor instituțiilor juridice privind încheierea și desfacerea căsătoriei, filiația față de mamă sau tată, obligația de întreținere, principiile care guvernează raporturile personale și patrimoniale dintre soți sau dintre părinți și copii aspectelor ce țin de încheierea, desfacerea sau desființarea căsătoriei, filiația față de mamă sau tată, obligația de întreținere, exercitarea îndrumării și controlului de către autoritatea tutelară, încuviințarea adopției, etc.

Alin. (4) definește noțiunea de soți, condiția esențială a căsătoriei fiind diferența de sex. Totodată se exclud din această noțiune persoanele care conviețuiesc împreună, fără însă a fi legate prin căsătorie.

Art. 259 Căsătoria

(1) Căsătoria este uniunea liber consimțită între un bărbat și o femeie, încheiată în condițiile legii.

(2) Bărbatul și femeia au dreptul de a se căsători în scopul de a întemeia o familie.

(3) Celebrarea religioasă a căsătoriei poate fi făcută numai după încheierea căsătoriei civile.

(4) Condițiile de încheiere și cauzele de nulitate ale căsătoriei se stabilesc prin prezentul cod.

(5) Căsătoria încetează prin decesul sau prin declararea judecătorească a morții unuia dintre soți.

(6) Căsătoria poate fi desfăcută prin divorț, în condițiile legii.

Notă.

Alin. (1) cuprinde definiția legală a căsătoriei, respectiv uniunea liber consimțită între un bărbat și o femeie, încheiată în condițiile legii. Se instituie astfel caracterul civil al casătoriei, producând efectele juridice doar căsătoria încheiată în fața ofițerului de stare civilă în condițiile imperativ reglementate de lege.

Dreptul la căsătorie implică și libertatea de alegere între celibat și căsătorie.

Totodată, singurul scop al căsătoriei declarat în alin. (2) este întemeierea unei familii, orice căsătorie încheiată în alte scopuri fiind o căsătorie fictivă și sancționată cu nulitate absolută.

Alin. (3) consacră obligativitatea căsătoriei civile și caracterul facultativ al căsătoriei religioase, care poate fi celebrată doar după încheierea căsătoriei civile.

Potrivit alin. (4), instituția căsătoriei, sub aspectul condițiilor cerute pentru încheierea sa valabilă și a cauzelor de nulitate care afectează căsătoria, își găsește reglementarea în Cod civil.

Alin. (5) stabilește caracterul permanent al căsătoriei, aceasta fiind încheiată pentru toată viața și urmând a înceta doar în cazul morții unuia dintre soți (fie fizic constatată, fie declarată pe cale judecătorească).

Ca și excepție, alin. (6) prevede posibilitatea desfacerii căsătoriei prin divorțul soților, procedură specifică reglementată atât de Codul civil cât și de Codul de procvedură civilă.

Alin. (4)-(6) fac distincție între desființarea căsătoriei, atunci când este afectată de o cauză de nulitate, încetarea (prin decesul sau declararea judecătorească a morții unuia dintre soți) și desfacerea căsătoriei prin divorț.

Art. 260 Egalitatea în drepturi a copiilor

Copiii din afara căsătoriei sunt egali în fața legii cu cei din căsătorie, precum și cu cei adoptați.

Legislație conexă.

- Art. 48 alin. (3) din Constituția României
- Art. 7 din Legea nr. 272/2004 privind protecția și promovarea drepturilor copilului

Notă.

Egalitatea dintre copii se reflectă în toate drepturile dintre copii și părinți și privește atât obligația corelativă a părinților de întreținere a copiilor cât și dreptul acestora la moștenire.

Astfel, părintele este obligat să acorde întreținere copilului său indiferent că este din afara căsătoriei, adoptat sau din căsătorie. Tot așa, copilul din căsătorie, biologic sau adoptat, va avea o cotă egală cu a copilului (biologic) din afara căsătoriei.

Art. 261 Îndatorirea părinților

Părinții sunt cei care au, în primul rând, îndatorirea de creștere și educare a copiilor lor minori.

Notă.

Textul reia în parte dispozițiile art. 258 alin.(1), îndatorirea de creștere și educare fiind deopotrivă egală, indiferent dacă copiii sunt din căsătorie, din afara căsătoriei sau adoptați. Îndeplinirea acestor obligații se realizează prin prisma principiului interesului superior al copilului.

Neîndeplinirea sau îndeplinirea necorespunzătoare a acestei îndatoriri este considerată temeiul angajării răspunderii juridice a părinților pentru faptele ilicite ale copiilor minori, răspundere reglementată prin art. 1372 Cod civil.

Art. 262 Relațiile dintre părinți și copii

(1) Copilul nu poate fi separat de părinții săi fără încuviințarea acestora, cu excepția cazurilor prevăzute de lege.

(2) Copilul care nu locuiește la părinții săi sau, după caz, la unul dintre ei are dreptul de a avea legături personale cu aceștia. Exercițiul acestui drept nu poate fi limitat decât în condițiile prevăzute de lege, pentru motive temeinice, luând în considerare interesul superior al copilului.

Legislație conexă:
• Art. 14-17, art. 33 din Legea nr. 272/2004 privind protecția și promovarea drepturilor copilului

Notă.

Ca o consecință a obligației pe care părintele o are de a creste, educa si supraveghea copilul minor rezulta dreptul acestuia de a avea legaturi personale cu copilul, care se realizează prin faptul ca minorul locuiește împreuna cu părinții săi. În situația divorțului urmat de stabilirea domiciliului copilului la unul dintre soți sau dacă minorii au fost încredințați unor rude ori altor persoane sau unor institutii de ocrotire (art.399 Cod civil), instanța de tutelă decide cu privire la modalitățile de exercitare a acestui drept, în concordanță cu interesul superior al copilului.

Separarea copilului de părinții săi sau de unul dintre aceștia împotriva voinței lor nu poate avea loc decât cu titlu excepțional, adică în cazurile expres și limitativ prevăzute de lege, sub rezerva revizuirii judiciare și numai dacă acest lucru este impus de interesul superior al copilului.

Art. 263 Principiul interesului superior al copilului

(1) Orice măsură privitoare la copil, indiferent de autorul ei, trebuie să fie luată cu respectarea interesului superior al copilului.

(2) Pentru rezolvarea cererilor care se referă la copii, autoritățile competente sunt datoare să dea toate îndrumările necesare pentru ca părțile să recurgă la metodele de soluționare a conflictelor pe cale amiabilă.

(3) Procedurile referitoare la relațiile dintre părinți și copii trebuie să garanteze că dorințele și interesele părinților referitoare la copii pot fi aduse la cunoștința autorităților și că acestea țin cont de ele în hotărârile pe care le iau.

(4) Procedurile privitoare la copii trebuie să se desfășoare într-un timp rezonabil, astfel încât interesul superior al copilului și relațiile de familie să nu fie afectate.

(5) În sensul prevederilor legale privind protecția copilului, prin copil se înțelege persoana care nu a împlinit vârsta de 18 ani și nici nu a dobândit capacitatea deplină de exercițiu, potrivit legii.

Legislație conexă:
- Art. 2 din Legea nr. 272/2004 privind protecția și promovarea drepturilor copilului

Notă.

Prin urmare, indiferent de autorul ei, orice măsură privitoare la copil trebuie să fie luată cu respectarea interesului superior al copilului, prin copil înțelegându-se, conform aliniatului ultim, „persoana care nu a împlinit vârsta de 18 ani și nici nu a dobândit capacitatea deplină de exercițiu, potrivit legii".

În alin. 2 se recunoaște importanța medierii în soluționarea conflictelor referitoare la copii, ca și în legislațiile moderne. Orice separare a copilului de părinții săi trebuie să fie precedată de informarea corespunzătoare a părinților, consilierea acestora, terapie sau mediere.

Aplicabilitatea cea mai mare a acestui principiu o întâlnim în cazurile de stabilire a modalităților de încredințare a copilului în cazul în care părinții se separă, interesul superior al copilului putând fi stabilit luându-se în considerare posibilitățile concrete ale părinților de a asigura dezvoltarea fizică și mentală, pregătirea școlară sau profesională, un climat de stabilitate și siguranță; un mediu favorabil din punct de vedere material, afectiv și moral precum și o autoritate reală și benefică asupra copilului.

Art. 264 Ascultarea copilului

(1) În procedurile administrative sau judiciare care îl privesc, ascultarea copilului care a împlinit vârsta de 10 ani este obligatorie. Cu toate acestea, poate fi ascultat și copilul care nu a împlinit vârsta de 10 ani, dacă autoritatea competentă consideră că acest lucru este necesar pentru soluționarea cauzei.

(2) Dreptul de a fi ascultat presupune posibilitatea copilului de a cere și a primi orice informație, potrivit cu vârsta sa, de a-și exprima opinia și de a fi informat asupra consecințelor pe care le poate avea aceasta, dacă este respectată, precum și asupra consecințelor oricărei decizii care îl privește.

(3) Orice copil poate cere să fie ascultat, potrivit prevederilor alin. (1) și (2). Respingerea cererii de către autoritatea competentă trebuie motivată.

(4) Opiniile copilului ascultat vor fi luate în considerare în raport cu vârsta și cu gradul său de maturitate.

(5) Dispozițiile legale speciale privind consimțământul sau prezența copilului, în procedurile care îl privesc, precum și prevederile referitoare la desemnarea de către instanță a unui reprezentant în caz de conflict de interese rămân aplicabile.

Legislație conexă:

- Art. 24 din Legea nr. 272/2004 privind protecția și promovarea drepturilor copilului

Notă.

Art. 264 introduce o noutate în materia ascultării copiilor, putând fi ascultat și copilul care nu a împlinit vârsta de 10 ani, dacă instanța de tutelă consideră acest lucru necesar în justa soluționare a cauzei.

Ascultarea copilului în procedurile administrative și judiciare este ridicată astfel la rangul de principiu menit să asigure respectarea și garantarea drepturilor copilului, fiind sancționate cu nulitate absolută toate măsurilor luate în privința copilului cu vârsta de peste 10 ani care nu a fost ascultat.

Dreptul a fi ascultat presupune posibilitatea copilului de a solicita orice informație potrivit cu vârsta sa și obligația corelativă a autorităților de a oferi informația solicitată, posibilitatea de a-și exprima punctul de vedere, posibilitatea copilului de a fi informat în privința consecințelor pe care le poate genera opinia sa exprimată, în cazul în care este respectată, posibilitatea informării asupra oricăror consecințe pe care le poate genera orice decizie referitoare la copil. Dreptul copilului de a fi ascultat include și dreptul lui de a cere să fie ascultat, cerere care poate fi formulată atât de copilul care nu a împlinit vârsta de 10 ani, cât și de cel care a împlinit această vârstă.

Art. 265 Instanța competentă

Toate măsurile date prin prezenta carte în competența instanței judecătorești, toate litigiile privind aplicarea dispozițiilor prezentei cărți, precum și măsurile de ocrotire a copilului prevăzute în legi speciale sunt de competența instanței de tutelă. Dispozițiile art. 107 sunt aplicabile în mod corespunzător.

Notă.

Art. 265 instituie instanța de tutelă ca și instanță specializată în materia cauzelor de familie. Prin urmare, în tot ceea ce privește ocrotirea familiei, precum și relațiile de familie, fie nepatrimoniale, fie patrimoniale, competența va aparține instanței de tutelă și de familie, denumită generic instanţa de tutelă. Făcând trimitere la prevederile art. 107 Cod civil, se prevede faptul că asupra oricărei măsuri sau litigiu ce privesc relaţiile de familie, instanţa de tutelă se pronunţă „de îndată", ceea se înseamnă de urgenţă şi cu precădere.

Titlul II - Căsătoria

Capitolul I - Logodna

Art. 266 Încheierea logodnei

(1) Logodna este promisiunea reciprocă de a încheia căsătoria.

(2) Dispozițiile privind condițiile de fond pentru încheierea căsătoriei sunt aplicabile în mod corespunzător, cu excepția avizului medical și a autorizării instanței de tutelă.

(3) Încheierea logodnei nu este supusă niciunei formalități și poate fi dovedită cu orice mijloc de probă.

(4) Încheierea căsătoriei nu este condiționată de încheierea logodnei.

(5) Logodna se poate încheia doar între bărbat și femeie.

Legea de aplicare:

Art. 24. Dispozițiile privind logodna sunt aplicabile numai în cazul în care aceasta a fost încheiată după data intrării în vigoare a Codului civil.

Notă.

Logodna reprezintă o promisiune reciprocă de căsătorie, reglementarea logodnei fiind impusă de contextul tradițional al acesteia în România.

Capacitatea de a încheia logodna este aceeași cu capacitatea cerută pentru încheierea căsătorie, nefiind impuse însă cerința avizului medical și cea a autorizării date de instanța de tutelă. Prin urmare, condițiile de fond pentru încheierea valabilă a unei logodne constau în: consimțământul personal și liber al logodnicilor, vârsta de peste 18 ani a acestora, pentru motive temeinice logodna putându-se încheia și la 16 ani, numai cu încuviințarea părinților sau, după caz a tutorelui ori a persoanei, autorității abilitate să exercite drepturile părintești; logodnicii să nu fie deja logodiți; logodna nu se poate încheia între rudele în linie dreaptă ori între cele în linie colaterală până la al patrulea grad inclusiv (pentru motive temeinice se poate încheia logodna și între rudele în linie colaterală până la gradul patru) sau între tutore și persoana aflată sub tutela sa, nu se pot logodi alienatul mintal și debilul mintal, logodnicii să fie persoane de sex opus.

Logodna nu poate fi calificată ca un antecontract, pentru că nu este de conceput existența unei obligații de a încheia o căsătorie. Totodată, logodna nu ar putea fi calificată nici ca un contract. Astfel, deși alin. 2 și 3 se referă expres la „încheierea logodnei", respectiv la condițiile de fond și formalitățile logodnei, iar, mai departe, art. 267 reglementează în mod expres răspunderea juridică ce intervine în cazul ruperii acesteia, logodna este doar un fapt juridic supus unor condiții și generator de efecte specifice.

Art. 267 Ruperea logodnei

(1) Logodnicul care rupe logodna nu poate fi constrâns să încheie căsătoria.

(2) Clauza penală stipulată pentru ruperea logodnei este considerată nescrisă.

(3) Ruperea logodnei nu este supusă niciunei formalități și poate fi dovedită cu orice mijloc de probă.

Notă.

Logodna nu obligă la încheierea căsătoriei, în sensul că logodnicul care rupe logodna nu poate fi constrâns să încheie ulterior căsătoria, în baza principiului căsătoriei liber consimțite. De asemenea, tot ca o garanție a libertății matrimoniale, potrivit alin. (2), clauza penală stipulată pentru ruperea logodnei este considerată nescrisă.

Potrivit alin. (3), ca și încheierea logodnei, și ruperea acesteia nu este supusă niciunei formalități și poate fi dovedită cu orice mijloc de probă (înscrisuri, martori etc.).

Art. 268 Restituirea darurilor

(1) În cazul ruperii logodnei, sunt supuse restituirii darurile pe care logodnicii le-au primit în considerarea logodnei sau, pe durata acesteia, în vederea căsătoriei, cu excepția darurilor obișnuite.

(2) Darurile se restituie în natură sau, dacă aceasta nu mai este cu putință, în măsura îmbogățirii.

(3) Obligația de restituire nu există dacă logodna a încetat prin moartea unuia dintre logodnici.

Notă.

Chiar dacă promisiunea casatoriei nu împiedica renunțarea, inclusiv unilaterală la proiectul de casatorie, ruperea logodnei are totuși urmări juridice de natură patrimonială, respectiv restituirea darurilor primite în considerarea căsătoriei, sau, pe durata acesteia, în vederea căsătoriei. Se instituie însă și o excepție, respectiv darurile obișnuite, respectiv cele facute cu ocazia sărbătorilor, a zilelor de naștere sau daruri cu valoare mică facute conform obiceiurilor specifice.

Art. 269 Răspunderea pentru ruperea logodnei

(1) Partea care rupe logodna în mod abuziv poate fi obligată la despăgubiri pentru cheltuielile făcute sau contractate în vederea căsătoriei, în măsura în care au fost potrivite cu împrejurările, precum și pentru orice alte prejudicii cauzate.

(2) Partea care, în mod culpabil, l-a determinat pe celălalt să rupă logodna poate fi obligată la despăgubiri în condițiile alin. (1).

Notă.

Tot ca un efect al ruperii logodnei, dar numai în cazul în care aceasta s-a produs abuziv sau în mod culpabil, este obligația părții vinovate de a despăbubi pentru cheltuielile facute sau contractate în vederea casatoriei, precum si pentru orice alte prejudicii cauzate. Sub aspectul răspunderii, prezintă astfel interes circumstanțele care au condus la ruperea logodnei, iar nu ruptura în sine, din acest punct de vedere neavând importanță care dintre logodnici a pus capăt logodnei, ci care dintre ei este în culpă.

Ruperea logodnei va conduce la atragerea răspunderii civile delictuale a părții care a rupt în mod abuziv logodna sau a determinat, în mod culpabil, pe cealaltă parte să recurgă la aceasta. Însă, dacă dreptul la acțiune cu privire la cheltuieli sau orice prejudiciu material îl poate avea fie logodnicul vătămat, fie terții care au efectuat cheltuieli sau și-au contractat obligații pentru căsătoria ce urma a avea loc, în cazul prejudiciului moral dreptul la acțiune îl poate avea doar logodnicul vătămat.

Referitor la probatoriul care poate fi administrat într-o acțiune în răspundere pentru ruperea abuzivă a logodnei, ca și în cazul acțiunii în restituirea darurilor primite de logodnici, pot fi administrate orice mijloace de probă, spre a se dovedi caracterul abuziv al ruperii logodnei, culpa logodnicului pârât, precum și prejudiciul cauzat.

Art. 270 Termenul de prescripție

Dreptul la acțiune întemeiat pe dispozițiile art. 268 și 269 se prescrie într-un an de la ruperea logodnei.

Notă.

Prin urmare, termenul de prescripție a dreptul la acțiune pentru restituirea darurilor și plata despăgubirilor este diferit de termenul general de prescripție de 3 ani, fiind limitat la an de la ruperea logodnei.

Capitolul II - Încheierea căsătoriei

Secțiunea 1 – Condițiile de fond pentru încheierea căsătoriei

Art. 271 Consimțământul la căsătorie

Căsătoria se încheie între bărbat și femeie prin consimțământul personal și liber al acestora.

Legislație conexă:

- Art. 48 din Constituția României
- Art. 16 alin. (2) din Declarația Universală a Drepturilor Omului
- Art. 23 alin. (3) din Pactul internațional cu privire la drepturile civile și politice.

Notă.

În fapt, această dispoziție conține două cerințe relevante sub aspectul incidenței sancțiunii nulității absolute, anume existența consimțământului fiecăruia dintre viitorii soți, precum și condiția diferenței de sex a viitorilor soți.

Consimțământul soților, personal și liber, este o condiție esențială a căsătoriei. Pentru ca acesta să fie liber, el nu trebuie să fie viciat de eroare, dol sau violență.

Eroarea, respectiv falsa reprezentare a realității în momentul încheierii actului juridic, constituie viciu de consimțământ numai dacă privește identitatea fizică a celuilalt soț, nepurtând această calificare dacă privește anumite calități fizice, psihice, mentale sau de ordin material ale unuia dintre soți, crezute altfel de către celălalt soț. Dolul reprezintă falsa reprezentare a realității, astfel cum aceasta i-a fost provocată prin mijloace dolosive celui al cărui consimțământ a fost astfel viciat, consimțământ care, în lipsa acestor mijloace, nu ar fi fost obținut. Violența constă în constrângerea fizică sau morală exercitată asupra viitorului soț, și constituie viciu de consimțământ în măsura în care temerea insuflată a fost decisivă la încheierea căsătoriei.

În ceea ce privește caracterul personal al consimțământului, acesta este asigurat prin faptul că este dat simultan, imediat unul după celălalt, personal și public în fața delegatului de stare civilă competent să oficieze căsătoria și în prezența a doi martori.

Astfel cum am precizat, doar inexistența, lipsa materială a consimțământului atrage nulitatea absolută a căsătoriei, fie că viitorul soț s-a înfățișat personal în fața ofițerului de stare civilă, dar a refuzat să consimtă la căsătorie, fie că unul sau ambii soți au lipsit de la ceremonia oficierii căsătoriei indiferent dacă cel sau cei absenți au fost sau nu „reprezentați", având în vedere că reprezentarea în materia căsătoriei nu este permisă. Dacă însă manifestarea de voință a existat în materialitatea sa, însă i-a fost viciat caracterul liber prin eroare, dol sau violență, căsătoria este anulabilă (art. 298 alin. (1) Cod civil).

Art. 272 Vârsta matrimonială

(1) Căsătoria se poate încheia dacă viitorii soți au împlinit vârsta de 18 ani.

(2) Pentru motive temeinice, minorul care a împlinit vârsta de 16 ani se poate căsători în temeiul unui aviz medical, cu încuviințarea părinților săi sau, după caz, a tutorelui și cu autorizarea instanței de tutelă în a cărei circumscripție minorul își are domiciliul. În cazul în care unul dintre părinți refuză să încuviințeze căsătoria, instanța de tutelă hotărăște și asupra acestei divergențe, având în vedere interesul superior al copilului.

(3) Dacă unul dintre părinți este decedat sau se află în imposibilitate de a-și manifesta voința, încuviințarea celuilalt părinte este suficientă.

(4) De asemenea, în condițiile art. 398, este suficientă încuviințarea părintelui care exercită autoritatea părintească.

(5) Dacă nu există nici părinți, nici tutore care să poată încuviința căsătoria, este necesară încuviințarea persoanei sau a autorității care a fost abilitată să exercite drepturile părintești.

Notă.

Vârsta matrimonială este stabilită conform scopului încheierii căsătoriei, respectiv acela de a intemeia o familie. Așadar, minorul trebuie să aibă gradul de maturizare fiziologică, psihică și intelectuală, care să îi permită asumarea îndatoririlor specifice ale unei căsătorii și a tuturor consecințelor acesteia precum și exprimarea consimtământului liber la căsătorie. Sunt considerate ca fiind motive temeinice pentru acordarea dispensei de vârstă a minorului care a implinit varsta de 16 ani, în considerarea alin. 2, împrejurări excepționale, precum starea de graviditate a minorei, nașterea unui copil de catre aceasta, etc. O noutate față de vechea reglementare, se instituie obligația obținerii autorizării instanței de tutelă în acest caz, autorizare care se obține pe calea ordonanței presedințiale.

Art. 273 Bigamia

Este interzisă încheierea unei noi căsătorii de către persoana care este căsătorită.

Notă.

Fapta ce constă în încheierea unei noi căsătorii de către o persoană care este căsătorită este incriminată și de legea penală. Astfel, art. 376 Cod penal prevede „(1) Încheierea unei noi căsătorii de către o persoană căsătorită se pedepsește cu închisoare de la 3 luni la 2 ani sau cu amendă. (2) Persoana necăsătorită care încheie o căsătorie cu o persoană pe care o știe căsătorită se pedepsește cu închisoare de la o lună la un an sau cu amendă."

O astfel de căsătorie este lovită de nulitate absolută, sancțiune condiționată de îndeplinirea a două cerințe cumulative:

- existența unei căsătorii anterioare a cel puțin unuia dintre soți, căsătorie valabilă din punct de vedere juridic în raport cu momentul încheierii celei ulterioare, în sensul că nu era desfăcută ori desființată prin hotărâre definitivă și nici nu a încetat prin moartea fizică sau prin moartea declarată pe cale judecătorească a soțului din acea căsătorie.

- căsătoria ulterioară s-a încheiat potrivit legii.

*Nu există bigamie în cazul recăsătoririi soțului celui declarat
mort, care reapare, dacă acesta a fost de bună-credință la încheierea noii
căsătorii.*

Art. 274 Interzicerea căsătoriei între rude

(1) Este interzisă încheierea căsătoriei între rudele în
linie dreaptă, precum și între cele în linie colaterală până la al
patrulea grad inclusiv.

(2) Pentru motive temeinice, căsătoria între rudele în
linie colaterală de gradul al patrulea poate fi autorizată de
instanța de tutelă în a cărei circumscripție își are domiciliul cel
care cere încuviințarea. Instanța se va putea pronunța pe baza
unui aviz medical special dat în acest sens.

(3) În cazul adopției, dispozițiile alin. (1) și (2) sunt
aplicabile atât între cei care au devenit rude prin adopție, cât și
între cei a căror rudenie firească a încetat prin efectul adopției.

Notă.

*Căsătoria este oprită între rudele în linie dreaptă indiferent de
grad, precum și între cele în linie colaterală până la gradul al patrulea
inclusiv, fără nicio distincție după cum rudenia este firească, adică bazată
pe descendența unei persoane dintr-o altă persoană ori pe faptul că mai
multe persoane au un ascendent comun sau rudenia este civilă, rezultată
din adopție.*

*O căsătorie încheiată cu nerespectarea acestor dispoziții este
sancționată cu nulitate absolută. Prin excepție de la această regulă,
căsătoria poate fi totuși autorizată de instanța de tutelă în a cărei
circumscripție își are domiciliul solicitantul între rude în linie colaterală de
gradul IV, adică între verii primari. În lipsa autorizării, căsătoria este
lovită de nulitate absolută.*

*Referitor la adoptat și descendenții săi, chiar dacă raporturile de
rudenie firească față de părinții firești ai adoptatului și rudele acestora
încetează pe data rămânerii definitive a hotărârii de încuviințare a
adopției, impedimentul la căsătorie fondat pe rudenia de sânge a*

adoptatului și a descendenților săi se menține, interdicție pe deplin justificată.

Art. 275 Interzicerea căsătoriei între tutore și persoana minoră

Căsătoria este oprită între tutore și persoana minoră care se află sub tutela sa.

Notă.

Căsătoria încheiată între tutore și persoana minoră aflată sub tutela sa este sancționată cu nulitate relativă.

Art. 276 Alienația si debilitatea mintală

Este interzis să se căsătoreasca alienatul mintal și debilul mintal.

Notă.

Interdicția de a se căsători impusă alienatului și debilului mintal are caracter absolut și categoric, o astfel de căsătorie fiind lovită de nulitate absolute, fără nicio excepție. Justețea unei astfel de reglementări este dată de faptul că aceste persoane nu pot exprima un consimțământ valabil, nefiind capabile să-și prefigureze consecințele social-juridice ce pot decurge din exercitarea drepturilor și obligațiilor ce le revin în cazul încheierii căsătoriei Starea de alienație sau debilitate mintală trebuie să existe la momentul încheierii căsătoriei, fără a avea relevanță că persoana respectivă se află sau nu la data încheierii căsătoriei într-un moment de luciditate.

Art. 277 Interzicerea sau echivalarea unor forme de conviețuire cu căsătoria

(1) Este interzisă căsătoria dintre persoane de același sex.

(2) Căsătoriile dintre persoane de același sex încheiate sau contractate în străinătate fie de cetățeni români, fie de cetățeni străini nu sunt recunoscute în România.

(3) Parteneriatele civile dintre persoane de sex opus sau de același sex încheiate sau contractate în străinătate fie de cetățeni români, fie de cetățeni străini nu sunt recunoscute în România.

(4) Dispozițiile legale privind libera circulație pe teritoriul României a cetățenilor statelor membre ale Uniunii Europene și Spațiului Economic European rămân aplicabile.

Notă.

Căsătoria încheiată între persoanele de același sex este lovită de nulitate absolută în baza art. 293 alin. (1) raportat la art. 271 Cod civil. Astfel, potrivit art. 271 Cod civil, căsătoria se încheie între bărbat și femeie prin consimțământul personal și liber al acestora, încălcarea acestei prevederi fiind sancționată cu nulitatea absolută. Sancțiunea intervine nu numai atunci când căsătoria se încheie cu nerespectarea prevederilor privind consimțământul la căsătorie, ci și atunci când ea nu se încheie între persoane de sex diferit.

România nu recunoaște căsătoriile dintre persoane de același sex sau diferitele parteneriate încheiate în străinătate între persoane de același sex sau de sex opus, indiferent de cetățenia lor.

Secțiunea 2 – Formalitățile pentru încheierea căsătoriei

Art. 278 Comunicarea stării de sănătate

Căsătoria nu se încheie dacă viitorii soți nu declară că și-au comunicat reciproc starea sănătății lor. Dispozițiile legale prin care este oprită căsătoria celor care suferă de anumite boli rămân aplicabile.

Notă.

Solemnitatea căsătoriei constă într-un ansamblu de condiții, care trebuie respectate ad validitatem.

Obligația viitorilor soți de a-și comunica reciproc starea de sănătate constituie o condiție de formă a încheierii căsătoriei, instituită atât din considerente de ordin medical, ca o măsură de prevenire a bolilor transmisibile și de confirmare a stării de alienație sau debilitate mintală, cât și din prisma valabilității consimțământului, fiecare dintre viitorii soți trebuind să cunoască starea sănătății celuilalt pentru a putea aprecia liber dacă dorește sau nu încheierea căsătoriei.

Comunicarea reciprocă a stării de sănătate este confirmată în declarația de căsătorie, care cuprinde mențiunea ,,declarăm că am luat la cunoștință reciproc de starea sănătății noastre în vederea încheierii căsătoriei" și dovedită prin anexarea la declarația de căsătorie a certificatul prenupțial.

Art. 279 Locul încheierii căsătoriei

(1) Căsătoria se celebrează de către ofițerul de stare civilă, la sediul primăriei.

(2) Prin excepție, căsătoria se poate celebra, cu aprobarea primarului, de către un ofițer de stare civilă de la o altă primărie decât cea în a cărei rază teritorială domiciliază sau își au reședința viitorii soți, cu obligativitatea înștiințării primăriei de domiciliu sau de reședință a viitorilor soți, în vederea publicării.

Legislaţie conexă:

- Art. 24 din Legea nr. 119/1996 cu privire la actele de stare civilă, republicată 2012
- Art. 41 alin. (4) din Metodologia cu privire la aplicarea unitară a dispoziţiilor în materie de stare civilă, aprobată prin H.G. nr. 64/2011.

Notă.

Norma analizată prevede, ca regulă generală, condiţia încheierii căsătoriei în localitatea unde viitorii soţi îşi au domiciliul sau reşedinţa.

În mod excepţional, căsătoria se poate celebra, cu aprobarea primarului, de către un ofiţer de stare civilă de la o altă primărie decât cea în a cărei rază teritorială domiciliază sau îşi au reşedinţa viitorii soţi, cu obligativitatea înştiinţării primăriei de domiciliu sau de reşedinţă a viitorilor soţi, în vederea publicării.

Tot ca excepţie, art. 41 alin. (4) din Metodologia cu privire la aplicarea unitară a dispoziţiilor în materie de stare civilă, aprobată prin H.G. nr. 64/2011 prevede că persoanele arestate sau condamnate, în baza unor mandate de arestare ori de executare a pedepsei privative de libertate, încheie căsătoria pe timpul măsurii arestării şi executării pedepsei la Secţia de Poliţie sau, după caz, la primăria în a cărei rază administrativ-teritorială se găseşte sediul arestului/penitenciarului, indiferent de domiciliul sau reşedinţa viitorilor soţi

Art. 280 Declaraţia de căsătorie

(1) Cei care vor să se căsătorească vor face personal declaraţia de căsătorie, potrivit legii, la primăria unde urmează a se încheia căsătoria.

(2) În cazurile prevăzute de lege, declaraţia de căsătorie se poate face şi în afara sediului primăriei.

(3) Atunci când viitorul soţ este minor, părinţii sau, după caz, tutorele vor face personal o declaraţie prin care încuviinţează încheierea căsătoriei. Dispoziţiile art. 272 alin. (5) rămân aplicabile.

(4) Dacă unul dintre viitorii soți, părinții sau tutorele nu se află în localitatea unde urmează a se încheia căsătoria, ei pot face declarația la primăria în a cărei rază teritorială își au domiciliul sau reședința, care o transmite, în termen de 48 de ore, la primăria unde urmează a se încheia căsătoria

Legislație conexă:

• Art. 25 din Legea nr. 119/1996 cu privire la actele de stare civilă, republicată 2012

• Art. 41 din Metodologia cu privire la aplicarea unitară a dispozițiilor în materie de stare civilă, aprobată prin H.G. nr. 64/2011.

Notă.

Potrivit art. 41 alin. (1) din Metodologia cu privire la aplicarea unitară a dispozițiilor în materie de stare civilă, aprobată prin H.G. nr. 64/2011" Declarația de căsătorie (...)se face personal, de către viitorii soți, în scris, la S.P.C.L.E.P. sau, după caz, la primăria locului de domiciliu ori de reședință al unuia dintre ei și se publică în ziua în care a fost primită, prin afișare, în extras, în condițiile legii"

Potrivit art. 41 alin. (2) din Metodologie, cetățenii români aflați în străinătate pot depune declarația de căsătorie la misiunile diplomatice și oficiile consulare de carieră ale României din străinătate. În ceea ce privește însă cetățenii străini cu domiciliul sau reședința în România, aceștia pot depune declarația de căsătoriei la S.P.C.L.E.P. sau, după caz, la primăria locului de domiciliu ori de reședință al acestora ori al unuia dintre ei, în cazul în care viitorii soți au domicilii sau reședințe diferite, aplicabil fiind alin.(1) din Metodologie.

Soluția prevăzută la alin. (3) se aplică și în cazul altor persoane sau autorități abilitate să exercite drepturile părintești.

Dispozițiile alin. (4) se regăsesc și în art. 28 din Legea nr. 119/1996 conform căruia: „Dacă unul dintre viitorii soți (...) nu se află în unitatea administrativ-teritorială unde urmează a se încheia căsătoria, ei pot face declarația de căsătorie, (...) la serviciul public comunitar local de evidență a persoanelor sau, după caz, la primăria unității administrativ-

teritoriale unde au domiciliul sau reședința, care o transmite în termen de 48 de ore serviciului public comunitar local de evidență a persoanelor sau, după caz, primăriei unde urmează a se încheia căsătoria" precum și în art. 41 alin. (3) din Metodologia cu privire la aplicarea unitară a dispozițiilor în materie de stare civilă, aprobată prin H.G. nr. 64/2011, conform căruia: „în cazul în care unul dintre viitorii soți nu se află în unitatea administrativ-teritorială unde urmează a se încheia căsătoria, el poate face declarația de căsătorie la S.P.C.L.E.P. sau, după caz, la primăria din cadrul unității administrativ-teritoriale pe raza căreia se află, care o va transmite, în termen de 48 de ore, la S.P.C.L.E.P. sau, după caz, la primăria din cadrul unității administrativ-teritoriale unde urmează a se încheia căsătoria".

Potrivit art. 41 alin. (4) din Metodologia cu privire la aplicarea unitară a dispozițiilor în materie de stare civilă, aprobată prin H.G. nr. 64/2011, „Persoanele arestate sau condamnate, în baza unor mandate de arestare ori de executare a pedepsei privative de libertate, pot încheia o căsătorie pe timpul măsurii arestării și executării pedepsei, situație în care, potrivit art. 41 alin. (4) din Metodologie, vor depune declarația de căsătorie la S.P.C.L.E.P. sau, după caz, la primăria în a cărei rază administrativ-teritorială se găsește sediul arestului/penitenciarului, care va fi și competentă să o încheie, indiferent de domiciliul sau reședința viitorilor soți"

Art. 281 Conținutul declarației de căsătorie

(1) În declarația de căsătorie, viitorii soți vor arăta că nu există niciun impediment legal la căsătorie și vor menționa numele de familie pe care îl vor purta în timpul căsătoriei, precum și regimul matrimonial ales.

(2) Odată cu declarația de căsătorie, ei vor prezenta dovezile cerute de lege pentru încheierea căsătoriei.

Legislație conexă:

- Art. 25 din Legea nr. 119/1996 cu privire la actele de stare civilă, republicată 2012

Notă.

Declarația cuprinde voința soților de a se căsători, mențiunea că au luat cunoștință de starea de sănătate a fiecăruia, că îndeplinesc condițiile de fond, că nu există impedimente la căsătorie, mențiunea privind numele pe care soții îl vor purta după căsătorie, precum și regimul matrimonial ales. Totodată, în cazul în care viitorii soți au făcut declarațiile de căsătorie la servicii de stare civilă diferite, declarația va cuprinde și indicarea locului unde urmează să se încheie căsătoria.

Art. 282 Alegerea numelui de familie

Viitorii soți pot conveni să își păstreze numele dinaintea căsătoriei, să ia numele oricăruia dintre ei sau numele lor reunite. De asemenea, un soț poate să își păstreze numele de dinaintea căsătoriei, iar celălalt să poarte numele lor reunite.

Legislație conexă:

* Art. 48 alin. (1) din Metodologia cu privire la aplicarea unitară a dispozițiilor în materie de stare civilă, aprobată prin H.G. nr. 64/2011.

Notă.

Spre deosebire de Codul familiei, care prevedea o triplă alegere, respectiv să-și păstreze fiecare numele dinaintea căsătoriei, să aleagă ca nume comun pe acela al unuia dintre viitorii soți sau să aleagă ca nume comun un nume compus din numele lor reunite, codul civil oferă și o a patra variantă, respectiv posibilitatea ca un soț să-și păstreze numele dinaintea căsătoriei, iar celălalt să poarte numele lor reunite.

Soții declară numele de familie pe care s-au învoit să-l poarte în căsătorie, în fața ofițerului de stare civilă, fie odată cu depunerea declarației de căsătorie, fie ulterior, dar până la momentul încheierii căsătoriei.

Dacă înțelegerea referitoare la numele de familie a intervenit după depunerea declarației, dar numai înainte de a se încheia căsătoria, această înțelegere se consemnează într-o declarație scrisă care se anexează la declarația inițială.

Art. 283 Publicitatea declarației de căsătorie

(1) În aceeași zi cu primirea declarației de căsătorie, ofițerul de stare civilă dispune publicarea acesteia, prin afișarea în extras, într-un loc special amenajat la sediul primăriei și pe pagina de internet a acesteia unde urmează să se încheie căsătoria și, după caz, la sediul primăriei unde celălalt soț își are domiciliul sau reședința.

(2) Extrasul din declarația de căsătorie cuprinde, în mod obligatoriu: data afișării, datele de stare civilă ale viitorilor soți și, după caz, încuviințarea părinților sau a tutorelui, precum și înștiințarea că orice persoană poate face opoziție la căsătorie, în termen de 10 zile de la data afișării.

(3) Căsătoria se încheie după 10 zile de la afișarea declarației de căsătorie, termen în care se cuprind atât data afișării, cât și data încheierii căsătoriei.

(4) Primarul municipiului, al sectorului municipiului București, al orașului sau al comunei unde urmează a se încheia căsătoria poate să încuviințeze, pentru motive temeinice, încheierea căsătoriei înainte de împlinirea termenului prevăzut la alin. (3).

Legislație conexă:
- Art. 26,27 din Legea nr. 119/1996 cu privire la actele de stare civilă, republicată 2012

Notă.

Textul alin. (2) al textului analizat precizează conținutul exact și obligatoriu al extrasului din declarația de căsătorie, și introduce, ca noutate față de vechea reglementare din Codul familiei, afișarea încuviințării părinților sau a tutorelui, după caz.

Termenul prevăzut în alin. (3) este unul prohibitiv, în interiorul căruia se interzice celebrarea căsătoriei. În mod excepțional, alin. (4) instituie o derogare, primarul unității administrativ-teritoriale unde urmeaza a se incheia casatoria putând sa incuviinteze, pentru motive temeinice, incheierea casatoriei inainte de implinirea termenului prevazut la alin.(3), (spre exemplu, dacă viitoarea soție este însărcinată și nașterea urmează să aibă loc în termenul de 10 zile de la declarația de căsătorie; viitorul soț urmează a pleca la studii sau într-o misiune în străinătate în interiorul termenului de 10 zile de la declarația de căsătorie etc.).

Depunerea și înregistrarea declarației de căsătorie nu pot fi asimilate încheirii unui antecontract de căsătorie care să instituie obligația încheirii căsătoriei, dar nefinalizarea culpabilă a demersului astfel inițiat, prin analogie cu reglementarea logodnei, poate conduce la angajarea răspunderii civile delictuale și obligarea părții culpabile la dezdăunarea prejudiciului cauzat celeilate părți.

Art. 284 Reînnoirea declarației de căsătorie

În cazul în care căsătoria nu s-a încheiat în termen de 30 de zile de la data afișării declarației de căsătorie sau dacă viitorii soți doresc să modifice declarația inițială, trebuie să se facă o nouă declarație de căsătorie și să se dispună publicarea acesteia.

Legislație conexă:
- Art. 27 din Legea nr. 119/1996 cu privire la actele de stare civilă, republicată 2012

Notă.

Prin urmare, dacă în termen de 30 de zile de la data afișării declarației, căsătoria nu se încheie, aceasta devine caducă, fiind necesară o nouă declarație de căsătorie supusă aceluiași regim juridic ca și prima.

În fapt, în considerarea termenului de 30 de zile în care trebuie încheiată căsătoria coroborat cu termenul prohibitiv de 10 zile în care nu se poate încheia căsătoria, rezultă că încheierea căsătoriei urmează a fi realizată în termen de 20 de zile din momentul în care se permite celebrarea ei.

Art. 285 Opoziția la căsătorie

(1) Orice persoană poate face opoziție la căsătorie, dacă există un impediment legal sau dacă alte cerințe ale legii nu sunt îndeplinite.

(2) Opoziția la căsătorie se face numai în scris, cu arătarea dovezilor pe care se întemeiază.

Notă.

Prin opoziția la căsătorie, orice persoană poate aduce la cunoștința ofițerului de stare civilă existența unor împrejurări care constituie impediment la căsătorie sau neîndeplinirea unei condiții de fond pentru căsătorie, aspecte care vor fi analizate și verificate de către ofițerul de stare civilă.

Opoziția la căsătorie poate fi făcută în termen de 10 zile de la data înregistrării și publicării declarației de căsătorie de orice persoană, care nu trebuie să dovedească în prealabil vreun interes propriu sau personal.

În cazul în care nu sunt respectate cerințele prevăzute în alin. (2), opoziția la căsătorie constituie o simplă informare a ofițerului de stare civilă, care, pe baza ei, va trebui să facă verificările necesare cu privire la exactitatea celor semnalate, iar dacă în urma acelor verificări, se vor confirma cele asupra cărora s-a făcut sesizarea, se va putea sesiza și din oficiu.

Art. 286 Refuzul celebrării căsătoriei

Ofițerul de stare civilă refuză să celebreze căsătoria dacă, pe baza verificărilor pe care este obligat să le efectueze, a opozițiilor primite sau a informațiilor pe care le deține, în măsura în care acestea din urmă sunt notorii, constată că nu sunt îndeplinite condițiile prevăzute de lege.

Legislație conexă:

- Art. 28 din Legea nr. 119/1996 cu privire la actele de stare civilă, republicată 2012

Notă.

Urmare a formulării unei opoziție la căsătorie, ofițerul de stare civilă este obligat să o anlizeaze în intervalul de timp rămas până la data stabilită pentru celebrarea căsătoriei.

În situația în care ofițerul stării civile apreciază că opoziția nu este întemeiată, o va respinge și va proceda la încheierea căsătoriei. În schimb, dacă opoziția este întemeiată, atunci ofițerul de stare civilă va refuza încheierea căsătoriei, întocmind un proces-verbal constatator.

În cazul în care, pentru efectuarea verificărilor este necesar un timp mai îndelungat, ofițerul stării civile va amâna momentul încheierii căsătoriei.

Art. 287 Celebrarea căsătoriei

(1) Viitorii soți sunt obligați să se prezinte împreună la sediul primăriei, pentru a-și da consimțământul la căsătorie în mod public, în prezența a 2 martori, în fața ofițerului de stare civilă.

(2) Cu toate acestea, în cazurile prevăzute de lege, ofițerul de stare civilă poate celebra căsătoria și în afara sediului serviciului de stare civilă, cu respectarea celorlalte condiții menționate la alin. (1).

(3) Persoanele care aparțin minorităților naționale pot solicita celebrarea căsătoriei în limba lor maternă, cu condiția ca ofițerul de stare civilă sau cel care oficiază căsătoria să cunoască această limbă.

Legislație conexă:

• Art. 29,30 din Legea nr. 119/1996 cu privire la actele de stare civilă, republicată 2012

Notă.

Din cuprinsul normei rezultă următoarele principii ce guvernează căsătoria:

- căsătoria se încheie la sediul primăriei sau, după caz, al serviciului public comunitar local de evidență a persoanelor, cu excepția

cazurilor prevăzute de lege când căsătoria poate fi celebrată în afara sediului;

- soții trebuie să fie prezenți personal în fața ofițerului de stare civilă, nefiind permisă reprezentarea acestora;

- prezența soților trebuie să fie concomitentă;

- căsătoria este publică, accesul oricărei persoane fiind permis;

- căsătoria se încheie în prezența a 2 martori.

Neîndeplinirea oricărei dintre aceste condiții va conduce la nulitatea absolută a căsătoriei. Prin excepție, căsătoria se poate încheia și în afara sediului primăriei, doar în cazul existenței unor motive temeinice care împiedică pe unul sau pe ambii soți să se deplaseze la sediul primăriei în vederea încheierii căsătoriei. Pot fi considerate motive temeinice starea de graviditate a femeii, boala unuia dintre soți care împiedică deplasarea acestuia, starea de detenție.

Totodată, căsătoria se celebrează în limba română. Ca excepție, persoanele care aparțin minorităților naționale pot solicita celebrarea căsătoriei în limba lor maternă; însă celebrarea căsătoriei în limba maternă a persoanei poate avea loc la cerere numai atunci când ofițerul de stare civilă sau persoana care oficiază căsătoria cunoaște această limbă.

Art. 288 Martorii la căsătorie

(1) Martorii atestă faptul că soții și-au exprimat consimțământul potrivit art. 287.

(2) Nu pot fi martori la încheierea căsătoriei incapabilii, precum și cei care din cauza unei deficiențe psihice sau fizice nu sunt apți să ateste faptele prevăzute la alin. (1).

(3) Martorii pot fi și rude sau afini, indiferent de grad, cu oricare dintre viitorii soți.

Notă.

Prin urmare, căsătoria se încheie în fața ofițerului de stare civilă și în prezența obligatorie a doi martori, care semnează actul de căsătorie. Martorii atestă faptul că soții și-au exprimat consimțământul la locul celebrării căsătoriei, personal, în fața ofițerului de stare civilă și a martorilor.

Nu pot fi martori la încheierea căsătoriei incapabilii (respectiv minorii care nu au împlinit vârsta de 14 ani și persoanele puse sub interdicție judecătorească) și persoanele care din cauza unei deficiențe psihice sau fizice nu sunt apte să ateste faptul că soții și-au exprimat consimțământul personal, la locul unde se celebrează căsătoria, în prezența ofițerului de stare civilă și a martorilor.

Art. 289 Momentul încheierii căsătoriei

Căsătoria este încheiată în momentul în care, după ce ia consimțământul fiecăruia dintre viitorii soți, ofițerul de stare civilă îi declară căsătoriți.

Legislație conexă:

- Art. 29 din Legea nr. 119/1996 cu privire la actele de stare civilă, republicată 2012
- Art. 44 alin. (1) din Metodologia cu privire la aplicarea unitară a dispozițiilor în materie de stare civilă, aprobată prin H.G. nr. 64/2011.

Notă.

Încheierea căsătoriei presupune răspunsul afirmativ al fiecăruia dintre viitorii soți la întrebarea ofițerului de stare civilă dacă vor să se căsătorească unul cu celălalt. În această materie dictonul latin qui tacet, cum loquipotuit et debuit, consentire videtur (cine tace, deși a putut și ar fi trebuit să vorbească, este considerat că a consimțit) nu își găsește aplicare.

Capitolul III – Formalități ulterioare încheierii căsătoriei

Art. 290 Actul de căsătorie

După încheierea căsătoriei, ofițerul de stare civilă întocmește, de îndată, în registrul actelor de stare civilă, actul de căsătorie, care se semnează de către soți, de cei 2 martori și de către ofițerul de stare civilă.

Legislație conexă:

- Art. 29 din Legea nr. 119/1996 cu privire la actele de stare civilă, republicată 2012

Notă.

Înregistrarea căsătoriei nu are valoare constitutivă de drepturi, ci reprezintă doar un element de probă, dar în același timp singurul mijloc de probă. De aceea, căsătoria este valabil încheiată, chiar dacă ofițerul de stare civilă a omis să întocmească actul de căsătorie; tot astfel, căsătoria este valabilă, chiar dacă, după întocmirea actului de căsătorie, s-a omis semnarea acestuia de către persoanele prevăzute de lege.

Art. 291 Formalitățile privind regimul matrimonial

Ofițerul de stare civilă face mențiune pe actul de căsătorie despre regimul matrimonial ales. El are obligația ca, din oficiu și de îndată, să comunice la registrul prevăzut la art. 334 alin. (1), precum și, după caz, notarului public care a autentificat convenția matrimonială o copie de pe actul de căsătorie.

Notă.

Norma analizată are caracter de noutate, fiind impusă de reglementarea nouă a regimurilor matrimoniale în Cartea Despre familei a Codului civil, prin care legiuitorul a conferit viitorilor soți posibilitatea de a încheia o convenție matrimonială și de a alege și un alt regim matrimonial decât al comunității legale de bunuri, respectiv regimul separației de bunuri sau regimul comunității convenționale.

Prin trimiterea la art. 334 alin. (2), potrivit căruia, „După autentificarea convenției matrimoniale în timpul căsătoriei sau după primirea copiei de pe actul căsătoriei, potrivit art. 330, notarul public expediază, din oficiu, un exemplar al convenției la registrul menționat la alin. (1), precum și la celelalte registre de publicitate, în condițiile alin. (4)”, se deduce că: actul de căsătorie va cuprinde și mențiunea privind regimul matrimonial ales; după întocmirea actului de căsătorie, ofițerul de stare civilă trimite din oficiu, de îndată o copie a actului de căsătorie la Registrul național notarial al regimurilor matrimoniale, precum și notarului public care a autentificat convenția matrimonială; după primirea copiei de pe actul de căsătorie, notarul public transmite un exemplar al convenției matrimoniale la Registrul național, pentru a se îndeplini formalitățile de publicitate a regimului matrimonial.

Art. 292 Dovada căsătoriei

(1) Căsătoria se dovedește cu actul de căsătorie și prin certificatul de căsătorie eliberat pe baza acestuia.

(2) Cu toate acestea, în situațiile prevăzute de lege, căsătoria se poate dovedi cu orice mijloc de probă.

Notă.

Astfel, prin excepție de la regula generală a dovedirii încheierii căsătoriei cu actul de căsătorie și certificatul emis în baza acestuia, în situații expres prevăzute de lege, căsătoria poate fi dovedită cu orice mijloc de probă. Potrivit art. 16 din Legea nr. 119/1996, republicată, starea civilă se poate dovedi prin orice mijloace de probă în fața instanței judecătorești sesizate de persoana nemulțumită în cazul în care ofițerul de stare civilă refuză să întocmească un act sau să înscrie o mențiune ce intră în atribuțiile sale, precum și în fața serviciilor publice comunitare locale de evidență a persoanelor sau a ofițerului de stare civilă din cadrul primăriei unității administrativ-teritoriale competente, când se solicită reconstituirea actelor de stare civilă, în următoarele situații: a) nu au existat registre de stare civilă; b) registrele de stare civilă au fost pierdute ori distruse în totalitate sau în parte; c) nu este posibilă procurarea din străinătate a certificatelor de stare civilă sau a extraselor după actele de stare civilă; d) întocmirea actelor de stare civilă a fost omisă sau, după caz, refuzată. De asemenea, dovada încheierii căsătoriei cu alte mijloace de probă poate avea loc nu numai în cazul în care se solicită reconstituirea actelor de stare civilă, ci și în ipoteza întocmirii ulterioare a actului de căsătorie.

Capitolul IV - Nulitatea căsătoriei

Secțiunea 1 - Nulitatea absolută a casatoriei

Art. 293 Cazurile de nulitate absolută

(1) Este lovită de nulitate absolută căsătoria încheiată cu încălcarea dispozițiilor prevăzute la art. 271, 273, 274, 276 și art. 287 alin. (1).

(2) În cazul în care soțul unei persoane declarate moarte s-a recăsătorit și, după aceasta, hotărârea declarativă de moarte este anulată, noua căsătorie rămâne valabilă, dacă soțul celui declarat mort a fost de bună-credință. Prima căsătorie se consideră desfăcută pe data încheierii noii căsătorii.

Notă.

În extenso, alin. (1) sansționează cu nulitate absolută căsătoria încheiată cu nerespectarea dispozițiilor legale privitoare la condițiile de fond și de formă indicate expres de lege, și anume:

- căsătoria încheiată cu lipsa consimțământului soților;

- căsătoria încheiată de o persoană care este deja căsătorită;

- căsătoria încheiată între persoane care sunt rude în grad interzis de lege;

- căsătoria încheiată între adoptator sau rudele sale, pe de o parte, adoptat sau rudele acestuia, pe de altă parte;

- căsătoria încheiată de alienatul sau debilul mintal;

- căsătoria încheiată cu încălcarea dispozițiilor legale privitoare la prezența personală a soților, împreună, la sediul primăriei pentru a-și da consimțământul la căsătorie, în prezența a doi martori și a ofițerului de stare civilă;

- căsătoria încheiată între persoane de același sex.

Alin. (2) instituie o excepție, respectiv situția în care este soțul unei persoane declarate moarte s-a recăsătorit și, după aceasta, hotărârea declarativă de moarte este anulată. În acest caz, noua căsătorie rămâne valabilă, însă doar dacă soțul celui declarat mort a fost de bună-credință, respectiv nu a avut cunoştinţă despre faptul că fostul soţ era în fiinţă şi nici nu ar fi avut vreun temei să prevadă acest lucru. Ca şi consecinţă, prima căsătorie se consideră desfăcută pe data încheierii noii căsătorii. În eventualitatea în care soţul celui declarat mort este de rea-credinţă, nulitatea celei de a doua căsătorii nu se mai acoperă. Ca şi consecinţă, prima căsătorie se consideră în fiinţă, iar cea de-a doua este sancţionată cu nulitate absolută în temeiul bigamiei.

Art. 294 Lipsa vârstei matrimoniale

(1) Căsătoria încheiată de minorul care nu a împlinit vârsta de 16 ani este lovită de nulitate absolută.

(2) Cu toate acestea, nulitatea căsătoriei se acoperă dacă, până la rămânerea definitivă a hotărârii judecătoreşti, ambii soţi au împlinit vârsta de 18 ani sau dacă soţia a născut ori a rămas însărcinată.

Notă.

Chiar dacă nulitatea absolută nu poate fi în principiu, acoperită, legiutorul a prevăzut, în mod excepţional, anumite condiţii în care valabilitatea căsătoriei poate fi menţinută.

Analizând cele două condiţii, strict şi limitativ prevăzute prevăzute de alin. (2), putem preciza că:

În primul caz, acoperirea nulităţii este condiţionată de cerinţa ca ambii soţi să împlinească vârsta majoratului până la momentul rămânerii definitive a hotărârii judecătoreşti de constatare a nulităţii căsătoriei. În consecinţă, în cazul în care numai unul dintre soţi împlineşte vârsta majoratului (în ipoteza în care ambii soţi nu împliniseră 14 ani la data încheierii căsătoriei), nulitatea absolută căsătoriei nu va fi acoperită.

Al doilea caz de acoperire a nulităţii este cel în care soţia a rămas însărcinată sau a dat naştere unui copil. În această situaţie se poate considera şi soţia care a născut un copil din căsătorie sau din afara acesteia ori a rămas însărcinată ca urmare a raporturilor intime avute cu soţul său sau cu un alt bărbat, precum şi eventualitatea ca acel copil să se fi născut mort.

Ambele cauze de acoperire a nulității trebuie să intervină până la momentul rămânerii definitive a hotărârii judecătorești de constatare a nulității absolute.

Art. 295 Căsătoria fictivă

(1) Căsătoria încheiată în alte scopuri decât acela de a întemeia o familie este lovită de nulitate absolută.

(2) Cu toate acestea, nulitatea căsătoriei se acoperă dacă, până la rămânerea definitivă a hotărârii judecătorești, a intervenit conviețuirea soților, soția a născut sau a rămas însărcinată ori au trecut 2 ani de la încheierea căsătoriei.

Notă.

Căsătoria încheiata în alte scopuri decât acela de a intemeia o familie este considerată a fi o căsătorie fictivă, fiind în fapt încheiată numai de formă, fără intenția de a se crea raporturi personale și patrimoniale între soți. Caracterul fictiv al căsătoriei poate fi dovedit cu orice mijloc de probă.

Și această nulitate poate fi acoperită în oricare dintre cele trei situații strict și limitativ prevăzute de lege, sub condiția ivirii până la momentul rămânerii definitive a hotărârii judecătorești de constatare a nulității absolute, respectiv: dacă a intervenit conviețuirea soților; dacă soția a născut sau a rămas însărcinată (indiferent dacă soția a născut un copil din căsătorie sau din afara acesteia ori a rămas însărcinată ca urmare a raporturilor intime avute cu soțul său sau cu un alt bărbat, sau acel copil s-a născut mort); dacă au trecut 2 ani de la încheierea căsătoriei.

Art. 296 Persoanele care pot invoca nulitatea absolută

Orice persoană interesată poate introduce acțiunea în constatarea nulității absolute a căsătoriei. Cu toate acestea, procurorul nu poate introduce acțiunea după încetarea sau desfacerea căsătoriei, cu excepția cazului în care ar acționa pentru apărarea drepturilor minorilor sau a persoanelor puse sub interdicție.

Notă.

În linia urmată în materia nulității absolute, acțiunea în constatarea nulității absolute poate fi promovată de orice persoană (unul dintre soți, rudele soților sau chiar terțe persoane) sub condiția justificării unui interes personal și actual, inclusiv de serviciul de stare civilă sau de procuror. Pe cale de consicință, în lipsa dovedirii interesului, acțiunea va fi respinsă în temeiul excepției lipsei de interes.

De asemenea, coroborat cu art. 1247 alin. (3) Cod civil și dată fiind calificarea juridică de contract a căsătoriei, nulitatea absolută poate fi invocată și din oficiu de instanță, pe cale de excepție.

Chiar dacă din prima teză a normei nu rezultă momentul în care acțiunea poate fi introdusă, aceasta se deduce din teza finală, care instituie că "cu toate acestea, procurorul nu poate introduce actiunea dupa incetarea sau desfacerea casatoriei (…). Prin urmare, acțiunea poate fi introdusă atât în timpul căsătoriei soților, cât și după încetarea acesteia prin deces sau după desfacerea ei prin divorț.

Mai mult, potrivit art. 1247 alin. (2) Cod civil, nulitatea absolută poate fi invocată pe cale de acțiune sau pe cale de excepție.

Tot din teza finală se observă acțiunea în constatarea nulității absolute nu poate fi promovată de procuror după desfacerea sau încetarea căsătoriei decât atunci când procurorul acționează pentru apărarea drepturilor minorilor sau a persoanelor puse sub interdicție.

Nulitatea absolută nu poate fi confirmată, iar dreptul la acțiune în constatarea nulității absolute este imprescriptibil.

Secțiunea 2 - Nulitatea relativă a căsătoriei

Art. 297 Lipsa încuviințărilor cerute de lege

(1) Este anulabilă căsătoria încheiată fără încuviințările sau autorizarea prevăzute la art. 272 alin. (2), (4) și (5).

(2) Anulabilitatea poate fi invocată numai de cel a cărui încuviințare era necesară. Dispozițiile art. 46 alin. (4) se aplică în mod corespunzator[1].

Notă.

Prin urmare, poate fi anulată căsătoria încheiată de minorul care a împlinit vârsta de 16 ani, fără încuviințarea părinților sau, după caz, a tutorelui și/sau fără autorizarea instanței de tutelă, lipsa oricărei dintre aceste cerințe atrăgând sancțiunea nulității relative.

Spre deosebire de nulitatea absolută, nulitatea relativă poate fi invocată numai de persoana a cărei încuviințare era necesară și poate fi confirmată prin îndeplinirea termenului de prescripție.

În cazul în care nulitatea relativă intervine ca urmare a lipsei autorizării instanței de tutelă prevăzute de art. 272 alin.(2), acțiunea în anulare nu se va introduce de instanța de tutelă, ci aceasta este obligată să sesizeze procurorul, care va fi titularul acțiunii în anulare.

Art. 298 Viciile de consimțământ

(1) Căsătoria poate fi anulată la cererea soțului al cărui consimțământ a fost viciat prin eroare, prin doi sau prin violență.

---

[1] Rectificarea din 29.04.2013 publicată *Monitorul Oficial, Partea I nr. 246 din 29.04.2013* privind Legea nr. 287/2009 privind Codul civil, republicată în Monitorul Oficial al României, Partea I, nr. 505 din 15 iulie 2011, în vigoare de la 29.04.2013
- la art. 297 *alin. (2)* teza a doua, în loc de:
"... Dispozițiile art. 46 alin. (4) se aplică în mod corespunzător." se va citi:
"... Dispozițiile art. 46 alin. (3) se aplică în mod corespunzător."

(2) Eroarea constituie viciu de consimţământ numai atunci când priveşte identitatea fizică a viitorului soţ.

Notă.

Anularea căsătoriei poate interveni şi în cazul în care consimţământul soţilor nu a fost liber exprimat, ci a fost viciat prin eroare, dol sau violenţă.

În ceea ce priveşte eroarea însă, aceasta constituie viciu de consimţământ numai atunci când priveşte identitatea fizică a viitorului sot, dovedirea oricărei alte erori nefiind luată în considerare sub aspectul valabilităţii căsătoriei. Astfel, faptul că unul dintre soţi nu a ştiut că celălalt soţ este divorţat sau că are un copil, ori a crezut că are o anumită pregătire profesională nu constituie eroare viciu de consimţământ care să atragă nevalabilitatea căsătoriei.

Anularea căsătoriei poate fi solicitată numai de soţul al cărui consimţământ a fost viciat. Pe cale de consecinţă, nicio persoană în afara acestuia nu poate solicita anularea căsătoriei pe temeiul viciilor de consimţământ, chiar dacă ar justifica un interes în acest sens.

Art. 299 Lipsa discernământului

Este anulabilă căsătoria încheiată de persoana lipsită vremelnic de discernământ.

Notă.

Prin urmare, orice căsătorie încheiată de o persoană care vremelnic este lipsită de discernământ este lovită de nulitate relativă, cu condiţia ca această căsătorie să fie încheiată în intervalul de timp în care persoana era lipsită temporar de discernământul faptelor sale

Justeţea acestei reglementări se întemeiază pe faptul că lipsa temporară de discernământ împiedică persoana să exprime un consimţământ liber, neviciat.

Chiar dacă nu se precizează în mod expres cine poate solicita anularea, din analogia cu privire la consimţământul viciat şi din formularea art 301 alin.. (3) Cod civil, putem afirma că acest drept îl are soțul lipsit vremelnic de descernământ, în interiorul termenului de prescripție de 6 luni care începe să curgă de la data la care cel interesat a cunoscut lipsa vremelnică a discernământului.

Art. 300 Existența tutelei

Căsătoria încheiata între tutore și persoana minoră aflată sub tutela sa este anulabila.

Legea de aplicare:

Art. 26. Existența tutelei constituie cauză de nulitate relativă a căsătoriei numai în cazul căsătoriilor încheiate după intrarea în vigoare a Codului civil.

Notă.

Norma analizată nu distinge între sexul tutorelui și a persoanei minore aflată sub tutelă.

Nulitatea relativă a căsătoriei între tutore și persoana minoră intervine numai atunci când tutela s-a instituit în condițiile art. 110 Cod civil, respectiv atunci când ambii părinți sunt morți, necunoscuți, decăzuți din drepturile părintești sau li s-a aplicat pedeapsa penală a interzicerii drepturilor părintești, sunt puși sub interdicție, dispăruți ori declarați morți sau atunci când încetează adopția minorului. Prin urmare, în cazul în care tutela s-a instituit urmare a lipsei de discernământ sau din cauza alienației sau debilității mintale, prevalează sancțiunea nulității absolute prevăzute de art. 293.

Termenul de prescripție curge de la data încheierii căsătorie, putând fi confirmată prin neintroducerea acțiunii în termenul de prescripție și de asemenea, putând fi acoperită dacă între timp persoana minoră a aflată sub tutelă a împlinit vârsta de 18 ani sau, în cazul în care persoana minoră aflată sub tutelă este femeie, aceasta a născut ori a rămas însărcinată.

Art. 301 Termenul de prescripție

(1) Anularea căsătoriei poate fi cerută în termen de 6 luni.

(2) În cazul prevăzut la art. 297, termenul curge de la data la care cei a căror încuviințare sau autorizare era necesară pentru încheierea căsătoriei au luat cunoștință de aceasta.

(3) În cazul nulității pentru vicii de consimțământ ori pentru lipsa discernământului, termenul curge de la data încetării violenței sau, după caz, de la data la care cel interesat a cunoscut dolul, eroarea ori lipsa vremelnică a discernământului.

(4) În cazul prevăzut la art. 300, termenul curge de la data încheierii căsătoriei.

Notă.

Norma legală reglementează prescripția acțiunii în anulare, stabilind pentru fiecare ipoteză în parte momentul de la care începe să curgă termenul - moment care diferă în funcție de motivul care stă la baza acțiunii în anulare - și constituie o derogare de la dispozițiile art. 2529 Cod civil privitoare la prescripția dreptului la acțiunea în anularea unui act juridic, care sunt incidente numai atunci când nu există alte reguli speciale referitoare la începutul prescripției extinctive a dreptului la acțiunea în declararea nulității relative.

Spre deosebire de nulitatea absolută, nulitatea relativă poate fi acoperită. Potrivit dreptului comun, numitatea relativă poate fi confirmată expres sau tacit, deci și căsătoria anulabilă poate fi confirmată fie expres, în termenul de prescripție de 6 luni, fie tacit, prin neinvocarea anulării în acest termen.

Art. 302 Caracterul personal al acțiunii

Dreptul la acțiunea în anulare nu se transmite moștenitorilor. Cu toate acestea, dacă acțiunea a fost pornită de către unul dintre soți, ea poate fi continuată de către oricare dintre moștenitorii săi.

Notă.

Acțiunea în anulare are caracter personal, aceasta însemnând că ea poate fi promovată numai de persoana interesată fără a se transmite moştenitorilor, în cazul în care cel îndreptăţit la formularea unei astfel de acţiuni nu a promovat-o în timpul vieţii sale. În schimb, dacă cel îndreptăţit a promovat acţiunea în anulare în timpul vieţii, dar aceasta a rămasă nefinalizată la data decesului, moştenitorii pot continua acţiunea.

Art. 303 Acoperirea nulităţii

(1) În cazurile prevăzute la art. 272 alin. (2), (4) şi (5), anulabilitatea căsătoriei se acoperă dacă, până la rămânerea definitivă a hotărârii judecătoreşti, s-au obţinut încuviinţările şi autorizarea cerute de lege.

(2) Căsătoria nu poate fi anulată dacă soţii au convieţuit timp de 6 luni de la data încetării violenţei sau de la data descoperirii dolului, a erorii ori a lipsei vremelnice a facultăţilor mintale.

(3) În toate cazurile, nulitatea căsătoriei se acoperă dacă, între timp, ambii soţi au împlinit vârsta de 18 ani sau dacă soţia a născut ori a rămas însărcinată.

Legea de aplicare:

Art. 25 - (1) Validitatea căsătoriei încheiate înainte de data intrării în vigoare a Codului civil se stabileşte potrivit dispoziţiilor legii în vigoare la data încheierii ei.

(2) Cu toate acestea, în cazul în care, după intrarea în vigoare a Codului civil, a intervenit un fapt care, potrivit dispoziţiilor acestuia, acoperă nulitatea, căsătoria nu mai poate fi constatată nulă sau nu mai poate fi anulată după intrarea în vigoare a Codului civil.

(3) În cazul în care faptul prin care se acoperă nulitatea presupune curgerea unui termen, căsătoria nu mai poate fi constatată nulă sau nu mai poate fi anulată după trecerea acelui termen de la data intrării în vigoare a Codului civil.

Notă.

În extenso, acoperirea nulităţii intervine în următoarele situaţii prevăzute expres şi limitativ:

- *au fost obținute încuviințările și/sau autorizările prevăzute de lege până la momentul rămânerii definitive a hotărârii judecătorești de anulare a căsătoriei;*
- *ambii soți au împlinit vârsta de 18 ani;*
- *soția a născut, fără a avea relevanță dacă acel copil s-a născut viu sau mort, din relația de căsătorie anulabilă sau din altă relație, indiferent dacă aceasta are sau nu împlinită vârsta de 18 ani;*
- *soția a rămas însărcinată, fără a avea relevanță dacă a rămas sau nu însărcinată în urma relației de căsătorie anulabile sau în urma altei relații și indiferent dacă aceasta are sau nu împlinită vârsta de 18 ani;*
- *soții au conviețuit minim 6 luni de la data încetării violențe, de la data descoperirii dolului, a erorii ori a lipsei vremelnice a facultăților mintale, care au condus la vicierea consimțământului la căsătorie.*

Acoperirea nulității pe considerentul că ambii soți minori la data încheierii căsătoriei au împlinit vârsta de 18 ani, respectiv soțul minor la data încheierii căsătoriei a împlinit vârsta de 18 ani sau soția a născut sau a rămas însărcinată privește toate cazurile de nulitate relativă a căsătoriei, putând vorbi de cauze generale de acoperire a nulității.

Celelalte cauze sunt speciale, acestea referindu-se strict la căsătoria încheiată fără încuviințările și autorizările prevăzute de lege, respectiv la cea la care consimțământul a fost viciat ca urmare a erorii asupra identității persoanei, violenței, dolului, lipsei temporare a facultăților mintale.

Secțiunea 3 - Efectele nulității căsătoriei

Art. 304 Căsătoria putativă

(1) Soțul de bună-credință la încheierea unei căsătorii nule sau anulate păstrează, până la data când hotărârea judecătorească rămâne definitivă, situația unui soț dintr-o căsătorie valabilă.

(2) În situația prevăzută la alin. (1), raporturile patrimoniale dintre foștii soți sunt supuse, prin asemănare, dispozițiilor privitoare la divorț.

Notă.

Norma legală instituie o excepție de la efectul retroactiv al nulității căsătoriei, prin menținerea pentru trecut a efectelor produse de căsătoria nulă sau anulată în folosul soțului sau al soților de bună-credință la încheierea căsătoriei putative. Prin urmare, nu are importanță dacă doar unul dintre soți sau ambii au fost de bună credință la încheierea căsătoriei, fiind necesare îndeplinirea cumulativă a următoarelor condiții: existența unei căsătorii lovite de nulitate absolută sau relativă; nulitatea absolută sau relativă a acestei să fie declarată printr-o hotărâre judecătorească definitivă; existența bunei-credințe a cel puțin unuia dintre soți. Prin buna-credință a soțului se înțelege faptul că acesta nu a cunoscut cauza de nulitate la momentul încheierii căsătoriei.

Așadar, căsătoria putativă produce efecte în planul relațiilor personale dintre soți, precum și al relațiilor patrimoniale care au luat naștere prin încheierea căsătoriei desființate. În privința regimului matrimonial, acesta încetează la data rămânerii definitive a hotărârii de constatare a nulității sau de anulare a căsătoriei, în cazul soțului de bună-credință, respectiv la data încheierii căsătoriei, în cazul soțului de rea-credință.

Art. 305 Situația copiilor

(1) Nulitatea căsătoriei nu are niciun efect în privința copiilor, care păstrează situația de copii din căsătorie.

(2) În ceea ce priveşte drepturile şi obligaţiile dintre părinţi şi copii se aplică, prin asemănare, dispoziţiile privitoare la divorţ.

Notă.

Copiii rezultaţi din orice căsătoria nulă sau anulată păstrează calitatea de copii dintr-o căsătorie valabil încheiată, indiferent de incidenţa sau nu a caracterului putativ al căsătoriei.

În ceea ce priveşte relaţiile dintre părinţi şi copiii rezultaţi din căsătoria nulă sau anulabilă, constatând nulitatea absolută sau dispunând anularea căsătoriei, instanţa de tutelă va trebui să dispună, pe cale de consecinţă, şi cu privire la exerciţiul autorităţii părinteşti, stabilirea domiciliului minorului, obligarea la plata pensiei de întreţinere etc., ca şi în cazul desfacerii unei căsătorii valabile prin divorţ.

Art. 306 Opozabilitatea hotărârii judecătoreşti

(1) Hotărârea judecătorească de constatare a nulităţii sau de anulare a căsătoriei este opozabilă terţelor persoane, în condiţiile legii. Dispoziţiile art. 291, 334 şi 335 sunt aplicabile în mod corespunzător.

(2) Nulitatea căsătoriei nu poate fi opusă unei terţe persoane împotriva unui act încheiat anterior de aceasta cu unul dintre soţi, în afară de cazul în care au fost îndeplinite formalităţile de publicitate prevăzute de lege cu privire la acţiunea în constatarea nulităţii ori în anulare sau terţul a cunoscut, pe altă cale, înainte de încheierea actului, cauza de nulitate a căsătoriei. Dispoziţiile art. 291, 334 şi 335 sunt aplicabile în mod corespunzător şi publicităţii acţiunii în constatarea nulităţii sau în anularea căsătoriei.

Notă.

Atât nulitatea absolută, cât şi cea relativă, deşi produse de cauze diferite şi având regim juridic diferit, generează acelaşi efect, şi anume desfiinţarea, atât pentru trecut, cât şi pentru viitor a căsătoriei (în cazul soțului de rea-credință) sau numai pentru viitor (în cazul soțului de bună-credință), ca și cum ea nu ar fi existat.

Norma instituie obligativitatea opozabilității hotărârii de constatare a nulității căsătoriei sau de anulare a acesteia de la momentul la care s-au făcut mențiunile pe marginea actului de stare civilă și s-au îndeplinit formalitățile de publicitate în registrele prevăzute de lege, în scopul protejării intereselor terțului de bună-credință care a încheiat cu unul dintre soți o convenție cu privire la un bun comun. Astfel, până la îndeplinirea formalităților legale, se consideră că operează comunitatea asupra acelui bun, sens în care obligația contractată în legătură cu acel bun, fiind o datorie comună, poate fi cerută de creditor de la oricare dintre soți.

Capitolul V - Drepturile şi îndatoririle personale ale soţilor

Art. 307 Reglementarea raporturilor personale dintre soţi

Dispoziţiile prezentului capitol se aplică raporturilor personale dintre soţi, oricare ar fi regimul lor matrimonial.

Legea de aplicare:

Art. 27. Indiferent de data încheierii căsătoriei, în ceea ce priveşte relaţiile lor personale şi patrimoniale, soţii sunt supuşi dispoziţiilor Codului civil, de la data intrării sale în vigoare.

Notă.

În cadrul unei familii, ce are la bază căsătoria, există o multitudine de raporturi familiale pe care legiuitorul nu le reglementează în mod expres, în această categorie fiind incluse cele de natură afectiv-sentimentală şi etico-spirituală care ţin în esenţă de intimitatea vieţii de familie.

Pe de altă parte însă, acelaşi legiuitor acordă o atenţie deosebit de importantă unor raporturi familiale, personale sau patrimoniale, prin reglementarea acestora de către norma juridică. Astfel, încheierea unei casătorii conduce şi la naşterea unor raporturi juridice ce au în conţinutul lor drepturi subiective şi obligaţii de la care soţii nu pot deroga, indiferent de regimul matrimonial ales, respectiv indiferent dacă că au optat pentru regimul comunităţii legale, fie că au ales regimul comunităţii convenţionale sau pe cel al separaţiei de bunuri.

Potrivit legii de aplicare, Codul civil este de imediată aplicare, indiferent de data încheirii căsătoriei (sub imperiul Codului familiei sau sub imperiul Codului civil).

Art. 308 Luarea deciziilor de către soţi

Soţii hotărăsc de comun acord în tot ceea ce priveşte căsătoria.

Notă.

Astfel reglementată, norma analizată are la bază principiul egalității în drepturi a soților.

Art. 309 Îndatoririle soților

(1) Soții își datorează reciproc respect, fidelitate și sprijin moral.

(2) Ei au îndatorirea de a locui împreună. Pentru motive temeinice, ei pot hotărî să locuiască separat.

Notă.

Având în vedere că temeiul încheierii unei căsătorii trebuie să fie reprezentat de sentimentele de dragoste și de prețuire dintre soți, este pe deplin justificată instituirea ca și obligații legale respectul, fidelitatea și sprijinul moral între aceștia.

Obligația de respect are la bază dreptul soților la propria corespondență, la relații sociale diverse, la alegerea liberă a a-și alege profesia sau meseria dorită sau de a dispune de propriul corp, de pildă de a întrerupe o sarcină din varii motive.

Prin obligarea la fidelitate, se intituie obligația soților de a nu întreține relații sexuale în afara căsătoriei.

Obligația de sprijin moral constă în înțelegerea, toleranța, încurajarea reciprocă pentru depășirea momentelor de nevoie, de suferință fizică sau psihică sau pentru reușite profesionale ori de altă natură. Solidaritatea ce trebuie să se nască între soți este de esența acestei obligații.

Soții au îndatorirea de a locui împreună și doar în mod excepțional, din motive întemeiate, ei pot hotărâ (de comun acord) să locuiască separat, de pildă în situația în care unul dintre soți lucrează în altă localitate sau în altă țară; efectuează studii, cercetare pe o perioadă îndelungată în altă localitate din țară sau chiar în străinătate; este delegat sau detașat pentru o anumită perioadă în altă localitate sau în altă țară).

Prezintă importanță practică, apreciem noi, în acest caz, și considerarea art. 373 lit.c) din Codul civil, conform căruia separarea în fapt a soților care a durat cel puțin 2 ani constituie motiv de divorț, însă din culpa exclusivă a soțului reclamant, cu excepția situației în care pârâtul se declară de acord cu divorțul, caz în care acesta se va pronunța din culpa comună, conform art. 379 alin (2) cod civil.

Deși nu se precizează în mod expres, din obligația de a locui împreună derivă și obligația conjugală, respectiv reprezintă obligația soților de a avea raporturi sexuale împreună. Pe de altă parte însă, obligația conjugală este distinctă de obligația de coabitare și poate fi îndeplinită indiferent dacă soții au sau nu domiciliu comun. Totuși, în nicun caz, obligația conjugală nu naște dreptul corelativ al celuilalt soț de a recurge la constrângere, indiferent de circumstanțele refuzului îndeplinirii acestei obligații de unul dintre soți.

Încălcarea oricăror din obligațiile analizate poate conduce la vătămarea gravă a raporturilor dintre soți și la imposibilitatea continuării căsătoriei, constituind motive pentru desfacerea căsătoriei prin divorț.

Art. 310 Independența soților

Un soț nu are dreptul să cenzureze corespondența, relațiile sociale sau alegerea profesiei celuilalt soț.

Notă.

După cum se poate observa, acest drept este corelativ obligației de respect al celuilalt soț și are ca fundament independența soților. Astfel, niciunul dintre soți nu are dreptul de a controla și/sau cenzura corespondența celuilalt soț sau de a interzice relațiile sociale pe care acesta dorește să le aibă cu alte persoane. Totodată, fiecare dintre soți este liber să-și aleagă profesia, și în acest sens și forma de instruire adecvată, fără a fi necesar consimțământul celuilalt soț.

Art. 311 Schimbarea numelui de familie

(1) Soții sunt obligați să poarte numele declarat la încheierea căsătoriei.

(2) Dacă soții au convenit să poarte în timpul căsătoriei un nume comun și l-au declarat potrivit dispozițiilor art. 281,

unul dintre soți nu poate cere schimbarea acestui nume pe cale administrativă decât cu consimțământul celuilalt soț.

Legislație conexă:

- Art. 4 din O.G. nr. 41/2003 privind dobândirea și schimbarea pe cale administrativă a numelor persoanelor fizice

Notă.

Schimbarea numelui pe cale administrativă este reglementată de O.G. nr. 41/2003 privind dobândirea și schimbarea pe cale administrativă a numelor persoanelor fizice și presupune înlocuirea numelui de familie cu alt nume de familie prin decizie administrativă în baza unor motive întemeiate, iar prin urmare, dacă soții au convenit să poarte în timpul căsătoriei un nume comun, unul dintre soți nu poate cere schimbarea acestui nume pe cale administrativă decât cu consimțământul celuilalt soț.

Capitolul VI - Drepturile şi obligaţiile patrimoniale ale soţilor

Secţiunea 1 – Dispoziţii comune

§1. Despre regimul matrimonial în general

Art. 312 Regimurile matrimoniale
(1) Viitorii soţi pot alege ca regim matrimonial: comunitatea legală, separaţia de bunuri sau comunitatea convenţională.

(2) Indiferent de regimul matrimonial ales, nu se poate deroga de la dispoziţiile prezentei secţiuni, dacă prin lege nu se prevede altfel.

Legea de aplicare:
Art. 27. Indiferent de data încheierii căsătoriei, în ceea ce priveşte relaţiile lor personale şi patrimoniale, soţii sunt supuşi dispoziţiilor Codului civil, de la data intrării sale în vigoare.

Notă.

Regimul matrimonial reprezintă totalitatea normelor juridice care reglementează raporturile dintre soţi, precum şi raporturile dintre aceştia şi terţi cu privire la bunurile şi datoriile soţilor.

Codul civil, spre deosebire de vechiul Cod al familiei, consacră principiul libertăţii alegerii şi modificării regimului matrimonial.

Aşa cum am precizat, în conţinutul decaraţiei de căsătorie, viitorii soţi trebuie să menţioneze regimul matrimonial ales. Tipurile de regim matrimonial sunt: comunitatea legala, separaţia de bunuri sau comunitatea convenţionala. Pentru situaţiile în care viitorii soţi vor alege separaţia de bunuri sau comunitatea convenţionala, este obligatorie încheierea unei convenţii matrimoniale. În cazul în care nu s-a încheiat o convenţie matrimonială, în ceea ce privesc raporturile dintre soţi, vor fi aplicabile regulile regimului comunităţii legale.

Însă, indiferent de regimul matrimonial ales, soții nu pot deroga prin convenție matrimonială de la dispozițiile imperative instituite de Codul civil în art. 312-338, aceste dispoziții aplicându-se în mod obligatoriu tuturor soților ca simplu efect al căsătoriei. De aici postulatul că „nu există căsătorie fără regim matrimonial". Aceste dispoziții formează nucleul așa numitului **regim primar imperativ**, *sunt norme juridice de ordine publică și sunt subordonate principiilor aplicabile fiecărui regim matrimonial, respectiv principiul egalității în drepturi dintre soți, principiul libertății alegerii și modificării regimului matrimonial și principiul subordonării regimului matrimonial scopului căsătoriei.*

Art. 313 Efectele regimului matrimonial

(1) Între soți, regimul matrimonial produce efecte numai din ziua încheierii căsătoriei.

(2) Față de terți, regimul matrimonial este opozabil de la data îndeplinirii formalităților de publicitate prevăzute de lege, afară de cazul în care aceștia l-au cunoscut pe altă cale.

(3) Neîndeplinirea formalităților de publicitate face ca soții să fie considerați, în raport cu terții de bună-credință, ca fiind căsătoriți sub regimul matrimonial al comunității legale.

Notă.

Prin urmare, oricare ar fi regimul matrimonial ales sau data încheirii convenției matrimoniale, acesta produce efecte între soți doar din ziua încheierii căsătoriei. Fundamentul regimului matrimonial reprezentând-ul căsătoria, corolarul postulatului că „nu există căsătorie fără regim matrimonial" este "nu există regim matrimonial în afara căsătoriei".

Conform art. 291 Cod civil, ca și formalitate ulterioară încheirii căsătoriei, ofițerul de stare civilă are obligația de a comunica la Registrul național notarial al regimurilor matrimoniale, precum și după caz, notarului public care a autentificat convenția matrimonială o copie după actul de căsătorie, cu mențiunea obligatorie a regimului matrimonial ales. Totodată, pentru a fi opozabilă terților, conform art. 334 și art. 335 alin.

(1) Cod civil, convenţia matrimonială trebuie să îndeplinească atât cerinţele de publicitate generale (înscrierea în registrul naţional notarial, menţionarea convenţiei pe actul de căsătorie), cât şi cele speciale (notarea în cartea funciară, înscrierea în registrul comerţului sau în alte registre de publicitate, după caz, în funcţie de natura bunurilor obiect al convenţiei). Neîndeplinirea formalităţilor de publicitate determină ca soţii să fie consideraţi, în raport cu terţii de bună-credinţă, ca fiind căsătoriţi sub regimul matrimonial al comunităţii legale. Prin excepţie, convenţia matrimonială care nu îndeplineşte cerinţele legale de publicitate va fi opozabilă terţilor dacă se dovedeşte că aceştia au cunoscut-o pe altă cale.

Din formularea alin (3) al normei care prevede că sancţiunea pentru neîndeplinirea formalităţilor de publicitate face ca soţii să fie consideraţi, în raport cu terţii de bună-credinţă, ca fiind căsătoriţi sub regimul matrimonial al comunităţii legale, putem de deduce că, atunci când soţii au optat pentru regimul comunităţii legale de bunuri, lipsa îndeplinirii vreunei formalităţi de publicitate nu produce efecte juridice.

Art. 314 Mandatul convenţional

Un soţ poate să dea mandat celuilalt soţ să îl reprezinte pentru exercitarea drepturilor pe care le are potrivit regimului matrimonial.

Notă.

Mandatul convenţional reprezintă împuternicirea dată de unul dintre soţi (mandant) celuilalt soţ (mandatar), în scopul încheirii de acte juridice cu privire la bunurile comune care impun obligatoriu consimţământul ambilor soţi sau cu privire la bunurile proprii ale soţului mandant.

Urmare a mandatului, actele juridice vor fi încheiate de unul dintre soţi atât în nume propriu cât şi în numele celuilalt soţ în cazul bunurilor comune şi doar în numele mandantului în cazul bunurilor proprii acestuia.

Consimţământul la darea mandatului trebuie să fie liber exprimat şi personal.

Prin norma analizată, legiuitorul a renunţat astfel la prezumţia legală a mandatului tacit reciproc între soţi, în raporturile dintre soţi urmând a fi incidente dispoziţiile privitoare la mandatul cu reprezentare instituite de art. 2009-2038 Cod civil.

Art. 315 Mandatul judiciar

(1) În cazul în care unul dintre soţi se află în imposibilitate de a-şi manifesta voinţa, celălalt soţ poate cere instanţei de tutelă încuviinţarea de a-l reprezenta pentru exercitarea drepturilor pe care le are potrivit regimului matrimonial. Prin hotărârea pronunţată se stabilesc condiţiile, limitele şi perioada de valabilitate a acestui mandat.

(2) În afara altor cazuri prevăzute de lege, mandatul încetează atunci când soţul reprezentat nu se mai află în situaţia prevăzută la alin. (1) sau când este numit un tutore ori, după caz, un curator.

(3) Dispoziţiile art. 346 şi 347 sunt aplicabile în mod corespunzător.

Legea de aplicare:

Art. 28. Dispoziţiile art. 315 alin. (1) din Codul civil sunt aplicabile şi în cazul căsătoriilor încheiate înainte de intrarea în vigoare a Codului civil, dacă imposibilitatea unuia dintre soţi de a-şi manifesta voinţa intervine sau se menţine şi după intrarea în vigoare a Codului civil.

Notă.

Spre deosebire de mandatul convenţional, mandatul judiciar este caracteristic situaţiilor excepţionale, şi presupune extinderea pe cale judiciară a puterilor unuia dintre soţi, respectiv autorizarea dată de instanţa de judecată de a exercita, în interesul familiei, drepturile pe care le are celălalt soţ potrivit regimului matrimonial. Necesitatea unui astfel de mandat se impune fie datorită imposibilităţii unuia dintre soţi de a-şi exprima personal consimţământul, fie datorită imposibilităţii de a da mandat convenţional celuilalt soţ.

Cauzele care determină acordarea mandatului judiciar sunt starea de alienație sau debilitate mintală a unuia dintre soți, starea de inconștiență ca urmare a unei boli sau a unui accident, starea de infirmitate fizică sau chiar bătrânețea precum și situația în care unul dintre soți a dispărut. În toate aceste cazuri, mandatul judiciar poate fi acordat dacă cel aflat în imposibilitatea de a-și exercita manifestrarea de voință, din motive temeinice, nu-și poate numi un reprezentant sau un administrator.

Având caracter judiciar, limitele în care operează reprezentarea (natura mandatului, condițiile reprezentării, durata) sunt fixate prin chiar hotărârea judecătorească prin care se încuviințează această măsură.

Reprezentarea poate fi generală (pentru exercitarea tuturor drepturilor/puterilor soțului reprezentat, dar, ca și în dreptul comun, numai în ceea ce privește actele de administrare) ori poate fi specială (limitată la un act particular, fie de administrare, fie de dispoziție, având ca obiect bunuri determinate). Condițiile reprezentării trebuie să rezulte expres din cuprinsul hotărârii judecătorești, fiind fixate sau cel puțin trasate repere cu privire la condițiile esențiale ale actelor juridice.

Perioada de valabilitate a mandatului judiciar este de asemenea fixată de judecător. Reprezentarea judiciară are un caracter provizoriu, în sensul că nu se justifică menținerea ei în situația în care condițiile care au determinat-o și au legitimat o asemenea abilitare au dispărut.

Art. 316 Actele de dispoziție care pun în pericol grav interesele familiei

(1) În mod excepțional, dacă unul dintre soți încheie acte juridice prin care pune în pericol grav interesele familiei, celălalt soț poate cere instanței de tutelă ca, pentru o durată determinată, dreptul de a dispune de anumite bunuri să poată fi exercitat numai cu consimțământul său expres. Durata acestei măsuri poate fi prelungită, fără însă a se depăși în total 2 ani. Hotărârea de încuviințare a măsurii se comunică în vederea efectuării formalităților de publicitate imobiliară sau mobiliară, după caz.

(2) Actele încheiate cu nerespectarea hotărârii judecătoreşti sunt anulabile. Dreptul la acţiune se prescrie în termen de un an, care începe să curgă de la data când soţul vătămat a luat cunoştinţă de existenta actului.

(3) Dispoziţiile art. 346 şi 347 sunt aplicabile în mod corespunzător.

Legea de aplicare:

Art. 29. Dispoziţiile art. 316 din Codul civil sunt aplicabile şi în cazul căsătoriilor în fiinţă la data intrării în vigoare a Codului civil, dacă actele juridice care pun în pericol grav interesele familiei sunt săvârşite de unul dintre soţi după această dată.

Notă.

În fapt, textul de lege are un caracter excepţional şi temporar, consacrând limitarea judiciară a dreptului de dispoziţie al soţului care a încheiat acte juridice care pun în pericol grav intersele familiei.

Urmare a acestei limitări, acesta nu-şi va putea valorifica prerogativele născute din căsătorie, cu privire la anumite bunuri determinate şi pe o perioadă de timp ce va fi stabilită de instanţa de tutelă (de cel mult 2 ani), decât cu acordul expres al celuilalt soţ.

Norma nu stabileşte în ce ar consta pericolul la care este expusă familia, prin urmare acesta va fi apreciat de instanţă, în funcţie de situaţia socială şi materială a soţilor, de aspectele subiective ale relatiei, etc. Din formularea aleasă, deducem că pericolul grav poate fi şi unul trecut, prezent sau viitor, fără a se condiţiona posibilitatea luării acestei masuri de producerea anterioară a unor consecinţe grave urmare a incheierii unor acte juridice. Cererea va fi întemeiată dacă soţul vătămat dovedeşte chiar şi doar iminenţa producerii unor asemenea consecinţe.

Sancţiunea nerespectării hotărârii instanţei este nulitatea relativă a tuturor actelor juridice încheiate de la data rămânerii definitive a acesteia, însă doar dacă soţul vătămat promovează acţiunea în anulare în termen de 1 an de la data la care a luat cunoştinţă de existenţa actului.

Limitarea drepturilor nu apare ca fiind atât de gravă în situația în care este vorba de bunuri comune, deținute de soți în proprietate comună, actele juridice de înstrăinare și grevare referitoare la acestea neputand fi încheiate decât cu acordul expres al ambilor soți, conform art 346 alin. 1 Cod civil, actul încheiat fără consimțământul expres al celuilalt soț, atunci când el este necesar potrivit legii, fiind anulabil în temeiul art. 347 Cod civil.

Limitarea va avea efect în cadrul comunității de bunuri doar asupra acelor bunuri pe care oricare dintre soți le-ar fi putut înstrăina singur, beneficiind de prevederile aliniatului 2 al art. 346 Cod civil.

Art. 317 Independența patrimonială a soților

(1) Dacă prin lege nu se prevede altfel, fiecare soț poate să încheie orice acte juridice cu celălalt soț sau cu terțe persoane.

(2) Fiecare soț poate să facă singur, fără consimțământul celuilalt, depozite bancare, precum și orice alte operațiuni în legătură cu acestea.

(3) În raport cu instituția de credit, soțul titular al contului are, chiar și după desfacerea sau încetarea căsătoriei, dreptul de a dispune de fondurile depuse, dacă prin hotărâre judecătorească executorie nu s-a decis altfel.

Dând eficiență principiului independenței patrimoniale a soților, norma analizată trebuie coroborată însă cu prevederile art. 346 cod civil, cu privire la regula încheierii actelor de înstrăinare sau de grevare cu drepturi reale având ca obiect bunuri comune numai cu consimțământul ambilor soți, cu excepția bunurilor mobile comune nesupuse formalităților de publicitate.

Bineînțeles, o excepție o constituie și încheierea actelor de către soțul cu privire la care s-a încuviințat măsura ca dispunerea de anumite bunuri să fie condiționată de consimțământul celuilalt soț, în temeiul art. 136 Cod civil.

Art. 318 Dreptul la informare

(1) Fiecare soț poate să îi ceară celuilalt să îl informeze cu privire la bunurile, veniturile și datoriile sale, iar în caz de refuz nejustificat se poate adresa instanței de tutelă.

(2) Instanța poate să îl oblige pe soțul celui care a sesizat-o sau pe orice terț să furnizeze informațiile cerute și să depună probele necesare în acest sens.

(3) Terții pot să refuze furnizarea informațiilor cerute atunci când, potrivit legii, refuzul este justificat de păstrarea secretului profesional.

(4) Atunci când informațiile solicitate de un soț pot fi obținute, potrivit legii, numai la cererea celuilalt soț, refuzul acestuia de a le solicita naște prezumția relativă că susținerile soțului reclamant sunt adevărate.

Notă.

Prin urmare, soților le este recunoscut dreptul la informare cu privire la bunurile, veniturile, datoriile celuilalt soț, fiind admis totuși un refuz justificat.

Art. 319 Încetarea regimului matrimonial

(1) Regimul matrimonial încetează prin constatarea nulității, anularea, desfacerea sau încetarea căsătoriei.

(2) În timpul căsătoriei, regimul matrimonial poate fi modificat, în condițiile legii.

Notă.

Indiferent dacă o căsătorie a fost sancționată prin nulitate absolută sau relativă sau a fost desfăcută prin divorț ori a încetat ca urmare a decesului unuia dintre soți, regimul matrimonial aplicabil soților în timpul căsătoriei încetează la data rămânerii definitive a hotărârii prin care s-a constatat nulitatea absolută sau relativă a căsătoriei, a hotărârii de divorț, a hotărârii de declarare judecătorească a morții unuia dintre soți respectiv la data morții unuia dintre soți.

În timpul casatoriei, regimul matrimonial poate fi modificat, în sensul că soții pot conveni trecerea de la regimul ales la oricare altul dintre cele expres prevăzute de Codul civil.

Art. 320 Lichidarea regimului matrimonial

În caz de încetare sau de schimbare, regimul matrimonial se lichidează potrivit legii, prin bună învoială sau, în caz de neînțelegere, pe cale judiciară. Hotărârea judecătorească definitivă sau, după caz, înscrisul întocmit în formă autentică notarială constituie act de lichidare.

Legislație conexă:

- Art. 979-995 Cod procedură civilă - Procedura partajului judiciar

Notă.

Lichidarea regimului matrimonial presupune preluarea de fiecare soț a bunurilor proprii, preluarea de către soți a unei cote parte din masa bunurilor comune ce devin bunuri proprii a celui căruia i-au revenit și regularizarea datoriilor.

Lichidarea regimului matrimonial pe cale judiciară este caracteristică comunității de bunuri, în cazul în care soții nu cad de comun acord cu privire la partajul bunurilor comune.

Lichidarea regimului matrimonial prin hotărâre judecătorească poate avea loc în cazul comunității convenționale în cazul în care soții nu cad de comun acord cu privire la partajul bunurilor comune doar atunci când prin convenția matrimonială nu s-a stabilit modalitatea de lichidare a acestuia, situație în care devin aplicabile dispozițiile comunității legale.

§2. Locuinţa familiei

Art. 321 Noţiune

(1) Locuinţa familiei este locuinţa comună a soţilor sau, în lipsă, locuinţa soţului la care se află copiii.

(2) Oricare dintre soţi poate cere notarea în cartea funciară, în condiţiile legii, a unui imobil ca locuinţă a familiei, chiar dacă nu este proprietarul imobilului.

Notă.

În principal, locuinţa familiei este locuinţa comună a soţilor, fără a se imprima însă acesteia caracterul de bun comun, putând fi şi bun propriu al unuia dintre soţi. Numai o singură locuinţă poate avea statut de locuinţă a familiei, şi nu are importanţă titlul în baza căruia este deţinută (proprietate personală a unuia dintre soţi sau proprietate comună ori închiriată).

Justeţea reglementării prevăzute de alin. (2) rezidă din regimul actelor juridice care privesc locuinţa familiei, prin notarea în cartea publicitară a unui imobil ca fiind locuinţă a familiei realizându-se o protecţie juridică împotriva actelor de înstrăinare fără consimţământul ambilor soţi.

Art. 322 Regimul unor acte juridice

(1) Fără consimţământul scris al celuilalt soţ, niciunul dintre soţi, chiar dacă este proprietar exclusiv, nu poate dispune de drepturile asupra locuinţei familiei şi nici nu poate încheia acte prin care ar fi afectată folosinţa acesteia.

(2) De asemenea, un soţ nu poate deplasa din locuinţă bunurile ce mobilează sau decorează locuinţa familiei şi nu poate dispune de acestea fără consimţământul scris al celuilalt soţ.

(3) În cazul în care consimţământul este refuzat fără un motiv legitim, celălalt soţ poate să sesizeze instanţa de tutelă, pentru ca aceasta să autorizeze încheierea actului.

(4) Soțul care nu și-a dat consimțământul la încheierea actului poate cere anularea lui în termen de un an de la data la care a luat cunoștință despre acesta, dar nu mai târziu de un an de la data încetării regimului matrimonial.

(5) În lipsa notării locuinței familiei în cartea funciară, soțul care nu și-a dat consimțământul nu poate cere anularea actului, ci numai daune-interese de la celălalt soț, cu excepția cazului în care terțul dobânditor a cunoscut, pe altă cale, calitatea de locuință a familiei.

(6) Dispozițiile alin. (5) se aplică în mod corespunzător actelor încheiate cu încălcarea prevederilor alin. (2).

Legea de aplicare:

Art. 30. Dispozițiile art. 322 din Codul civil sunt aplicabile și în cazul căsătoriilor în ființă la data intrării în vigoare a Codului civil, dacă actele de dispoziție asupra locuinței familiei sau asupra bunurilor care mobilează sau decorează locuința familiei ori deplasarea acestora din locuință au intervenit după această dată.

Notă.

Toate aceste interdicții operează chiar și atunci când locuința familiei și/sau bunurile mobile ce mobilează sau decorează locuința sunt proprietatea exclusivă a unuia dintre soți, în scopul protejării familiei împotriva actelor actelor de înstrăinare sau afectare a imobilului locuință de familie care ar putea fi făcute de soțul proprietar.

Prin urmare, în cazul în care unul dintre soți refuză să își dea consimțământul, celălalt soț nu poate exercita drepturile asupra locuinței familiei și nici încheia acte prin care este afectată o astfel de locuință, nu poate deplasa din locuință bunuri care o mobilează sau o decorează, nu poate dispune de acestea, ci se poate adresa instanței de tutelă pentru ca aceasta să autorizeze încheierea actului.

Termenul de un an prevăzut pentru exercitarea acțiunii în anulare este unul special de prescripție, derogatoriu de la cel de drept comun. Putând fi sancţionat doar cu nulitate relativă, actul juridic poate fi confirmat de către soţul care nu şi-a dat consimţământul.

Alin. 5 instituie un mijloc de protecţie împotriva actelor juridice referitoare la imobilul locuinţa familiei în cazul în care acesta nu ar fi fost notat în cartea funciară cu această afectare. Astfel, dacă terţul dobânditor a cunoscut, pe altă cale, calitatea de locuinţă a familiei, celălalt soţ poate cere anularea actului chiar şi în acest caz.

Art. 323 Drepturile soţilor asupra locuinţei închiriate

(1) În cazul în care locuinţa este deţinută în temeiul unui contract de închiriere, fiecare soţ are un drept locativ propriu, chiar dacă numai unul dintre ei este titularul contractului ori contractul este încheiat înainte de căsătorie.

(2) Dispoziţiile art. 322 sunt aplicabile în mod corespunzător.

(3) În caz de deces al unuia dintre soţi, soţul supravieţuitor continuă exercitarea dreptului său locativ, dacă nu renunţă în mod expres la acesta, în termenul prevăzut la art. 1.834.

Legea de aplicare:

Art. 31. Dispoziţiile art. 323 din Codul civil sunt aplicabile contractelor de închiriere încheiate după intrarea în vigoare a Codului civil.

Notă.

Indiferent dacă ambii soţi sunt titularii contractului de închiriere, sau doar unu, fiecare dintre ei are un drept locativ propriu.

Orice act prin care este afectată folosinţa locuinţei sau orice act de deplasare din locuinţă a bunurilor mobile care o mobilează sau o decorează ori de înstrăinare a unor astfel de bunuri, pot fi făcute doar cu consimţământul scris al celuilalt soţ.

În cazul în care unul dintre soţi refuză să îşi dea consimţământul, celălalt soţ nu poate încheia un astfel de act fără autorizarea instanței de tutelă. În caz contrar acesta poate fi sancționat cu nulitate relativă în termenul special de prescripție de un an de la data la care partea care nu și-a dat consimțământul a luat cunostinta despre acesta, dar nu mai tarziu de un an de la data incetarii regimului matrimonial.

Art. 324 Atribuirea beneficiului contractului de închiriere

(1) La desfacerea căsătoriei, dacă nu este posibilă folosirea locuinței de către ambii soți și aceștia nu se înțeleg, beneficiul contractului de închiriere poate fi atribuit unuia dintre soți, ținând seama, în ordine, de interesul superior al copiilor minori, de culpa în desfacerea căsătoriei și de posibilitățile locative proprii ale foștilor soți.

(2) Soțul căruia i s-a atribuit beneficiul contractului de închiriere este dator să plătească celuilalt soț o indemnizație pentru acoperirea cheltuielilor de instalare într-o altă locuință, cu excepția cazului în care divorțul a fost pronunțat din culpa exclusivă a acestuia din urmă. Dacă există bunuri comune, indemnizația se poate imputa, la partaj, asupra cotei cuvenite soțului căruia i s-a atribuit beneficiul contractului de închiriere.

(3) Atribuirea beneficiului contractului de închiriere se face cu citarea locatorului și produce efecte față de acesta de la data când hotărârea judecătorească a rămas definitivă.

(4) Prevederile alin. (1)-(3) se aplică în mod similar și în cazul în care bunul este proprietatea comună a celor 2 soți, atribuirea beneficiului locuinței conjugale producând efecte până la data rămânerii definitive a hotărârii de partaj.

Legea de aplicare:

Art. 32. Dispozițiile art. 324 din Codul civil sunt aplicabile și în cazul căsătoriilor în ființă la data intrării în vigoare a Codului civil, dacă atribuirea beneficiului contractului de închiriere se face după această dată.

Notă.

Cererea privind atribuirea beneficiului contractului de închiriere sau al locuinței conjugale se poate formula fie în cadrul acțiunii de divorț, fie ulterior, pe cale separată.

Legiutorul are în vedere, la atribuirea beneficiului contractului de închiriere, trei criterii limitativ prevăzute, și anume: interesul superior al copiilor minori, culpa în desfacerea căsătoriei și posibilitățile locative proprii ale foștilor soți. Prin urmare, nu se reglementează modalitatea de atribuire a beneficiului contractului de închiriere sau al locuinței conjugale în situația în care niciunul dintre criterii nu are aplicabilitate, respectiv când soții nu au copii minori, nu este dovedită culpa exclusivă a unuia dintre soți și ambii au posibilități locative proprii.

Spre deosebire de atribuirea beneficiului contractului de închiriere, care are caracter definitiv, atribuirea beneficiului locuinței conjugale este provizorie, măsura încetând odată cu rămânerea definitivă a hotărârii de partaj.

§3. Cheltuielile casatoriei

Art. 325 Contribuția soților

(1) Soții sunt obligați să își acorde sprijin material reciproc.

(2) Ei sunt obligați să contribuie, în raport cu mijloacele fiecăruia, la cheltuielile căsătoriei, dacă prin convenție matrimonială nu s-a prevăzut altfel.

(3) Orice convenție care prevede că suportarea cheltuielilor căsătoriei revine doar unuia dintre soți este considerată nescrisă.

Notă.

În concordanță cu scopul și esența căsătoriei, ambii soți sunt obligați să suporte cheltuielile căsătoriei, în funcție de mijloacele fiecăruia.

De la această regulă de principiu, soții pot deroga prin convenție matrimonială, putând stabili de comun acord o contribuție diferită a fiecăruia dintre ei, fiind limitați totuși în posibilitatea de a concentra toate cheltuielile doar în sarcina unuia dintre ei.

Art. 326 Munca în gospodărie

Munca oricăruia dintre soți în gospodărie și pentru creșterea copiilor reprezintă o contribuție la cheltuielile căsătoriei.

Notă.

Prin această normă, legiuitorul intervine în interesul soțului care, deși nu este angajat în muncă, participă la susținerea cheltuielor căsătoriei prin efortul depus în gospodăria propria. Mai departe, în eventualitatea unui partaj, acest efort va fi cuantificat și considerat ca și contribuție la dobândirea bunurilor comune.

Art. 327 Veniturile din profesie

Fiecare soț este liber să exercite o profesie și să dispună, în condițiile legii, de veniturile încasate, cu respectarea obligațiilor ce îi revin privind cheltuielile căsătoriei.

Notă.

Prin libertatea fiecărui soț de a-și alege profesia înțelegem dreptul de a exercita profesia pe care o dorește și totodată de a și-o schimba fără consimțământul celuilalt soț, fără nicio discriminare între bărbat și femeie, drepturi care sunt acordate în temeiul principiului egalității în drepturi a soților. Totodată, veniturile obținute de fiecare soț din exercitarea profesiei sale pot fi utilizate de acesta în mod liber, fiind limitate doar de obligația fiecăruia dintre soți de a contribui la sarcinile căsătoriei.

Natura juridică a venitului încasat depinde, însă, de regimul matrimonial. Astfel, în cadrul regimului comunității de bunuri venitul încasat are natura juridică a unui bun comun, dar prezintă și unele particularități, acesta putând fi folosit atât pentru dobândirea unor bunuri comune, cât şi pentru dobândirea unor bunuri proprii, după cum pot fi achitate atât datorii comune, cât şi datorii proprii. În schimb, în cadrul regimului separaţiei de bunuri, salariul este bun exclusiv al fiecărui soţ, iar în cadrul regimului comunităţii convenţionale, bunul este exclusiv sau comun, după cum s-a convenit prin convenţia matrimonială.

Art. 328 Dreptul la compensaţie

Soţul care a participat efectiv la activitatea profesională a celuilalt soţ poate obţine o compensaţie, în măsura îmbogăţirii acestuia din urmă, dacă participarea sa a depăşit limitele obligaţiei de sprijin material şi ale obligaţiei de a contribui la cheltuielile căsătoriei.

Notă.

Prin această normă, legiuitorul oferă protecţie soţului care a participat efectiv la activitatea profesională a celuilalt soţ (o perioadă îndelungată de timp, prestând o activitate permanentă şi generatoare de beneficii pentru acesta şi fără a primi o remuneraţie specifică).

Acordarea dreptului la compensaţie apare astfel ca o limitare a îmbogăţirii fără justă cauză a unuia dintre soţi în defavoarea celuilalt.

Nu va avea însă dreptul la compensaţie soţul care, deşi contribuie la activitatea profesională a celuilalt soţ, nu depăşeşte prin efortul depus obligaţia de sprijin material sau de contribuţie la cheltuielile căsătoriei.

§4. Alegerea regimului matrimonial

Art. 329 Convenţia matrimonială

Alegerea unui alt regim matrimonial decât cel al comunităţii legale se face prin încheierea unei convenţii matrimoniale.

Notă.

Prin urmare, convenţia matrimonială este un acord de voinţă liber exprimat de soţi sau de viitorii soţi, după caz, în formă autentică, prin care aceștia aleg un alt regim matrimonial decât cel al comunității legale de bunuri.

Convenția matrimonială poate să conțină și clauze străine de alegerea și funcționarea regimului matrimonial, de pildă donații reciproce între soți.

Art. 330 Încheierea convenției matrimoniale

(1) Sub sancțiunea nulității absolute, convenția matrimonială se încheie prin înscris autentificat de notarul public, cu consimțământul tuturor părților, exprimat personal sau prin mandatar cu procură autentică, specială și având conținut predeterminat.

(2) Convenția matrimonială încheiată înainte de căsătorie produce efecte numai de la data încheierii căsătoriei.

(3) Convenția încheiată în timpul căsătoriei produce efecte de la data prevăzută de părți sau, în lipsă, de la data încheierii ei.

Notă.

Se observă că, precum orice contract, convenția matrimonială trebuie să îndeplinească condiții de fond și de formă. Condițiile de fond sunt: capacitatea soților sau a viitorilor soți, consimțământul acestora, obiectul convenției și cauza convenției.

În ceea ce privește capacitatea de a încheia o convenție matrimonială, regula este că cine poate încheia valabil o căsătorie poate încheia și o convenție matrimonială. Prin urmare, în principiu, nu sunt aplicabile regulile generale privind capacitatea de a contracta, ci este necesară capacitatea (vârsta) matrimonială.

Consimțământul părților trebuie să fie liber, neviciat și exprimat personal sau prin mandatar cu procură autentică, specială și având conținut predeterminat.

Obiectul convenției matrimoniale îl constituie regimul matrimonial pe care viitorii soți îl aleg ca alternativă la regimul matrimonial legal. Dar, libertatea viitorilor soți de a stabili regimul matrimonial aplicabil în timpul căsătoriei nu este absolută. În acest sens, există atât limite generale, cât și limite speciale care îngrădesc această libertate.

În primul rând, este aplicabilă limita generală din materia contractelor, potrivit căreia nu se poate deroga de la dispozițiile imperative ale legii și de la bunele moravuri.

În al doilea rând, ca și aplicații ale ordinii publice în materia convențiilor matrimoniale, nu se poate deroga de la principiul egalității în drepturi între bărbat și femeie, efectele nepatrimoniale ale căsătoriei, drepturile și îndatoririle părintești sau de la regulile devoluțiunii succesorale legale.

Cauza convenției este reprezentată de scopul urmărit de părți la încheierea acesteia. Cauza trebuie să existe, să fie reală, licită și morală.

În ceea ce privește condițiile de formă, sub sancțiunea nulității absolute, convenția matrimonială se încheie prin înscris autentificat de notarul public, cu consimțământul tuturor părților (respectiv bărbatul și femeia), exprimat personal sau prin mandatar cu procură autentică, specială și având conținut predeterminat.

Nerespectarea condiției formei autentice notariale atrage sancțiunea nulității absolute a convenției matrimoniale.

În cazul în care convenția matrimonială s-a încheiat înaintea căsătoriei soților, iar ulterior, căsătoria nu mai are loc, convenția matrimonială încheiată devine caducă.

Art. 331 Simulația convenției matrimoniale

Actul secret, prin care se alege un alt regim matrimonial sau se modifică regimul matrimonial pentru care sunt îndeplinite formalitățile de publicitate prevăzute de lege, produce efecte numai între soți și nu poate fi opus terților de bună-credință.

Notă.

Norma reglementează posibilitatea soților sau a viitorilor soți de a alege prin act secret un alt regim matrimonial sau de a modifica prin act secret regimul matrimonial pentru care sunt îndeplinite formalitățile de publicitate prevăzute de lege.

Dat fiind caraterul intuitu personae al convenției matrimoniale, simulația poate îmbrăca doar două forme, respectiv fictivitatea și deghizarea, fiind exclusă cea de-a treia formă pe care o poate îmbrăca referitor la convenții civile în general, respectiv simulația prin interpunere de persoane.

Regimul matrimonial secret va produce efecte doar între soți, neputând fi opus terților de bună credință, față de care produce efecte doar regimul matrimonial pentru care au fost îndeplinite formalitățile de publicitate.

Potrivit art. 1290 alin. (1) Cod civil, terții pot invoca împotriva părților existența contractului secret atunci când acesta le vatămă drepturile. Prin urmare, terții au dreptul de a opta între a respinge efectele actului secret față de ei, atunci când acesta le vatămă drepturile și a invoca în favoarea lor același act atunci când acesta le profită.

Acțiunea de care dispune terțul (cu condiția să fi fost de bună credință, respectiv nu a avut cunoștință despre actul secret) este acțiunea în declararea simulației.

Art. 332 Obiectul convenției matrimoniale

(1) Prin convenția matrimonială nu se poate deroga, sub sancțiunea nulității absolute, de la dispozițiile legale privind regimul matrimonial ales decât în cazurile anume prevăzute de lege.

(2) De asemenea, convenția matrimonială nu poate aduce atingere egalității dintre soți, autorității părintești sau devoluțiunii succesorale legale.

Notă.

Obiectul convenției matrimoniale îl constituie regimul matrimonial pe care viitorii soți îl aleg ca alternativă la regimul matrimonial legal.

În primul rând, obiectul convenției matrimoniale este circumscris limitelor generale impuse de art. 1169 Cod civil, conform căruia părțile sunt libere să încheie orice contracte și să determine conținutul acestora, în limitele impuse de lege, de ordinea publică și bunele moravuri. Obiectul convenției matrimoniale, ca al oricărei convenții, trebuie să existe, să fie posibil, licit, moral.

În al doilea rând, obiectul convenției matrimoniale este circumscris limitelor speciale impuse de dispozițiile imperative ale fiecărui regim matrimonial.

Cu privire la principiul egalității dintre soți, prin convenție matrimonială nu se poate adopta un regim matrimonial care ar contravine acestui principiu, de pildă un regim în care unul dintre soți nu ar putea dispune de bunurile sale proprii.

În ceea ce privește autoritatea părintească, nu s-ar putea prevedea într-o convenție matrimonială că obligația de a suporta cheltuielile privind întreținerea unui eventual copil al soților ar urma să fie suportate doar de unul dintre soți ori că, în ceea ce privește educația copilului, dreptul de decizie revine în exclusivitate unuia dintre soți.

Referitor la regulile devoluțiunii succesorale legale, nu se poate schimba, de exemplu, prin convenție matrimonială, ordinea în care persoanele sunt chemate la moștenire sau cotele care li se cuvin.

Art. 333. Clauza de preciput

(1) Prin convenție matrimonială se poate stipula ca soțul supraviețuitor să preia fără plată, înainte de partajul moștenirii, unul sau mai multe dintre bunurile comune, deținute în devălmășie sau în coproprietate. Clauza de preciput poate fi stipulată în beneficiul fiecăruia dintre soți sau numai în favoarea unuia dintre ei.

(2) Clauza de preciput nu este supusă raportului donațiilor, ci numai reducțiunii, în condițiile art. 1.096 alin. (1) și (2).

(3) Clauza de preciput nu aduce nicio atingere dreptului creditorilor comuni de a urmări, chiar înainte de încetarea comunității, bunurile ce fac obiectul clauzei.

(4) Clauza de preciput devine caducă atunci când comunitatea încetează în timpul vieții soților, când soțul beneficiar a decedat înaintea soțului dispunător ori când aceștia au decedat în același timp sau când bunurile care au făcut obiectul ei au fost vândute la cererea creditorilor comuni.

(5) Executarea clauzei de preciput se face în natură sau, dacă acest lucru nu este posibil, prin echivalent.

Notă.

În cuprinsul convenției matrimoniale soții pot stipula o clauză prin care să se prevadă ca soțul supraviețuitor să preia fără plată, înainte de partajul moștenirii, unul sau mai multe dintre bunurile comune, deținute în devălmășie sau în coproprietate. Această clauză poartă denumirea de clauză de preciput.

Scopul urmărit este acela de a se crea un avantaj soțului supraviețuitor, prin preluarea de către acesta a unor bunuri anterior partajului, astfel încât aceste bunuri preluate să nu intre în masa de partajat.

Art. 334 Publicitatea convenției matrimoniale

(1) Pentru a fi opozabile terților, convențiile matrimoniale se înscriu în Registrul național notarial al regimurilor matrimoniale, organizat potrivit legii.

(2) După autentificarea convenției matrimoniale în timpul căsătoriei sau după primirea copiei de pe actul căsătoriei, potrivit art. 291, notarul public expediază, din oficiu, un exemplar al convenției la serviciul de stare civilă unde a avut loc celebrarea căsătoriei, pentru a se face mențiune pe actul de căsătorie, la registrul menționat la alin. (1), precum și la celelalte registre de publicitate, în condițiile alin. (4).

(3) Dispozițiile alin. (2) nu exclud dreptul oricăruia dintre soți de a solicita îndeplinirea formalităților de publicitate.

(4) Ținând seama de natura bunurilor, convențiile matrimoniale se vor nota în cartea funciară, se vor înscrie în registrul comerțului, precum și în alte registre de publicitate prevăzute de lege. În toate aceste cazuri, neîndeplinirea formalităților de publicitate speciale nu poate fi acoperită prin înscrierea făcută în registrul menționat la alin. (1).

(5) Orice persoană, fără a fi ținută să justifice vreun interes, poate cerceta registrul menționat la alin. (1) și poate solicita, în condițiile legii, eliberarea de extrase certificate.

Notă.

Scopul publicității este opozabilitatea convenției matrimoniale față de terți.

Formalitățile de publicitate trebuie respectate atât pentru convenția matrimonială inițială, cât și pentru eventualele modificări ale convenției matrimoniale aduse înainte de celebrarea căsătoriei.

Formalitățile de publicitate se clasifică în două categorii: formalități generale, care sunt direct legate de căsătorie și formalități speciale.

Ca și forme generale sunt publicitatea prin înscrierea convenției matrimoniale în Registrul național notarial al regimurilor matrimoniale și mențiunea făcută pe actul de căsătorie cu privire la convenția matrimonială de către ofițerul de stare civilă la data încheierii căsătoriei sau ulterior urmare a comunicării unui exemplar de pe convenție de către notarul care a autentificat-o.

Ca și forme generale de publicitate sunt notarea în cartea funciară și mențiunea în Registrul Comerțului.

În cazul neîndeplinirii formalităților de publicitate, în raport cu terții de bună-credință soții sunt considerați ca fiind căsătoriți sub regimul matrimonial al comunității legale.

Art. 335 Inopozabilitatea convenției matrimoniale

(1) Convenția matrimonială nu poate fi opusă terților cu privire la actele încheiate de aceștia cu unul dintre soți, decât dacă au fost îndeplinite formalitățile de publicitate prevăzute la art. 334 sau dacă terții au cunoscut-o pe altă cale.

(2) De asemenea, convenția matrimonială nu poate fi opusă terților cu privire la actele încheiate de aceștia cu oricare dintre soți înainte de încheierea căsătoriei.

Notă.

Dacă urmare a realizării mențiunii de pe actul de căsătorie, nu s-a realizat și înscrierea în Registrul național notarial al regimurilor matrimoniale, convenția matrimonială nu este opozabilă terților, exceptând cazul în care aceștia au cunoscut-o pe altă cale.

Art. 336 Modificarea convenției matrimoniale

Convenția matrimonială poate fi modificată înainte de încheierea căsătoriei, cu respectarea condițiilor prevăzute la art. 330 și 332. Dispozițiile art. 334 și 335 sunt aplicabile.

Notă.

Textul de lege consacră principiul mutabilității regimurilor matrimoniale, principiu care conduce la posibilitatea ca acestea să fie schimbate pe durata căsătoriei soților, trecându-se de la un regim matrimonial legal recunoscut la alt regim matrimonial legal recunoscut. Motivele care conduc la modificarea regimului matrimonial pot fi diverse, de pildă schimbarea condițiilor de viață ale familiei sau schimbarea profesiei soților.

Modificarea regimului matrimonial poate avea loc pe cale convențională sau judiciară.

Art. 337 Încheierea convenţiei matrimoniale de către minor

(1) Minorul care a împlinit vârsta matrimonială poate încheia sau modifica o convenţie matrimonială numai cu încuviinţarea ocrotitorului său legal şi cu autorizarea instanţei de tutelă.

(2) În lipsa încuviinţării sau a autorizării prevăzute la alin. (1), convenţia încheiată de minor poate fi anulată în condiţiile art. 46, care se aplică în mod corespunzător.

(3) Acţiunea în anulare nu poate fi formulată dacă a trecut un an de la încheierea căsătoriei.

Notă.

Pentru încheierea valabilă a convenţiei matrimoniale se cere capacitate matrimonială, care de principiu se dobândeşte la vârsta de 18 ani, iar excepţional, pentru motive temeinice, la vârsta de 16 ani.

Acţiunea în anulare se exercită de reprezentantul legal al minorului, în cazul în care nulitatea relativă se întemeiază pe lipsa încuviinţărilor cerute de lege, respectiv de procuror (la sesizarea instanţei de tutelă), atunci când nulitatea se întemeiază pe lipsa autorităţii date de instanţa de tutelă.

Art. 338 Nulitatea convenţiei matrimoniale

În cazul în care convenţia matrimonială este nulă sau anulată, între soţi se aplică regimul comunităţii legale, fără a fi afectate drepturile dobândite de terţii de bună-credinţă.

Notă.

Ca urmare a constatării nulităţii convenţiei matrimoniale (absolută sau relativă), se consideră că aceasta nu a existat, şi deci, în ceea ce priveşte regimul matrimonial, soţii vor fi consideraţi ca şi cum ar fi fosr sub regimul comunităţii legale.

Se instituie însă și o excepție, cu privire la raporturile juridice avute de soți cu terții de bună credință, care nu vor putea fi afectate prin dispozițiile regimului comunității legale.

Sancțiunea nulității absolute a convenției matrimoniale intervine în cazul nerespectării unor condiții de fond (spre exemplu, lipsa consimțământului tuturor părților; lipsa sau ilicitatea obiectului ori derogarea de la prevederile legale privind regimul matrimonial ales în lipsa unei dispoziții legale în acest sens; cauza ilicită sau imorală; lipsa vârstei matrimoniale cerute pentru încheierea unei convenții matrimoniale) sau a unor condiții de formă cerute ad validitatem (bunăoară, lipsa formei autentice a convenției matrimoniale. Nulitatea absolută poate poate fi invocată oricând de orice persoană interesată, pe cale de acțiune sau de excepție.

Sancțiunea nulității relative intervine în cazul în care consimțământul este viciat, în cazul lipsei încuviințărilor și autorizării prevăzute de lege în cazul încheierii convenției matrimoniale de minorul necăsătorit și neemancipat, a lipsei cauzei. Nulitatea relativă poate fi invocată doar pe cale de acțiune, în interiorul termenului de prescripție.

Secţiunea 2 - Regimul comunităţii legale

Art. 339 Bunurile comune
Bunurile dobândite în timpul regimului comunităţii legale de oricare dintre soţi sunt, de la data dobândirii lor, bunuri comune în devălmăşie ale soţilor.

Notă.
Soţii pot avea două categorii de bunuri: bunuri comune ambilor soţi şi bunuri proprii fiecărui soţ.

Norma analizată instituie regula generală potrivit căreia bunurile dobândite de oricare dintre soţi în timpul regimului comunităţii legale sunt bunuri comune de la data dobândirii acestora, indiferent dacă dobândirea s-a făcut personal sau în comun.

Mai mult, bunurile dobândite în timpul comunităţii legale de bunuri sunt bunuri comune în devălmăşie ale soţilor, înţelegând prin aceasta că dreptul patrimonial asupra acestora nu poate fi împărţit pe cote-părţi determinate ale fiecăruia dintre soţi.

Art. 340 Bunurile proprii
Nu sunt bunuri comune, ci bunuri proprii ale fiecărui soţ:

a) bunurile dobândite prin moştenire legală, legat sau donaţie, cu excepţia cazului în care dispunătorul a prevăzut, în mod expres, că ele vor fi comune;

b) bunurile de uz personal;

c) bunurile destinate exercitării profesiei unuia dintre soţi, dacă nu sunt elemente ale unui fond de comerţ care face parte din comunitatea de bunuri;

d) drepturile patrimoniale de proprietate intelectuală asupra creaţiilor sale şi asupra semnelor distinctive pe care le-a înregistrat;

e) bunurile dobândite cu titlu de premiu sau recompensă, manuscrisele ştiinţifice sau literare, schiţele şi proiectele artistice, proiectele de invenţii şi alte asemenea bunuri;

f) indemnizaţia de asigurare şi despăgubirile pentru orice prejudiciu material sau moral adus unuia dintre soţi;

g) bunurile, sumele de bani sau orice valori care înlocuiesc un bun propriu, precum şi bunul dobândit în schimbul acestora;

h) fructele bunurilor proprii.

Legea de aplicare:

Art. 33. Dispoziţiile art. 340 şi 341 din Codul civil sunt aplicabile şi căsătoriilor în fiinţă la data intrării în vigoare a Codului civil, ori de câte ori actul juridic sau faptul juridic în temeiul căruia a fost dobândit bunul intervine după această dată.

Notă.

Pornind de la reglementarea articolului anterior, s-a impus conferirea, pe cale legală, a caracterului de bun propriu anumitor categorii de bunuri, în baza unor criterii precum legătura strânsă pe care acestea o au cu soţul care le-a dobândit, afectaţiunea bunului sau subrogaţia reală.

Categoriile de bunuri proprii sunt limitativ prevăzute, fără posibilitate de extindere prin analogie şi la alte categorii de bunuri, exceptând ipoteza în care calitatea de bun propriu poate fi dedusă dintr-o interpretare a contrario a unei dispoziţii legale ori dacă există o altă reglementare decât cea analizată, care să prevadă calitatea de bun propriu.

Art. 341 Veniturile din muncă şi cele asimilate acestora

Veniturile din muncă, sumele de bani cuvenite cu titlu de pensie în cadrul asigurărilor sociale şi altele asemenea, precum şi veniturile cuvenite în temeiul unui drept de proprietate intelectuală sunt bunuri comune, indiferent de data

93

dobândirii lor, însă numai în cazul în care creanţa privind încasarea lor devine scadentă în timpul comunităţii.

Legea de aplicare:

Art. 33. Dispoziţiile art. 340 şi 341 din Codul civil sunt aplicabile şi căsătoriilor în fiinţă la data intrării în vigoare a Codului civil, ori de câte ori actul juridic sau faptul juridic în temeiul căruia a fost dobândit bunul intervine după această dată.

Notă.

Se observă că singura condiţie pentru calificarea ca bunuri proprii este ca încasarea acestor venituri sau sume de bani să aibă loc în timpul comunităţii, neinteresând data la care s-au născut drepturile de a le încasa.

Dacă în cazul veniturilor lunare aceasta nu prezintă o însemnătate deosebită, apreciem că în cazul dreptului de autor se pot naşte numeroase probleme, în cazul în care acesta s-a născut înainte de căsătorie iar încasarea sumelor cuvenite s-a realizat în timpul căsătoriei.

Art. 342 Regimul juridic al bunurilor proprii

Fiecare soţ poate folosi, administra şi dispune liber de bunurile sale proprii, în condiţiile legii.

Notă.

Prin urmare, soţul proprietar exclusiv al anumitor bunuri proprii poate exercita liber toate drepturile subiective privitoare la acele bunuri, în condiţiile dreptului comun.

Art. 343 Dovada bunurilor soţilor

(1) Calitatea de bun comun nu trebuie să fie dovedită.

(2) Dovada că un bun este propriu se poate face între soţi prin orice mijloc de probă. În cazul prevăzut la art. 340 lit. a), dovada se face în condiţiile legii.

(3) Pentru bunurile mobile dobândite anterior căsătoriei, înainte de încheierea acesteia se întocmeşte un

inventar de către notarul public sau sub semnătură privată, dacă părțile convin astfel. În lipsa inventarului, se prezumă, până la proba contrară, că bunurile sunt comune.

Notă.

Potrivit prezumției de comunitate instituită de norma analizată, calitatea de bun comun se prezumă până la proba contrară, pe când calitatea de bun propriu trebuie dovedită.

Art. 344 Formalitățile de publicitate

Oricare dintre soți poate cere să se facă mențiune în cartea funciară ori, după caz, în alte registre de publicitate prevăzute de lege despre apartenența unui bun la comunitate.

Notă.

Formalitățile astfel prevăzute vin în completarea scopului formalităților de publicitate ale convenției matrimoniale, respectiv opozabilitatea calității de bun comun al unui anumit bun față de terți.

Art. 345 Actele de conservare, de folosință și de administrare

(1) Fiecare soț are dreptul de a folosi bunul comun fără consimțământul expres al celuilalt soț. Cu toate acestea, schimbarea destinației bunului comun nu se poate face decât prin acordul soților.

(2) De asemenea, fiecare soț poate încheia singur acte de conservare, acte de administrare cu privire la oricare dintre bunurile comune, precum și acte de dobândire a bunurilor comune.

(3) Dispozițiile art. 322 rămân aplicabile.

(4) În măsura în care interesele sale legate de comunitatea de bunuri au fost prejudiciate printr-un act juridic, soțul care nu a participat la încheierea actului nu poate pretinde

decât daune-interese de la celălalt soţ, fără a fi afectate drepturile dobândite de terţii de bună-credinţă.

Legea de aplicare:

Art. 34. Dispoziţiile art. 345-350 din Codul civil sunt aplicabile şi căsătoriilor în fiinţă la data intrării în vigoare a Codului civil, dacă actul sau faptul juridic cu privire la un bun comun a intervenit după această dată.

Notă.

Norma analizată recunoaşte fiecărui soţ dreptul de a folosi bunul comun fără consimţământul expres al celuilalt soţ, de a încheia singur acte de conservare sau acte de administrare cu privire la oricare dintre bunurile comune, precum şi acte de dobândire a bunurilor comune, cu excepţia actele de schimbare a destinaţiei bunului comun, care nu pot fi făcute decât prin acordul soţilor.

Fără consimţământul scris al celuilalt soţ, niciunul dintre soţi, chiar dacă este proprietar exclusiv, nu poate dispune de drepturile asupra locuinţei familiei şi nici nu poate încheia acte prin care ar fi afectată folosinţa acesteia. De asemenea, un soţ nu poate deplasa din locuinţă bunurile ce mobilează sau decorează locuinţa familiei şi nu poate dispune de acestea fără consimţământul scris al celuilalt soţ. În cazul în care consimţământul este refuzat fără un motiv legitim, celălalt soţ poate să sesizeze instanţa de tutelă, pentru ca aceasta să autorizeze încheierea actului. Soţul care nu şi-a dat consimţământul la încheierea actului poate cere anularea lui în termen de un an de la data la care a luat cunoştinţă despre acesta, dar nu mai târziu de un an de la data încetării regimului matrimonial conform art. 322 Cod civil.

Dacă printr-un act juridic încheiat de un soţ au fost prejudiciate interesele celuilalt soţ legate de comunitatea de bunuri, se recunoaşte soţului care nu a participat la încheierea actului dreptul la daune-interese de la celălalt soţ, fără a fi afectate însă drepturile dobândite de terţii de bună-credinţă.

Art. 346 Actele de înstrăinare și de grevare

(1) Actele de înstrăinare sau de grevare cu drepturi reale având ca obiect bunurile comune nu pot fi încheiate decât cu acordul ambilor soți.

(2) Cu toate acestea, oricare dintre soți poate dispune singur, cu titlu oneros, de bunurile mobile comune a căror înstrăinare nu este supusă, potrivit legii, anumitor formalități de publicitate. Dispozițiile art. 345 alin. (4) rămân aplicabile.

(3) Sunt, de asemenea, exceptate de la prevederile alin. (1) darurile obișnuite.

Notă.

Din analiza completă a textului analizat, rezultă că acordul comun al soților este obligatoriu doar în cazul actelor de înstrăinare sau de grevare cu drepturi reale având ca obiect un bun imobil sau un bun mobil supus unei formalități de publicitate, altul decât darurile obișnuite.

Coroborat cu art. 345 alin. (4), în măsura în care interesele sale legate de comunitatea de bunuri au fost prejudiciate printr-un act juridic, soțul care nu a participat la încheierea actului nu poate pretinde decât daune-interese de la celălalt soț, fără a fi afectate drepturile dobândite de terții de bună-credință. Dacă terțul este de rea-credință, soțul care nu și-a dat consimțământul poate cere anularea actului de înstrăinare sau de grevare cu drepturi reale în temeiul art. 347 alin. (1) Cod civil.

Art. 347 Nulitatea relativă

(1) Actul încheiat fără consimțământul expres al celuilalt soț, atunci când el este necesar potrivit legii, este anulabil.

(2) Terțul dobânditor care a depus diligența necesară pentru a se informa cu privire la natura bunului este apărat de efectele nulității. Dispozițiile art. 345 alin. (4) rămân aplicabile.

Notă.

Alin. (2) conţine definiţia terţului de bună-credinţă, aceasta fiind condiţia esenţială pentru ca terţului să nu-i fie afectat dreptul născut din actul juridic sancţionat cu nulitate relativă. Astfel, chiar dacă se dovedeşte că interesele unuia dintre soţi legate de comunitatea de bunuri au fost prejudiciate de celălalt soţ printr-un act juridic, dacă terţul dobânditor este de bună-credinţă va păstra dreptul astfel dobândit, soţul prejudiciat care nu şi-a dat consimţământul putând pretinde doar plata de daune-interese. Dacă însă terţul este de rea-credinţă, respectiv dacă avea cunoştinţă sau dacă, depunând diligenţa necesară putea să aibă cunoştinţă despre natura bunului, soţul prejudiciat poate promova acţiunea în anularea actului juridic, cu consecinţa restabilirii situaţiei anterioare încheierii actului.

Art. 348 Aportul de bunuri comune

Bunurile comune pot face obiectul unui aport la societăţi, asociaţii sau fundaţii, în condiţiile legii.

Notă.

Norma analizată dă posibilitatea unuia dintre soţi să aporteze un bun comun la capitalul unei societăţi, asociaţii sau fundaţii. Având în vedere că bunul adus ca aport devine bun al societăţii comerciale, ne aflăm în cazul unui act de înstrăinare, drept pentru care este necesar acordul ambilor soţi.

Art. 349 Regimul aporturilor

(1) Sub sancţiunea prevăzută la art. 347, niciunul dintre soţi nu poate singur, fără consimţământul scris al celuilalt soţ, să dispună de bunurile comune ca aport la o societate sau pentru dobândirea de părţi sociale ori, după caz, de acţiuni. În cazul societăţilor comerciale ale căror acţiuni sunt tranzacţionate pe o piaţă reglementată, soţul care nu şi-a dat consimţământul scris la întrebuinţarea bunurilor comune nu

poate pretinde decât daune-interese de la celălalt soț, fără a fi afectate drepturile dobândite de terți.

(2) În cazul prevăzut la alin. (1), calitatea de asociat este recunoscută soțului care a aportat bunul comun, dar părțile sociale sau acțiunile sunt bunuri comune. Soțul asociat exercită singur drepturile ce decurg din această calitate și poate realiza singur transferul părților sociale ori, după caz, al acțiunilor deținute.

(3) Calitatea de asociat poate fi recunoscută și celuilalt soț, dacă acesta și-a exprimat voința în acest sens. În acest caz, fiecare dintre soți are calitatea de asociat pentru părțile sociale sau acțiunile atribuite în schimbul a jumătate din valoarea bunului, dacă, prin convenție, soții nu au stipulat alte cote-părți. Părțile sociale sau acțiunile ce revin fiecăruia dintre soți sunt bunuri proprii.

Notă.

Alin. (1) teza ultimă cuprinde o excepție a regulii instituite de art. 345 alin. (4) potrivit căreia, dacă printr-un act juridic încheiat de un soț au fost prejudiciate interesele celuilalt soț legate de comunitatea de bunuri, se recunoaște soțului care nu a participat la încheierea actului dreptul la daune-interese de la celălalt soț, fără a fi afectate însă drepturile dobândite de terții de bună-credință.

Excepția amintită constă în neluarea în considerarea a bunei sau a relei credințe a terților dobânditori. Astfel, în cazul societăților comerciale ale căror acțiuni sunt tranzacționate pe o piață reglementată, soțul care nu și-a dat consimțământul scris la întrebuințarea bunurilor comune nu poate pretinde decât daune-interese de la celălalt soț, fără a fi afectate drepturile dobândite de terți.

Art. 350 Dispoziții testamentare

Fiecare soț poate dispune prin legat de partea ce i s-ar cuveni, la încetarea căsătoriei, din comunitatea de bunuri.

Notă.

În acest fel este recunoscut dreptul oricăruia dintre soți de a dispune, prin testament, după dorința fiecăruia, de partea din bunurile comune care i-ar reveni în situația încetării căsătoriei prin deces, moment la care încetează și comunitatea de bunuri.

De la această regulă, fiind de ordine publică, nu sunt admise derogări pe cale convențională.

Art. 351 Datoriile comune ale soților

Soții răspund cu bunurile comune pentru:

a) obligațiile născute în legătură cu conservarea, administrarea sau dobândirea bunurilor comune;

b) obligațiile pe care le-au contractat împreună;

c) obligațiile asumate de oricare dintre soți pentru acoperirea cheltuielilor obișnuite ale căsătoriei;

d) repararea prejudiciului cauzat prin însușirea, de către unul dintre soți, a bunurilor aparținând unui terț, în măsura în care, prin aceasta, au sporit bunurile comune ale soților.

Legea de aplicare:

Art. 35 Dispozițiile art. 351-354 din Codul civil sunt aplicabile și căsătoriilor în ființă la data intrării în vigoare a Codului civil, dacă datoria s-a născut după această dată.

Notă.

Corolarul dreptului fiecăruia dintre soți de a încheia singur, fără consimțământul si aprobarea celuilalt sot, acte de conservare si de administrare a bunurilor comune, precum și să dobândească prin acte juridice între vii orice fel de bunuri sub regim de bun comun, este ca aceștia să răspundă cu bunurile comune pentru obligațiile născute în legătură cu aceste acte.

Totodată, este firesc ca ei să răspundă cu bunurile comune pentru obligațiile pe care le-au contractat împreună și pentru obligațiile asumate de oricare dintre soți pentru acoperirea cheltuielilor obișnuite ale căsătoriei.

Un aspect aparte îl prezintă răspunderea pentru acoperirea prejudiciului cauzat prin însuşirea, de către unul dintre soţi, a bunurilor aparţinând unui terţ, dacă prin această faptă au sporit bunurile comune ale soţilor. Incidenţă în acest caz îl are îmbogăţirea fără justă cauză, motiv pentru care se impune repararea prejudicilui, dar numai în limita îmbogăţirii patrimoniului comun.

Art. 352 Răspunderea subsidiară pentru datoriile comune

(1) În măsura în care obligaţiile comune nu au fost acoperite prin urmărirea bunurilor comune, soţii răspund solidar, cu bunurile proprii. În acest caz, cel care a plătit datoria comună se subrogă în drepturile creditorului pentru ceea ce a suportat peste cota-parte ce i-ar reveni din comunitate dacă lichidarea s-ar face la data plăţii datoriei.

(2) Soţul care a plătit datoria comună în condiţiile alin. (1) are un drept de retenţie asupra bunurilor celuilalt soţ până la acoperirea integrală a creanţelor pe care acesta i le datorează.

Notă.

Norma analizată oferă creditorilor, în mod just, posibilitatea de a-şi recupera creanţele într-un mod privilegiat. Prin urmare, dacă obligaţiile au fost comune, urmărirea bunurilor nu se limitează la bunurile proprii fiecăruia dintre soţi, ci se extinde şi asupra bunurilor comune, urmând ca aceştia, ulterior, să-şi rezolve între ei disensiunile patrimoniale rezultate din aceste situaţii juridice.

Art. 353 Urmărirea bunurilor comune

(1) Bunurile comune nu pot fi urmărite de creditorii personali ai unuia dintre soţi.

(2) Cu toate acestea, după urmărirea bunurilor proprii ale soţului debitor, creditorul său personal poate cere partajul bunurilor comune, însă numai în măsura necesară pentru acoperirea creanţei sale.

(3) Bunurile astfel împărțite devin bunuri proprii.

Notă.

Spre deosebire de articolul precedent, pentru acoperirea unor datorii proprii unuia dintre soți, creditorii acestuia nu pot extinde urmărirea și asupra bunurilor comune ambilor soți.

Totuși, și în acest caz, legiuitorul oferă creditorilor personali ai unuia dintre soți un mijloc pentru îndestularea creanței, respectiv posibilitatea de a cere partajul bunurilor comune, dar numai limitat la valoarea creanței de plată. Urmare a partajului (parțial sau total, în funcție de valoarea creanței), bunurile comune devin bunuri proprii, astfel creditorii personali vor putea urmări pe cele ale soțului debitor.

Art. 354 Urmărirea veniturilor din profesie

Veniturile din muncă ale unui soț, precum și cele asimilate acestora nu pot fi urmărite pentru datoriile comune asumate de către celălalt soț, cu excepția celor prevăzute la art. 351 lit. c).

Notă.

Prin urmare, soții răspund pentru acoperirea datoriilor comune cu toate bunurile comune pe care le dețin, mai puțin cu veniturile rezultate din exercitarea profesiei. Această restricție este întemeiată pe libertatea, consacrată de art. 327 Cod civil, a fiecăruia dintre soți de a dispune la libera sa apreciere de veniturile sale.

Potrivit art. 351 lit. c), singura situație în care veniturile din muncă ale unui soț, precum și cele asimilate acestora pot fi urmărite pentru datoriile comune asumate de către celălat soț, este atunci când obligațiile au fost asumate de oricare dintre soți în vederea acoperirii cheltuielilor obișnuite ale căsătoriei. Temeiul acestei prevederi îl constituie caracterul necesar al cheltuielor obișnuite ale căsătoriei, drept pentru care, indiferent dacă aceste obligații au fost sau nu asumate de către ambii soți, suportarea lor în comun este imperativă.

Art. 355 Lichidarea regimului comunității

(1) La încetarea comunității, aceasta se lichidează prin hotărâre judecătorească sau act autentic notarial.

(2) Până la finalizarea lichidării, comunitatea subzistă atât în privința bunurilor, cât și în privința obligațiilor.

(3) Când comunitatea încetează prin decesul unuia dintre soți, lichidarea se face între soțul supraviețuitor și moștenitorii soțului decedat. În acest caz, obligațiile soțului decedat se divid între moștenitori proporțional cu cotele ce le revin din moștenire.

Notă.

Alături de stabilirea compoziției patrimoniului fiecărui soț și de gestiunea bunurilor care intră în structura activului comunitar, o a treia problemă importantă a oricărui regim matrimonial, în special a celor de tip comunitar, vizează lichidarea și partajul comunității de bunuri în cazul încetării acesteia. Încetarea poate fi cauzată de anularea căsătoriei, constatarea nulității căsătoriei, desfacerea căsătoriei prin divorț, încetarea căsătoriei prin deces sau schimbarea regimului comunității legale cu un alt regim.

Lichidarea regimului matrimonial constă în evaluarea și împărțirea bunurilor soților. Lichidarea poate fi realizată amiabil prin act autentic notarial sau, în caz de neînțelegere, prin hotărâre judecătorească.

Art. 356 Efectele încetării regimului comunității

Dacă regimul comunității de bunuri încetează prin desfacerea căsătoriei, foștii soți rămân coproprietari în devălmășie asupra bunurilor comune până la stabilirea cotei-părți ce revine fiecăruia.

Notă.

Deși, ca regulă generală efectele desfacerii căsătoriei se produc din momentul rămânerii definitive a hotărârii de divorț sau din momentul emiterii certificatului de divorț prin procedura administrativă sau notarială, în ceea ce privește regimul matrimonial acestea de produc în mod diferit:

în cazul divorțului judiciar, din momentul depunerii cererii de divorț la instanța de tutelă, exceptând divorțul prin acord, când soții sau numai unul dintre ei pot cere instanței să constate că regimul matrimonial a încetat încă de la data separației în fapt.

în cazul divorțului prin procedura administrativă sau notarială, soții sau numai unul dintre ei pot cere instanței să constate că regimul matrimonial a încetat încă de la data separației în fapt.

Prin aceasta se acordă o mare flexibilitate acțiunilor ulterioare ale soților, cu o deosebită importanță în cazul regimului comunității legale, aceștia nemaifiind ținuți de prezumția de comunitate ca și în timpul căsătoriei, indiferent de durata procesului de divorț. Cu toate acestea, foștii soți rămân coproprietari în devălmășie asupra bunurilor comune până la stabilirea cotei-părți ce revine fiecaruia, respectiv până la finalizarea partajului.

Art. 357 Lichidarea comunității. Partajul

(1) În cadrul lichidării comunității, fiecare dintre soți preia bunurile sale proprii, după care se va proceda la partajul bunurilor comune și la regularizarea datoriilor.

(2) În acest scop, se determină mai întâi cota-parte ce revine fiecărui soț, pe baza contribuției sale atât la dobândirea bunurilor comune, cât și la îndeplinirea obligațiilor comune. Până la proba contrară, se prezumă că soții au avut o contribuție egală.

(3) Dispozițiile art. 364 alin. (2) se aplică în mod corespunzător.

Notă.

Deși operează prezumția contribuției egale a soților la dobândirea bunurilor comune și la indeplinirea obligațiilor comune, această prezumție este relativă, putând fi răsturnată prin dovada contrară, în sensul că soțul care pretinde o contribuție mai mare trebuie să facă dovada acelei contribuții.

Pentru stabilirea cotelor fiecărui soț se au în vedere: veniturile realizate de fiecare dintre soți în timpul comunității, munca proprie depusă de soți în gospodărie și pentru creșterea copiilor, conduita risipitoare a unuia dintre soți etc.

Coroborat cu art. 364 alin. (2), rezultă că partajul presupune în același timp și împărțirea datoriilor, în sensul că se vor stabili datoriile, natura lor, urmând ca cele comune să fie împărțite între foștii soți.

Art. 358 Partajul în timpul regimului comunității

(1) În timpul regimului comunității, bunurile comune pot fi împărțite, în tot sau în parte, prin act încheiat în formă autentică notarială, în caz de bună învoială, ori pe cale judecătorească, în caz de neînțelegere.

(2) Prevederile art. 357 alin. (2) se aplică în mod corespunzător.

(3) Bunurile atribuite fiecărui soț prin partaj devin bunuri proprii, iar bunurile neîmpărțite rămân bunuri comune.

(4) Regimul comunității nu încetează decât în condițiile legii, chiar dacă toate bunurile comune au fost împărțite potrivit acestui articol.

Legea de aplicare:

Art. 36 (1) Dispozițiile art. 358 din Codul civil sunt aplicabile și căsătoriilor în ființă la data intrării în vigoare a Codului civil, dacă actul de împărțire a bunurilor comune se încheie după această dată.

(2) În cazul cererilor de împărțire a bunurilor comune aflate în curs de judecată în primă instanță la data intrării in vigoare a Codului civil, instanța de judecată poate dispune împărțirea bunurilor comune în timpul căsătoriei, fără a mai fi necesară examinarea motivelor temeinice.

Notă.

Prin urmare, în timpul căsătoriei se poate face un partaj amiabil al bunurilor comune prin act notarial, sau, în caz de neînțelegere, pe cale judecătorească.

Coroborat cu art. 357 alin. (2), rezultă că se determină mai întâi cota-parte ce revine fiecărui soț, potrivit contribuției fiecăruia atât la dobândirea bunurilor comune cât și la îndeplinirea obligațiilor comune, sub prezumția relativă că soții au avut o contribuție egală.

Alin. (4) consacră expres soluția potrivit căreia regimul comunității nu încetează decât în condițiile legii, chiar dacă toate bunurile comune au fost împărțite în timpul căsătoriei. Prin urmare, bunurile care vor fi dobândite după partaj sunt supuse tot regimului comunității legale.

Art. 359 Convenţiile contrare regimului comunităţii legale

Orice convenţie contrară dispoziţiilor prezentei secţiuni este lovită de nulitate absolută, în măsura în care nu este compatibilă cu regimul comunităţii convenţionale.

Notă.

Prin urmare, va fi lovită de nulitate absolută orice convenție prin care se stipulează clauze incompatibile cu regimul comunității convenționale de bunuri, prin care se aduce atingere regimului bunurilor comune, a bunurilor proprii, dreptului soților de administrare, folosință, conservare a bunurilor comune, regimului actelor de înstrăinare sau grevare cu drepturi reale a bunurilor comune, regimului aporturilor, regimului datoriilor comune și proprii ale soților, modalității de lichidare a comunității de bunuri.

Secţiunea 3 - Regimul separaţiei de bunuri

Art. 360 Regimul bunurilor

(1) Fiecare dintre soţi este proprietar exclusiv în privinţa bunurilor dobândite înainte de încheierea căsătoriei, precum şi a celor pe care le dobândeşte în nume propriu după această dată.

(2) Prin convenţie matrimonială, părţile pot stipula clauze privind lichidarea acestui regim în funcţie de masa de bunuri achiziţionate de fiecare dintre soţi în timpul căsătoriei, în baza căreia se va calcula creanţa de participare. Dacă părţile nu au convenit altfel, creanţa de participare reprezintă jumătate din diferenţa valorică dintre cele două mase de achiziţii nete şi va fi datorată de către soţul a cărui masă de achiziţii nete este mai mare, putând fi plătită în bani sau în natură.

Notă.

Regimul separaţiei de bunuri diferă în mod esenţial de regimul comunităţii legale, prin acesta realizându-se o completă grăniţuire a intereselor soţilor, fiecare păstrând administrarea independentă şi proprietatea exclusivă asupra bunurilor sale, de care poate dispune în mod discreţionar. Nu putem vorbi în acest tip de regim despre vreo masă de bunuri comune.

Alin. (2) consacră posibilitatea părţilor ca, prin convenţie matrimonială, să stipuleze clauze privind lichidarea acestui regim în funcţie de masa de bunuri achiziţionate de fiecare dintre soţi în timpul căsătoriei, în baza căreia se va calcula creanţa de participare.

Norma nu se referă la bunurile comune, ci la masa netă de bunuri achiziţionată de soţi în timpul căsătoriei, grupată pe fiecare dintre aceştia, care se obţine prin diferenţa dintre valoarea patrimoniului iniţial al fiecărui soţ şi valoarea patrimoniului final al fiecăruia. Dacă prin compararea valorilor celor două grupe există o diferenţă valorică, aceasta se divide la 2, rezultând creanţa de participare care va fi datorată de soţul a cărui masă de achiziții nete este mai mare, putând fi plătită în bani sau în natură.

Justeţea acestei prevederi rezidă din faptul că acest regim este uneori injust în privinţa soţului care nu realizează venituri dintr-o activitate profesională, însă se ocupă de gospodărie și de creșterea copiilor, prin urmare nu dispune de venituri proprii pentru a-și achiziţiona bunuri proprii. Aşadar, mecanismul creanţei de participare tinde să reducă acest dezechilibru, dată fiind esenţa căsătoriei.

Art. 361 Inventarul bunurilor mobile

(1) La adoptarea acestui regim, notarul public întocmeşte un inventar al bunurilor mobile proprii, indiferent de modul lor de dobândire.

(2) Se poate întocmi un inventar și pentru bunurile mobile dobândite în timpul separaţiei de bunuri.

(3) În toate cazurile, pentru opozabilitate faţă de terţi, inventarul se anexează la convenţia matrimonială, supunându-se aceloraşi formalităţi de publicitate ca și convenţia matrimonială.

(4) În lipsa inventarului se prezumă, până la proba contrară, că dreptul de proprietate exclusivă aparţine soţului posesor.

(5) Dacă bunul a fost dobândit printr-un act juridic supus, potrivit legii, unei condiţii de formă pentru validitate ori unor cerinţe de publicitate, dreptul de proprietate exclusivă nu se poate dovedi decât prin înscrisul care îndeplineşte formele cerute de lege.

Notă.

Atunci când ambii soţi posedă un bun, operează o prezumţie de coproprietate a bunului, conform art. 633 Cod civil, potrivit căruia „dacă bunul este stăpânit în comun, coproprietatea operează până la proba contrară".

Art. 362 Bunurile proprietate comună pe cote-părți

(1) Bunurile dobândite împreună de soți aparțin acestora în proprietate comună pe cote-părți, în condițiile legii.

(2) Dovada coproprietății se face în condițiile art. 361, care se aplică în mod corespunzător.

Notă.

Regimul separației de bunuri nu exclude posibilitate ca soții să fie coproprietari ai unui bun. Atunci când, de pildă, achiziționează un imobil, ei dobândesc împreună dreptul de proprietate pe cote-părți, spre deosebire însă de dreptul de proprietate în devălmășie caracteristic comunității de bunuri.

Art. 363 Folosința bunurilor celuilalt soț

(1) Soțul care se folosește de bunurile celuilalt soț fără împotrivirea acestuia din urmă are obligațiile unui uzufructuar, cu excepția celor prevăzute la art. 723, 726 și 727. El este dator să restituie numai fructele existente la data solicitării lor de către celălat soț sau, după caz, la data încetării ori schimbării regimului matrimonial.

(2) Dacă unul dintre soți încheie singur un act prin care dobândește un bun, folosindu-se, în tot sau în parte, de bunuri aparținând celuilalt soț, acesta din urmă poate alege, în proporția bunurilor proprii folosite fără acordul său, între a reclama pentru sine proprietatea bunului achiziționat și a pretinde daune-interese de la soțul dobânditor. Proprietatea nu poate fi însă reclamată decât înainte ca soțul dobânditor să dispună de bunul dobândit, cu excepția cazului în care terțul dobânditor a cunoscut că bunul a fost achiziționat de către soțul vânzător prin valorificarea bunurilor celuilalt soț.

Notă.

Se observă că relațiile patrimoniale dintre soții aflați sub regimul separației de bunuri se desfășoară în aceleași condiții ca între persoane necăsătorite, fiind aplicabile în principiu dispoziţiile dreptului comun (regulile privitoare la accesiune, mandat, îmbogăţirea fără justă cauză etc.), cu unele excepţii.

Art. 364 Răspunderea pentru obligaţiile personale

(1) Niciunul dintre soţi nu poate fi ţinut de obligaţiile născute din acte săvârşite de celălalt soţ.

(2) Cu toate acestea, soţii răspund solidar pentru obligaţiile asumate de oricare dintre ei pentru acoperirea cheltuielilor obişnuite ale căsătoriei şi a celor legate de creşterea şi educarea copiilor.

Notă.

Independenţa patrimonială a soţilor se manifestă şi în privinţa obligaţiilor, în cadrul regimului separaţiei existând doar datorii personale ale fiecărui soţ, guvernate de dreptul comun al obligaţiilor.

Totuşi, norma analizată prevede şi o excepţie, potrivit căreia „soţii răspund solidar pentru obligaţiile asumate de oricare dintre ei pentru acoperirea cheltuielilor obişnuite ale căsătoriei şi a celor legate de creşterea şi educarea copiilor." Caracterul necesar al unor asemenea cheltuielilor propagă răspunderea pentru acoperirea acestora în sarcina ambilor soţi, drept pentru care creditorii vor putea să-şi recupereze creanţa de la oricare dintre ei.

Art. 365 Dreptul de retenţie

La încetarea regimului separaţiei de bunuri, fiecare dintre soţi are un drept de retenţie asupra bunurilor celuilalt până la acoperirea integrală a datoriilor pe care le au unul faţă de celălalt.

Notă.

Astfel cum a fost instituit prin norma de faţă, dreptul de retenţie prezintă un caracter specific faţă de reglementarea din dreptul comun. Nu putem vorbi în acest caz de o relaţie între datorie şi lucrul reţinut ca în dreptul comun, ci de orice datorii pe care soții le au unul față de celălalt, chiar fără legătură cu lucrul reținut.

Secțiunea 4 - Regimul comunității convenționale

Art. 366 Domeniul de aplicare

Regimul comunității convenționale se aplică atunci când, în condițiile și limitele prevăzute în prezenta secțiune, se derogă, prin convenție matrimonială, de la dispozițiile privind regimul comunității legale.

Notă.

Însăși prin denumire, regimul comunității convenționale este indisolubil legat de convenția matrimonială. Chiar dacă și regimul separației de bunuri se alege tot prin convenție matrimonială, noțiunea de convenție apare aici mai degrabă ca o reflectare a libertății alegerii regimului matrimonial aplicabil și mai puțin ca urmare a posibilității de a stabili, în mod convențional, clauze și dispoziții aparte în cadrul aceluiași regim, cum este cazul regimului comunității convenționale.

Însă, chiar dacă părțile pot deroga în cadrul acestui regim de la dispozițiile privitoare la regimul comunității legale, nu pot deroga sub nicio formă de la dispozițiile imperative oricărui regim matrimonial.

Art. 367 Obiectul convenției matrimoniale

În cazul în care se adoptă comunitatea convențională, convenția matrimonială se poate referi la unul sau mai multe dintre următoarele aspecte:

a) includerea în comunitate, în tot ori în parte, a bunurilor dobândite sau a datoriilor proprii născute înainte ori după încheierea căsătoriei, cu excepția bunurilor prevăzute la art. 340 lit. b) și c);

b) restrângerea comunității la bunurile sau datoriile anume determinate în convenția matrimonială, indiferent dacă sunt dobândite ori, după caz, născute înainte sau în timpul căsătoriei, cu excepția obligațiilor prevăzute la art. 351 lit. c);

c) obligativitatea acordului ambilor soți pentru încheierea anumitor acte de administrare; în acest caz, dacă unul dintre soți se află în imposibilitate de a-și exprima voința sau se opune în mod abuziv, celălalt soț poate să încheie singur actul, însă numai cu încuviințarea prealabilă a instanței de tutelă;

d) includerea clauzei de preciput; executarea clauzei de preciput se face în natură sau, dacă acest lucru nu este posibil, prin echivalent, din valoarea activului net al comunității;

e) modalități privind lichidarea comunității convenționale.

Notă.

Soții au posibilitatea să includă în comunitatea de bunuri, în tot ori în parte, bunurile dobândite sau a datoriile proprii născute înainte ori după încheierea căsătoriei, cu excepția bunurilor de uz personal și a bunurilor bunurile destinate exercitării profesiei unuia dintre soți.

Soții au posibilitatea să restrângă comunitatea la bunurile sau datoriile anume determinate în convenția matrimonială, indiferent dacă sunt dobândite ori, după caz, născute înainte sau în timpul căsătoriei, cu excepția obligațiilor asumate de oricare dintre soți pentru acoperirea cheltuielilor obișnuite ale căsătoriei, sunt comune.

Și modul de administrare a bunurilor în cadrul comunității convenționale exprimă libertatea îngăduită de legiutor în reglementarea concretă a raporturilor matrimoniale prin încheirea unei convenții matrimoniale.

Clauza de preciput este un acord de voințe al soților prin care aceștia convin ca, la decesul unuia dintre ei, soțul supraviețuitor să preia unul sau mai multe bunuri determinate, înainte de partajul moștenirii, fără a fi ținut la plata vreunei sulte către masa succesorală. Norma analizată instituie posibilitatea ca, dacă obiectul clauzei de preciput nu mai poate fi preluat în natură, executarea clauzei să se facă prin echivalent valoric.

Modalitățile privind lichidarea comunității convenționale sunt diferite, dar pot fi configurate după cum urmează: partajarea bunurilor comune în cote egale, indiferent de contribuția fiecăruia la dobândirea bunurilor comune și la îndeplinirea obligațiilor comune; stabilirea unor cote inegale potrivit cărora ar urma să se partajeze bunurile comune; unul dintre soți să primească nuda proprietate, iar celălalt uzufructul.

Stipularea modalității de lichidare prezintă o deosebită utilitate practică.

Art. 368 Alte dispoziții aplicabile

În măsura în care prin convenție matrimonială nu se prevede altfel, regimul juridic al comunității convenționale se completează cu dispozițiile legale privind regimul comunității legale.

Notă.

Așa cum am precizat, regimul matrimonial căruia soții înțeleg să i se supună în cadrul comunității convenționale primește o formă diferită de la caz la caz, în funcție de modul concret în care soții înțeleg să convină asupra drepturilor de proprietate asupra bunurilor, administrarea lor și asupra regulilor de lichidare.

Însă, dacă prin convenția matromonială soții au omis anumite aspecte, acestea vor fi supuse dispozițiilor legale privind regimul comunității legale.

Secţiunea 5 - Modificarea regimului matrimonial

§1. Modificarea convenţională

Art. 369 Condiţii

(1) După cel puţin un an de la încheierea căsătoriei, soţii pot, ori de câte ori doresc, să înlocuiască regimul matrimonial existent cu un alt regim matrimonial ori să îl modifice, cu respectarea condiţiilor prevăzute de lege pentru încheierea convenţiilor matrimoniale.

(2) Dispoziţiile art. 291, 334, 335 şi 361 sunt aplicabile în mod corespunzător.

(3) Creditorii prejudiciaţi prin schimbarea sau lichidarea regimului matrimonial pot formula acţiunea revocatorie în termen de un an de la data la care au fost îndeplinite formalităţile de publicitate sau, după caz, de când au luat cunoştinţă mai înainte de aceste împrejurări pe altă cale.

(4) Creditorii prevăzuţi la alin. (3) pot invoca oricând, pe cale de excepţie, inopozabilitatea modificării sau lichidării regimului matrimonial făcute în frauda intereselor lor.

Legea de aplicare:

Art. 37. Dispoziţiile art. 369 din Codul civil privind modificarea convenţionala a matrimonial sunt aplicabile şi căsătoriilor în fiinţă la data intrării în vigoare a Codului civil.

Notă.

Prin această normă, legiuitorul consacră principiul mutabilităţii regimului matrimonial.

Coroborat cu art. 291 cod civil, convenţia încheiată sau cea modificatoare se înscrie, pentru a fi opozabilă terţilor, în Registrul naţional notarial al regimurilor matrimoniale.

Coroborat cu art. 334 cod civil, după autentificare, un exemplar al convenției matrimoniale se comunică ofițerului de stare civilă unde s-a încheiat căsătoria pentru a face mențiune pe actul de căsătorie; la serviciul de carte funciară pentru a se nota în cartea funciară, dacă acea convenție are ca obiect bunuri imobile; la registrul comerțului, dacă acea convenție privește bunuri ale profesioniștilor, iar ambii soți sau cel puțin unul este profesionist.

Coroborat cu art. 335 cod civil, numai convenția matrimonială în privința căreia s-au îndeplinit formalitățile de publicitate este opozabilă terților care contractează cu unul dintre soți, cu excepția terților care au cunoscut convenția pe altă cale, cărora aceasta le este opozabilă din momentul cunoașterii ei.

Coroborat cu art. 361 cod civil, în ipoteza în care soții aleg regimul separației de bunuri, pentru bunurile mobile proprii, indiferent de modul lor de achiziție, se întocmește de notarul public un inventar, care se anexează convenției matrimoniale. Întocmirea inventarului nu este obligatorie, însă, în lipsa lui, se prezumă că dreptul de proprietate aparține soțului posesor. Prezumția este relativă, putând fi răsturnată prin dovada contrară, aceea că bunul este proprietatea soțului neposesor. Pentru a fi opozabil terților, inventarul trebuie să îmbrace forma autentică, la fel ca și convenția matrimonială.

Art. 370 Separația judiciară de bunuri

(1) Dacă regimul matrimonial al soților este cel al comunității legale sau convenționale, instanța, la cererea unuia dintre soți, poate pronunța separația de bunuri, atunci când celălalt soț încheie acte care pun în pericol interesele patrimoniale ale familiei.

(2) Totodată, instanța va face aplicarea dispozițiilor art. 357.

(3) Dispozițiile art. 291, 334, 335 și 361 se aplică în mod corespunzător.

Legea de aplicare:
Art. 38. Dispozițiile art. 370-372 din Codul civil privind separația judiciară de bunuri sunt aplicabile și căsătoriilor în ființă la data intrării în vigoare a Codului civil, dacă actele prin care se pun în pericol interesele patrimoniale ale familiei sunt încheiate de unul dintre soți după această dată.

Notă.

Prin urmare, regimul comunității legale sau convenționale de bunuri poate fi schimbat cu regimul separației de bunuri, în mod forțat de către instanța de judecată, această schimbare intervenind ca și sancțiune a soțului care a încheiat asupra bunurilor comune acte juridice prin care a periclitat interesele patrimoniale ale familiei. Coroborat cu art. 357, o asemenea separație de bunuri este precedată de lichidarea comunității de bunuri.

Deoarece legea nu prevede nicio restricție în acest sens, ulterior soții vor putea modifica regimul separației de bunuri cu regimul comunității legale sau cu regimul comunității convenționale.

Art. 371 Efectele între soți
(1) Separația de bunuri pronunțată de către instanță face ca regimul matrimonial anterior să înceteze, iar soților li se aplică regimul matrimonial prevăzut la art. 360-365.
(2) Între soți, efectele separației se produc de la data formulării cererii, cu excepția cazului în care instanța, la cererea oricăruia dintre ei, dispune ca aceste efecte să li se aplice de la data despărțirii în fapt.

Notă.

Prin urmare, regula este ca efectele separației să se producă din momentul sesizării instanței de judecată cu solicitarea privind separația de bunuri, doar prin excepție admițându-se ca efectele să se producă din momentul separației în fapt a soților.

Art. 372 Efectele față de terți

(1) Creditorii soților nu pot cere separația de bunuri, dar pot interveni în cauză.

(2) Dispozițiile art. 369 alin. (3) și (4) se aplică în mod corespunzător.

Notă.

Cererea de intervenție va putea fi promovată doar în interesul unuia dintre soți, și nu în interes propriu creditorului.

Alături de acest drept, coroborat cu art. 369 alin. (3) si (4), creditorii au dreptul de a promova acțiunea revocatorie în termen de un an de la data îndeplinirii formalităților de publicitate ori de la momentul la care au cunoscut hotărârea judecătorească prin care s-a dispus separația de bunuri, respectiv dreptul de a invoca oricând, pe cale de excepție, inopozabilitatea modificării regimului matrimonial pe cale judiciară, încazul în care modificarea s-a făcut în fruda intereselor lor.

Capitolul VII - Desfacerea căsătoriei

Secţiunea 1 - Cazurile de divorţ

§1. Dispoziţii generale

Art. 373 Motive de divorţ

Divorţul poate avea loc:

a) prin acordul soţilor, la cererea ambilor soţi sau a unuia dintre soţi acceptată de celălalt soţ;

b) atunci când, din cauza unor motive temeinice, raporturile dintre soţi sunt grav vătămate şi continuarea căsătoriei nu mai este posibilă;

c) la cererea unuia dintre soţi, după o separare în fapt care a durat cel puţin 2 ani;

d) la cererea aceluia dintre soţi a cărui stare de sănătate face imposibilă continuarea căsătoriei.

Legea de aplicare:

Art. 39. (1) Dispoziţiile Codului civil privind divorţul se aplică fără a se deosebi între căsătoriile încheiate înainte sau după intrarea sa în vigoare.

Art. 40. În cazul cererilor de divorţ formulate anterior intrării în vigoare a Codului civil, instanţa poate să dispună divorţul prin acordul soţilor, dacă sunt îndeplinite condiţiile prevăzute la art. 373 lit. a) şi la art. 374 din Codul civil.

Art. 42. (1) In aplicarea art. 379 alin. (1) din Codul civil, divorţul se poate pronunţa, în ipoteza prevazută la art. 373 lit. b) din Codul civil, din culpa unui dintre soţi, dacă instanţa stabileşte culpa soţului pârât în destrămarea căsătoriei.

(2) Dispoziţiile art. 388 din Codul civil sunt aplicabile, în cazul prevăzut la art. 373 lit. b) din Codul civil, dacă divorţul s-a pronunţat din culpa exclusivă a pârâtului, iar în cazul

prevăzut la art. 373 lit. c) din Codul civil, dacă divorţul s-a pronunţat din culpa exclusivă a reclamantului.

Notă.

Enumerarea motivelor de divorţ determină identificarea a trei categorii de divorţ, respectiv divorţul prin acord, divorţul cu culpă (divorţul din culpa exclusivă a unuia din soţi, divorţul din culpă comună şi divorţul din culpa reclamantului) şi divorţul din cauza stării de sănătate.

Dacă, în cazul divorţului prin acord părţile au posibilitatea de a opta între divorţul pe cale judiciară, pe cale administrativă sau prin procedură notarială, toate celelate tipuri sunt doar divorţuri pe cale judiciară.

§2. Divorţul prin acordul soţilor pe cale judiciară

Art. 374 Condiţii
(1) Divorţul prin acordul soţilor poate fi pronunţat indiferent de durata căsătoriei şi indiferent dacă există sau nu copii minori rezultaţi din căsătorie.
(2) Divorţul prin acordul soţilor nu poate fi admis dacă unul dintre soţi este pus sub interdicţie.
(3) Instanţa este obligată să verifice existenţa consimţământului liber şi neviciat al fiecărui soţ.
Legea de aplicare:
Art. 40. În cazul cererilor de divorţ formulate anterior intrării în vigoare a Codului civil, instanţa poate să dispună divorţul prin acordul soţilor, dacă sunt îndeplinite condiţiile prevăzute la art. 373 lit. a) şi la art. 374 din Codul civil.

Notă.
Divorţul prin acordul soţilor este condiţionat, aşadar, doar de existenţa voinţei comune a soţilor de a pune capăt relaţiei lor de căsătorie, liber exprimată şi neviciată, divorţul pronunţându-se indiferent de

intervalul de timp scurs de la data căsătoriei și până la data introducerii cererii de divorț (interval care poate fi de numai câteva zile, săptămâni, luni) și chiar în condițiile în care din căsătorie au rezultat copii minori.

Verificarea cosimțământului liber și neviciat al fiecărui soț se poate constata fie în mod nemijlocit, prin prezența ambilor soți, fie prin declarații notariale ale ambilor soți, caz în care reclamantul poate fi reprezentat cu procură specială de avocat.

§3. Divorțul prin acordul soților pe cale administrativă sau prin procedură notarială

Art. 375 Condiții

(1) Dacă soții sunt de acord cu divorțul și nu au copii minori, născuți din căsătorie, din afara căsătoriei sau adoptați, ofițerul de stare civilă ori notarul public de la locul căsătoriei sau al ultimei locuințe comune a soților poate constata desfacerea căsătoriei prin acordul soților, eliberându-le un certificat de divorț, potrivit legii.

(2) Divorțul prin acordul soților poate fi constatat de notarul public și în cazul în care există copii minori născuți din căsătorie, din afara căsătoriei sau adoptați, dacă soții convin asupra tuturor aspectelor referitoare la numele de familie pe care să îl poarte după divorț, exercitarea autorității părintești de către ambii părinți, stabilirea locuinței copiilor după divorț, modalitatea de păstrare a legăturilor personale dintre părintele separat și fiecare dintre copii, precum și stabilirea contribuției părinților la cheltuielile de creștere, educare, învățătură și pregătire profesională a copiilor. Dacă din raportul de anchetă socială rezultă că acordul soților privind exercitarea în comun a autorității părintești sau cel privind stabilirea locuinței copiilor nu este în interesul copilului, sunt aplicabile prevederile art. 376 alin. (5).

(3) Dispozițiile art. 374 alin. (2) sunt aplicabile în mod corespunzător.

Notă.

Aceasta este o procedură nouă de divorț, ce are ca scop atât descongestionarea activității instanțelor de judecată, cât și simplificarea procedurii de divorț prin simpla sa constatare.

Obligația ca soții să convină asupra tuturor aspectelor desfacerii căsătoriei în acest mod nu implică însă ignorarea raportului de anchetă socială. Interesul copilului este apărat prin aceea că, în cazul în care raportul menționat nu cuprinde suficiente elemente din care să rezulte că exercitarea în comun a autorității părintești sau stabilirea locuinței copilului la unul dintre părinți nu este în avantajul acestuia, cererea de divorț va fi respinsă iar soții vor fi îndrumați să se adreseze instanței.

Art. 376 Procedura

(1) Cererea de divorț se depune de soți împreună. Ofițerul de stare civilă sau notarul public înregistrează cererea și le acordă un termen de reflecție de 30 de zile.

(2) Prin excepție de la prevederile alin. (1), cererea de divorț se poate depune la notarul public și prin mandatar cu procură autentică.

(3) La expirarea acestui termen, soții se prezintă personal, iar ofițerul de stare civilă sau, după caz, notarul public verifică dacă soții stăruie să divorțeze și dacă, în acest sens, consimțământul lor este liber și neviciat.

(4) Dacă soții stăruie în divorț, ofițerul de stare civilă sau, după caz, notarul public eliberează certificatul de divorț fără să facă vreo mențiune cu privire la culpa soților.

(5) Dispozițiile art. 383 alin. (1) și (3) se aplică în mod corespunzător. Dacă soții nu se înțeleg asupra numelui de familie pe care să îl poarte după divorț ori, în cazul prevăzut la art. 375 alin. (2), asupra exercitării în comun a drepturilor părintești, ofițerul de stare civilă sau, după caz, notarul public

emite o dispoziție de respingere a cererii de divorț și îndrumă soții să se adreseze instanței de judecată, potrivit prevederilor art. 374.

(6) Soluționarea cererilor privind alte efecte ale divorțului asupra cărora soții nu se înțeleg este de competența instanței judecătorești.

Notă.

În situația în care condițiile prevăzute în articolul anterior sunt date, notarul sau ofiţerul de stare civilă eliberează certificatul de divorţ, fără să facă vreo mențiune cu privire la culpa soților. Certificatul de divorţ este un act de stare civilă nou introdus de Codul civil, care facilitează părţilor posibilitatea ca, în cazul în care doresc să se recăsătorească, să poată dovedi calitate lor de divorţaţi.

Art. 377 Mențiunea în actul de căsătorie

(1) Când cererea de divorț este depusă la primăria unde s-a încheiat căsătoria, ofițerul de stare civilă, după emiterea certificatului de divorț, face cuvenita mențiune în actul de căsătorie.

(2) În cazul depunerii cererii la primăria în a cărei rază teritorială soții au avut ultima locuință comună, ofițerul de stare civilă emite certificatul de divorț și înaintează, de îndată, o copie certificată de pe acesta la primăria locului unde s-a încheiat căsătoria, spre a se face mențiune în actul de căsătorie.

(3) În cazul constatării divorțului de către notarul public, acesta emite certificatul de divorț și înaintează, de îndată, o copie certificată de pe acesta la primăria locului unde s-a încheiat căsătoria, spre a se face mențiune în actul de căsătorie.

Notă.

Prin urmare, în toate cazurile, emiterea cerificatului de divorţ este obligatoriu urmată de menţiunea asupra desfacerii căsătoriei în chiar actul de căsătorie, indiferent de locul în care s-a încheiat căsătoria, pentru a fi asigurată, în fapt, publicitatea divorțului.

Certificatele de divorț trebuie transmise la nivel județean, în scopul realizării unei evidențe a populației în format electronic, respectiv la serviciul public comunitar local de evidență a persoanelor.

Art. 378 Refuzul ofițerului de stare civilă sau notarului public

(1) Dacă nu sunt îndeplinite condițiile art. 375, ofițerul de stare civilă sau, după caz, notarul public respinge cererea de divorț.

(2) Împotriva refuzului ofițerului de stare civilă sau notarului public nu există cale de atac, dar soții se pot adresa cu cererea de divorț instanței de judecată, pentru a dispune desfacerea căsătoriei prin acordul lor sau în baza unui alt temei prevăzut de lege.

(3) Pentru repararea prejudiciului prin refuzul abuziv al ofițerului de stare civilă sau notarului public de a constata desfacerea căsătoriei prin acordul soților și de a emite certificatul de divorț, oricare dintre soți se poate adresa, pe cale separată, instanței competente.

Notă.

Potrivit acestei dispoziții, părțile cărora ofițerul de stare civilă sau notarul public le respinge cererea de divorț în mod abuziv, pot să se adreseze pe cale separată instanței competente pentru repararea prejudiciului. Refuzul abuziv poate fi invocat numai în măsura în care cererea de divorț îndeplinește toate condițiile expres prevăzute de această procedură.

Din modalitatea de redactare a acestui text, rezultă că, pentru a acționa în instanță organul competent ce a respins cererea de divorț, părțile trebuie să fi suferit un prejudiciu. Cum formele prejudiciului pot fi atât material cât și moral, părțile cărora li s-au cauzat de pildă prejudicii de imagine sau în legătură cu detaliile certificatului de naștere ale copiluli născut din afara căsătoriei din acest motiv, pot solicita sume de bani care să reprezinte contravaloarea prejudiciului moral astfel creat.

§4. Divorțul din culpă

Art. 379 Condiții

(1) În cazul prevăzut la art. 373 lit. b), divorțul se poate pronunța dacă instanța stabilește culpa unuia dintre soți în destrămarea căsătoriei. Cu toate acestea, dacă din probele administrate rezultă culpa ambilor soți, instanța poate pronunța divorțul din culpa lor comună, chiar dacă numai unul dintre ei a făcut cerere de divorț. Dacă culpa aparține în totalitate reclamantului, sunt aplicabile prevederile art. 388.

(2) În ipoteza prevăzută de art. 373 lit. c), divorțul se pronunță din culpa exclusivă a soțului reclamant, cu excepția situației în care pârâtul se declară de acord cu divorțul, când acesta se pronunță fără a se face mențiune despre culpa soților.

Legea de aplicare

Art. 42. (1) În aplicarea art. 379 alin. (1) din Codul civil, divorțul se poate pronunța, în ipoteza prevazută la art. 373 lit. b) din Codul civil, din culpa unui dintre soți, dacă instanța stabilește culpa soțului pârât în destrămarea căsătoriei.

(2) Dispozițiile art. 388 din Codul civil sunt aplicabile, în cazul prevăzut la art. 373 lit. b) din Codul civil, dacă divorțul s-a pronunțat din culpa exclusivă a pârâtului, iar în cazul prevăzut la art. 373 lit. c) din Codul civil, dacă divorțul s-a pronunțat din culpa exclusivă a reclamantului.

Legislație conexă:

- Art. 914-934 din Codul de procedură civilă – Procedura divorțului

Notă.

Divorțul din culă comună este de regulă generat de neînțelegerile dintre soți cu privire la desfacerea căsătoriei, și de probatoriul administrat în cauză. Este de datoria mediatorilor dar și a avocaților părților să încerce să-i determine pe aceștia la desfacerea căsătoriei prin acord, întrucât, hotărârea prin care se pronunță divorțul din culpă va cuprinde motive și consemnări ale declarațiilor martorilor care pot conduce la unele consecințe nedorite de părți.

Divorțul din culpa exlusivă a reclamntului, prevăzut în alin (2) este de asemenea o noutate a Codului civil, și privește situațiile în care părțile sunt separate în fapt de mai mult de doi ani. Pentru ca acest motiv să nu cuprindă vreo formă de culpă, legiuitorul dă posobilitatea pronunțării unei sentințe fără mențiunea cu privire la culpă, în cazul în care pârâtul se declară de acord cu divorțul.

Art. 380 Continuarea acțiunii de divorț

(1) În situația prevăzută la art. 379 alin. (1), dacă soțul reclamant decedează în timpul procesului, moștenitorii săi pot continua acțiunea de divorț.

(2) Acțiunea continuată de moștenitori este admisă numai dacă instanța constată culpa exclusivă a soțului pârât.

Notă.

Posibilitatea continuării acțiunii de divorț inițiată de reclamantul ce decedează în timpul procesului, prin intermediul moștenitoruilor săi, este strict limitată la situația în care culpa exclusivă revine soțului pârât. Această soluție privește, fără îndoială, oportunitatea pe care moștenitorii ar aveao în raport cu o eventuală prestație compensatorie sau a acordării de despăgubiri.

§5. Divorțul din cauza stării sănătății unui soț

Art. 381 Condițiile divorțului

În cazul prevăzut la art. 373 lit. d), desfacerea căsătoriei se pronunță fără a se face mențiune despre culpa soților.

Notă.

Divorțul din cauza stării sănătății se pronunță la cererea aceluia dintre soți a cărui stare de sănătate face imposibilă continuarea căsătoriei. Pronunțarea acestui tip de divorț implică dovedirea stării de sănătate raportată la o boală ce face imposibilă continuarea căsătoriei. Deși legea nu stabilește care sunt bolile ce pot determina o astfel de imposibilitate, practica judiciară a reținut că astfel de boli pot fi: alienația mintală, demența sau de boli contagioase (SIDA, Hepatita B etc.) dobândite ulterior încheierii căsătoriei.

Secțiunea 2 - Efectele divortului

§1. Data desfacerii căsătoriei

Art. 382 Data desfacerii căsătoriei

(1) Căsătoria este desfăcută din ziua când hotărârea prin care s-a pronunțat divorțul a rămas definitivă.

(2) Prin excepție, dacă acțiunea de divorț este continuată de moștenitorii soțului reclamant, potrivit art. 380, căsătoria se socotește desfăcută la data decesului.

(3) În cazul prevăzut de art. 375, căsătoria este desfăcută pe data eliberării certificatului de divorț.

Legea de aplicare:

Art. 39. (1) Dispozițiile Codului civil privind divorțul se aplică fără a se deosebi între căsătoriile încheiate înainte sau după intrarea sa în vigoare.

(2) Divorţul pronunţat anterior intrării în vigoare a Codului civil produce efectele stabilite de legea în vigoare la data când s-a pronunţat hotărârea ramasă irevocabilă.

Notă.

Ca regulă general instituită, în cazul divorţului pe cale judiciară, căsătoria se consideră desfăcută din ziua în care hotărârea de divorţ pronunţată de instanţa de judecată a rămas definitivă şi prezintă însemnătate deosebită întrucât aceasta este data de la care divorţul produce efecte în raporturile dintre soţi.

Prin excepţie, căsătoria se consideră desfăcută la data decesului reclamantului, atunci când acţiunea de divorţ este continuată de moştenitorii reclamantului decedat în cursul judecăţii. Precizăm că acţiunea de divorţ continuată de moştenitorii reclamantului decedat este admisibilă doar dacă instanţa constată culpa exclusivă a soţului pârât, în caz contrar căsătoria se consideră încetată prin decesul unuia dintre soţi.

În cazul divorţului pe cale administrativă sau notarială, căsătoria se consideră desfăcută la data eliberării certificatului de divorţ, moment de la care divorţul produce efecte faţă de soţi.

§2. Efectele divorţului cu privire la raporturile nepatrimoniale dintre soţi

Art. 383 Numele de familie după căsătorie

(1) La desfacerea căsătoriei prin divorţ, soţii pot conveni să păstreze numele purtat în timpul căsătoriei. Instanţa ia act de această înţelegere prin hotărârea de divorţ.

(2) Pentru motive temeinice, justificate de interesul unuia dintre soţi sau de interesul superior al copilului, instanţa poate să încuviinţeze ca soţii să păstreze numele purtat în timpul căsătoriei, chiar în lipsa unei înţelegeri între ei.

(3) Dacă nu a intervenit o înțelegere sau dacă instanța nu a dat încuviințarea, fiecare dintre foștii soți poartă numele dinaintea căsătoriei.

Notă.

Constituie motive temeinice de păstrare de către un soț a numelui obținut prin căăstorie, chiar și în ipoteza în care celălalt soț se opune, acele motive justificate de interesul unuia dintre soți sau de interesul superior al copilului. De pildă, deranjul emoțional pe care l-ar suferi copilul în cazul schimbării numelui de familie al părintelui său, diferența de nume având multiple implicații psihologice în funcție de vârsta copilului. Un motiv temeinic îl reprezintă și iminentul prejudiciu material și moral pe care îl poate suferi soțul care și-a construit o carieră profesională sau artistică sub numele obținut prin căsători urmare a scăderii notorietății sale pe plan socio-profesional.

Art. 384 Drepturile soțului divorțat

(1) Divorțul este considerat pronunțat împotriva soțului din a cărui culpă exclusivă s-a desfăcut căsătoria.

(2) Soțul împotriva căruia a fost pronunțat divorțul pierde drepturile pe care legea sau convențiile încheiate anterior cu terții le atribuie acestuia.

(3) Aceste drepturi nu sunt pierdute în cazul culpei comune sau al divorțului prin acordul soților.

Notă.

Prin urmare, forma în care divorțul se pronunță (prin acord, din culpă sau din cauza sănătății unuia dintre soți ce face imposibilă continuarea căsătoriei) nu are consecințe directe asupra partajării bunurilor comune sau asupra cotelor cuvenite fiecărui soț, acestea urmând a fi stabilite potrivit contribuției reale, efective la dobândirea bunurilor comune.

§3. Efectele divorţului cu privire la raporturile patrimoniale dintre soti

I. Efecte cu privire la regimul matrimonial

Art. 385 Încetarea regimului matrimonial

(1) În cazul divorţului, regimul matrimonial încetează între soţi la data introducerii cererii de divorţ.

(2) Cu toate acestea, oricare dintre soţi sau amândoi, împreună, în cazul divorţului prin acordul lor, pot cere instanţei de divorţ să constate că regimul matrimonial a încetat de la data separaţiei în fapt.

(3) Prevederile acestui articol se aplică în mod corespunzător şi în cazul divorţului prevăzut de art. 375.

Legea de aplicare:

Art. 43. Dispoziţiile art. 385 din Codul civil privind încetarea regimului matrimonial se aplică numai în cazul divorţului care intervine după data intrării în vigoare a Codului civil.

Notă.

O situaţie aparte este reprezentată de cazul în care, pe parcursul procesului de divorţ intervine împăcarea soţilor. Având în vedere că reglementarea legală nu acoperă acestă situaţie referitor la regimul matrimonial aplicabil de la data promovării acţiunii de divorţ până la momentul retragerii acesteia, apreciem că, dacă şi celelalte efecte ale căsătoriei nu se modifică, atunci şi regimul matrimonial aplicabil acestei perioade va fi cel de la data promovării acţiunii de divorţ.

Art. 386 Actele încheiate în frauda celuilalt soţ

(1) Actele menţionate la art. 346 alin. (2), precum şi actele din care se nasc obligaţii în sarcina comunităţii, încheiate de unul dintre soţi după data introducerii cererii de divorţ sunt anulabile, dacă au fost făcute în frauda celuilalt soţ.

(2) Dispozițiile art. 345 alin. (4) rămân aplicabile.

Legea de aplicare:

Art. 44. Dispozițiile art. 386 din Codul civil sunt aplicabile numai în cazul în care cererea de divorț este introdusă după intrarea în vigoare a Codului civil, iar actele juridice sunt încheiate de un soț în frauda celuilalt soț după data introducerii cererii de divorț.

Notă.

Conform art. 346 alin. (2)Cod civil, oricare dintre soți are dreptul de a dispune singur, cu titlu oneros, de bunurile mobile comune a căror înstrăinare nu este supusă îndeplinirii formalităților de publicitate.

Prin urmare, aceste acte, precum și cele din care rezultă obligații în sarcina comunității de bunuri, dacă sunt încheiate de unul dintre soți după momentul promovării acțiunii de divorț, sunt anulabile, sub condiția probării intenției de fraudare, a prejudiciului suferit și reaua-credință a terțului dobânditor.

Dacă terțul cu care unul dintre soți a contractat este de bună-credință, soțul vătămat nu poate obține anularea actului, ci doar daune-interese din partea celuilalt soț.

Anularea actului poate fi cerută atât de soțul fraudat cât și și de terțe persoane, cum ar fi creditorii soților sau ai unuia dintre soți, dacă prin actul încheiat sunt fraudate drepturile lor cu privire la comunitatea de bunuri sau la bunurile debitorului lor, după caz.

Potrivit art. 2529 alin. (1) lit.c Cod civil, soțul fraudat poate promova cererea în termenul general de prescripție de 3 ani, calculat de la data la care soțul fraudat a cunoscut cauza anulării, însă nu mai târziu de împlinirea a 18 luni din ziua încheierii actului juridic a cărui anulare se cere, iar potrivit art. 2529 alin. (2) Cod civil, terțul fraudat poate promova cererea în termenul general de prescripție de 3 ani, calculat de la data la care acesta a cunoscut cauza anulării, dacă legea nu prevede altfel.

Art. 387 Opozabilitatea față de terți

(1) Hotărârea judecătorească prin care s-a pronunțat divorțul și, după caz, certificatul de divorț prevăzut la art. 375 sunt opozabile față de terți, în condițiile legii.

(2) Dispozițiile art. 291, 334 și 335 sunt aplicabile în mod corespunzător, inclusiv în cazul prevăzut la art. 375.

Notă.

Prin urmare, față de terți, divorțul produce efecte juridice din momentul îndeplinirii formalităților de publicitate ale hotărârii de divorț definitive sau a certificatului de divorț prin mențiunea asupra desfacerii căsătoriei prin divorț pe marginea actului de căsătorie. Scopul publicității este de a da posibilitatea terților să cunoască încetarea statutului juridic de persoane căsătorite a soților.

II. Dreptul la despăgubiri

Art. 388 Acordarea despăgubirilor

Distinct de dreptul la prestația compensatorie prevăzut la art. 390, soțul nevinovat, care suferă un prejudiciu prin desfacerea căsătoriei, poate cere soțului vinovat să îl despăgubească. Instanța de tutelă soluționează cererea prin hotărârea de divorț.

Legea de aplicare

Art. 42. (2) Dispozițiile art. 388 din Codul civil sunt aplicabile, în cazul prevăzut la art. 373 lit. b) din Codul civil, dacă divorțul s-a pronunțat din culpa exclusivă a pârâtului, iar în cazul prevăzut la art. 373 lit. c) din Codul civil, dacă divorțul s-a pronunțat din culpa exclusivă a reclamantului.

Art. 45. Dispozițiile art. 388 din Codul civil privind acordarea despăgubirilor și cele ale art. 390 din Codul civil privind acordarea prestației compensatorii sunt aplicabile în cazul în care motivele de divorț s-au ivit după intrarea în vigoare a Codului civil

Notă.

Acordarea despăgubirilor este condiţionată de întrunirea următoarelor două elemente: culpa exclusivă în desfacerea căsătoriei a soţului obligat la plata despăgubirilor, culpă dovedită în cadrul acţiunii de divorţ; existenţa unui prejudiciu cert, determinat sau determinabil, nereparat, provocat prin desfacerea căsătoriei, respectiv prejudiciul material sau moral suferit de soţul nevinovat ca efect al pierderii statutului său de persoană căsătorită.

Din teza ultimă a normei analizate, rezultă obligativitatea promovării cererii de acordare a despăgubirilor doar în cadrul acţiunii de divorţ, cererea fiind inadmisibilă pe cale separată.

III. Obligaţia de întreţinere între foştii soţi

Art. 389 Obligaţia de întreţinere

(1) Prin desfacerea căsătoriei, obligaţia de întreţinere între soţi încetează.

(2) Soţul divorţat are dreptul la întreţinere, dacă se află în nevoie din pricina unei incapacităţi de muncă survenite înainte de căsătorie ori în timpul căsătoriei. El are drept la întreţinere şi atunci când incapacitatea se iveşte în decurs de un an de la desfacerea căsătoriei, însă numai dacă incapacitatea este cauzată de o împrejurare în legătură cu căsătoria.

(3) Întreţinerea datorată potrivit dispoziţiilor alin. (2) se stabileşte până la o pătrime din venitul net al celui obligat la plata ei, în raport cu mijloacele sale şi cu starea de nevoie a creditorului. Această întreţinere, împreună cu întreţinerea datorată copiilor, nu va putea depăşi jumătate din venitul net al celui obligat la plată.

(4) Când divorţul este pronunţat din culpa exclusivă a unuia dintre soţi, acesta nu beneficiază de prevederile alin. (2) şi (3) decât timp de un an de la desfacerea căsătoriei.

(5) În afara altor cazuri prevăzute de lege, obligaţia de întreţinere încetează prin recăsătorirea celui îndreptăţit.

Notă.

Starea de nevoie se apreciază prin raportare la condiţiile de viaţă pe care soţul care solicită întreţinere le-a avut în timpul căsătoriei, şi nu la condiţiile minime de supravieţuire. Cererea în obligarea fostului soţ la plata unei pensii de întreţinere în temeiul normei analizate poate fi promovată atât în cadrul acţiunii de divorţ cât şi pe cale separată, ulterior pronunţării divorţului.

Neîndeplinirea obligaţiei de întreţinere constituie abandon de familie şi este incriminată de legea penală în art. 378 Cod penal.

IV. Prestaţia compensatorie

Art. 390 Condiţiile prestaţiei compensatorii
(1) În cazul în care divorţul se pronunţă din culpa exclusivă a soţului pârât, soţul reclamant poate beneficia de o prestaţie care să compenseze, atât cât este posibil, un dezechilibru semnificativ pe care divorţul l-ar determina în condiţiile de viaţă ale celui care o solicită.

(2) Prestaţia compensatorie se poate acorda numai în cazul în care căsătoria a durat cel puţin 20 de ani.

(3) Soţul care solicită prestaţia compensatorie nu poate cere de la fostul său soţ şi pensie de întreţinere, în condiţiile art. 389.

Legea de aplicare
Art. 45. Dispoziţiile art. 388 din Codul civil privind acordarea despăgubirilor şi cele ale art. 390 din Codul civil privind acordarea prestaţiei compensatorii sunt aplicabile în cazul în care motivele de divorţ s-au ivit după intrarea în vigoare a Codului civil.

Notă.

Norma analizată, deși instituie deosebiri semnificative între prestația compensatorie și obligația de întreținere, acordă dreptul unui soț doar la una dintre aceste forme de ajutor din partea celuilalt soț.

Spre deosebire de obligația de întreținere, care poate fi acordată și soțului din a cărui culpă s-a desfăcut căsătoria, prestația compensatorie apare ca o sancțiune împotriva soțului culpabil, sub condiția duratei mai mari de 20 ani a căsătoriei.

Dreptul soțului nevinovat de a beneficia de prestația compensatorie nu este afectat de acordarea de despăgubiri.

Art. 391 Stabilirea prestației compensatorii

(1) Prestația compensatorie nu se poate solicita decât odată cu desfacerea căsătoriei.

(2) La stabilirea prestației compensatorii se ține seama atât de resursele soțului care o solicită, cât și de mijloacele celuilalt soț din momentul divorțului, de efectele pe care le are sau le va avea lichidarea regimului matrimonial, precum și de orice alte împrejurări previzibile de natură să le modifice, cum ar fi vârsta și starea de sănătate a soților, contribuția la creșterea copiilor minori pe care a avut-o și urmează să o aibă fiecare soț, pregătirea profesională, posibilitatea de a desfășura o activitate producătoare de venituri și altele asemenea.

Notă.

La fel ca și cererea privind acordarea despăgubirilor reglementată de art. 388 Cod civil, prestația compensatorie poate fi solicitată doar în cadrul acțiunii de divorț, în baza unor criteriilor enunțate. Prezintă importanță faptul că aceste criterii au fost enumerate exemplificativ și nu limitativ, în speță putând fi considerate și alte asemenea.

Art. 392 Forma prestației compensatorii

(1) Prestația compensatorie poate fi stabilită în bani, sub forma unei sume globale sau a unei rente viagere, ori în

natură, sub forma uzufructului asupra unor bunuri mobile sau imobile care aparțin debitorului.

(2) Renta poate fi stabilită într-o cotă procentuală din venitul debitorului sau într-o sumă de bani determinată.

(3) Renta și uzufructul se pot constitui pe toată durata vieții celui care solicită prestația compensatorie sau pentru o perioadă mai scurtă, care se stabilește prin hotărârea de divorț.

Notă.

Spre deosebire de neîndeplinirea obligației de întreținere, care este prevăzută ca și infracțiune în art. 228 Cod penal, nerespectarea obligației de plată a prestației compensatorii nu este incriminată de legea penală, ci naște doar dreptul soțului creditor de a recurge la executarea silită.

Art. 393 Garanții

Instanța, la cererea soțului creditor, îl poate obliga pe soțul debitor să constituie o garanție reală sau să dea cauțiune pentru a asigura executarea rentei.

Notă.

Această soluție nu este obligatorie, fiind impusă doar în situația în care există motive temeinice care să conducă la convigerea că soțul debitor, cu rea credință, nu va onora această obligație.

Art. 394 Modificarea prestației compensatorii

(1) Instanța poate mări sau micșora prestația compensatorie, dacă se modifică, în mod semnificativ, mijloacele debitorului și resursele creditorului.

(2) În cazul în care prestația compensatorie constă într-o sumă de bani, aceasta se indexează de drept, trimestrial, în funcție de rata inflației.

Notă.

Modificările survenite relativ la mijloacele debitorului sau resursele creditorului trebuie să fie semnificative, prin urmare nu prezintă importanță variațiile de scurtă durată.

Art. 395 Încetarea prestației compensatorii

Prestația compensatorie încetează prin decesul unuia dintre soți, prin recăsătorirea soțului creditor, precum și atunci când acesta obține resurse de natură să îi asigure condiții de viață asemănătoare celor din timpul căsătoriei.

Notă.

Se observă că norma în discuție nu distinge între decesul soțului debitor sau al soțului creditor, ambele situații conducând la încetarea prestației compensatorii, având în vedere caracterul intuitu personae al acesteia.

§4. Efectele divorțului cu privire la raporturile dintre părinti și copiii lor minori

Art. 396 Raporturile dintre părinții divorțați și copiii lor minori

(1) Instanța de tutelă hotărăște, odată cu pronunțarea divorțului, asupra raporturilor dintre părinții divorțați și copiii lor minori, ținând seama de interesul superior al copiilor, de concluziile raportului de anchetă psihosocială, precum și, dacă este cazul, de învoiala părinților, pe care îi ascultă.

(2) Dispozițiile art. 264 sunt aplicabile.

Notă.

În cuprinsul hotărârii de divorț, odată cu admiterea acțiunii de divorț și în consecință desfacerea căsătoriei, instanța se va pronunța și asupra cererilor accesorii privitoare la numele pe care soţii îl vor purta după desfacerea căsătoriei, la stabilirea locuinţei minorilor, la modul de exercitare a autorităţii părinteşti şi la stabilirea obligaţiei de întreţinere a soţilor în favoarea minorilor. Soluţiile date vor fi fundamentate în principal pe interesul superior al minorilor, urmând învoiala părinţilor doar în cazul în care nu se aduce atingere acestui interes.

În vederea stabilirii raporturilor dintre părinţii divorţaţi şi copiii lor minori, instanţa de tutelă va dispune obligatoriu audierea minorilor care au împlinit vârsta de 10 ani.

Art. 397 Exercitarea autorităţii părinteşti de către ambii părinţi

După divorţ, autoritatea părintească revine în comun ambilor părinţi, afară de cazul în care instanţa decide altfel.

Notă.

Norma analizată constituie o noutate în raport cu prevederile din Codul familiei, care prevedea, în această materie, încredinţarea minorilor spre creştere şi educare unuia dintre părinţi, care exercita, în fapt, autoritatea părintească în mod exclusiv.

Astfel, se consacră regula generală potrivit căreia, în caz de divorţ, autoritatea părintească se exercită de ambii părinţi în comun, excepţia constituind-o exercitarea autorităţii părinteşti doar de către unul dintre părinţi.

Noua reglementare are ca fundament interesul copilului minor de a fi crescut de ambii părinţi şi după divorţ, indiferent de stabilirea domiciliului acestuia.

Art. 398 Exercitarea autorităţii părinteşti de către un singur părinte

(1) Dacă există motive întemeiate, având în vedere interesul superior al copilului, instanţa hotărăşte ca autoritatea părintească să fie exercitată numai de către unul dintre părinţi.

(2) Celălalt părinte păstrează dreptul de a veghea asupra modului de creștere și educare a copilului, precum și dreptul de a consimți la adopția acestuia.

Notă.

Derogarea de la regula generală a autorității părintești comune se justifică numai dacă există motive întemeiate și numai dacă exercițiul autorității părintești de un singur părinte este în interesul superior al copilului.

Spre deosebire de art. 507 Cod civil care prevede cazurile obligatorii în care autoritatea părintească este exercitată doar de unul dintre părinți, norma în discuție oferă posibilitatea exercitării autorității părintești de un singur părinte și în alte situații în care interesul copilului impune o asemenea măsură.

Totuși, soțul care nu exercită autoritatea părintească păstrează dreptul de a veghea asupra modului de creștere și educare a copilului și dreptul de a consimți la adopția acestuia, a căror exercitare trebuie coroborată cu prevederile art. 401 Cod civil, care reglementează drepturile părintelui separat de copilul său.

Art. 399 Exercitarea autorității părintești de către alte persoane

(1) În mod excepțional, instanța de tutelă poate hotărî plasamentul copilului la o rudă sau la o altă familie ori persoană, cu consimțământul acestora, sau într-o instituție de ocrotire. Acestea exercită drepturile și îndatoririle care revin părinților cu privire la persoana copilului.

(2) Instanța stabilește dacă drepturile cu privire la bunurile copilului se exercită de către părinți în comun sau de către unul dintre ei.

Notă.

Legiutorul lasă loc de interpretare întrucât nu precizează care este conținutul împrejurărilor ce atrag modul excepțional de exercitare a autorității părinteși de către alte persoane.

Apreciem că astfel de situații apar în ipoteza în care ambii părinți sunt în imposibilitate de a-și exercita autoritatea părintească, din motive mai presus de voința lor, cum ar fi starea de detenție, infirmitățile fizice sau psihice.

Observăm că textul de lege dă posibilitatea instanței de a stabili cu privire a exercitarea drepturile aupra bunurilor copilului, ceea ce implică discernământul a cel puțin unuia dintre ei.

Art. 400 Locuința copilului după divorț

(1) În lipsa înțelegerii dintre părinți sau dacă aceasta este contrară interesului superior al copilului, instanța de tutelă stabilește, odată cu pronunțarea divorțului, locuința copilului minor la părintele cu care locuiește în mod statornic.

(2) Dacă până la divorț copilul a locuit cu ambii părinți, instanța îi stabilește locuința la unul dintre ei, ținând seama de interesul său superior.

(3) În mod excepțional, și numai dacă este în interesul superior al copilului, instanța poate stabili locuința acestuia la bunici sau la alte rude ori persoane, cu consimțământul acestora, ori la o instituție de ocrotire. Acestea exercită supravegherea copilului și îndeplinesc toate actele obișnuite privind sănătatea, educația și învățătura sa.

Notă.

Stabilirea locuinței copilului după divorț se va realiza și în baza concluziilor anchetei sociale.

Ipoteza în care părintele cu care acesta locuiește în mod statornic nu are un domiciliu stabil, poate fi rezolvată fie prin dovada unui domiciliu în baza unui contract de închiriere, sau prin invocarea unui domiciliu stabil la bunici. În cazul de excepție în care niciuna din aceste alternative nu este posibilă, părintele poate cere ca locuinţa copilului să fie la o instituţie de ocrotire.

Art. 401 Drepturile părintelui separat de copil

(1) În cazurile prevăzute la art. 400, părintele sau, după caz, părinţii separaţi de copilul lor au dreptul de a avea legături personale cu acesta.

(2) În caz de neînţelegere între părinţi, instanţa de tutelă decide cu privire la modalităţile de exercitare a acestui drept. Ascultarea copilului este obligatorie, art. 264 fiind aplicabil.

Notă.

În actuala legislaţie, exercitarea autorităţii părinteşti de către un singur părinte reprezintă o excepţie de la regula exercitării acesteia comun.

Prin urmare, având în vedere interesul superior al copilului, instanţa de tutelă poate încuviinţa un plan parental care include şi modalitatea în care părintele separat de copil poate avea legături personale cu acesta. În măsura în care părinţii nu pot conveni pe cale amiabilă asupra acestui aspect, instanţa de tutelă va decide cu privire la modalităţile de exercitare ale acestui drept. Considerăm că variantele prin care se solicită ca părintele separat să-şi viziteze copilul un număr limitat de ore şi numai în prezenţa celuilat părinte sau refuzarea unei cereri de luare a copilului la domiciliul părintelui separat pot fi aplicate numai în cazuri speciale şi numai în baza unor motive temeinice dovedite în mod solid.

Art. 402 Stabilirea contribuţiei părinţilor

(1) Instanţa de tutelă, prin hotărârea de divorţ, stabileşte contribuţia fiecărui părinte la cheltuielile de creştere, educare, învăţătură şi pregătire profesională a copiilor.

(2) Dispoziţiile titlului V privind obligaţia de întreţinere se aplică în mod corespunzător.

Notă.

Conform art. 529 Cod civil, întreţinerea se acordă potrivit cu nevoia celui care o cere şi cu mijloacele celui care urmează să o plătească. Obligaţia de întreţinere se stabileşte astfel: până la o pătrime din venitul lunar net, în cazul în care există un singur copil; până la o treime din venitul lunar net, în cazul în care există 2 copii; până la jumătate din venitul lunar net, în cazul în care există 3 sau mai mulţi copii. Cuantumul întreţinerii datorate copiilor, împreună cu întreţinerea datorată altor persoane, potrivit legii, nu poate depăşi jumătate din venitul net lunar al celui obligat.

La calculul întreţinerii se ţine seama de toate veniturile cu caracter permanent ale părintelui, iar în lipsa vreunui venit dovedit, se ţine seama de venitul minim pe economia naţională. Cuantumul poate fi modificat în sensul majorării sau micşorării sale, după cum se modifică nevoile minorului şi veniturile părintelui obligat la întreţinere.

Întreţinerea se acordă copilului până la majorat, iar dacă este în continuarea studiilor, pe tot timpul studiilor, dar nu mai mult de împlinirea vârstei de 26 de ani.

Obligaţia de întreţinere se îndeplineşte în principal, în natură, prin asigurarea condiţiilor de creştere, educare, învăţătură şi pregătire profesională a minorului. Dacă obligaţia de întreţinere nu se execută de bunăvoie în natură, instanţa de tutelă dispune executarea ei prin plata lunară a unei sume de bani, stabilită sub forma unei sume fixe sau într-o cotă procentuală din venitul lunar net al părintelui ce datorează întreţinerea.

Art. 403 Modificarea măsurilor luate cu privire la copil

În cazul schimbării împrejurărilor, instanţa de tutelă poate modifica măsurile cu privire la drepturile şi îndatoririle părinţilor divorţaţi faţă de copiii lor minori, la cererea oricăruia dintre părinţi sau a unui alt membru de familie, a copilului, a instituţiei de ocrotire, a instituţiei publice specializate pentru protecţia copilului sau a procurorului.

Legea de aplicare:

Art. 46. Dispozițiile hotărârilor judecătorești privitoare la relațiile personale și patrimoniale dintre copii și părinții lor divorțați înainte de intrarea în vigoare a Codului civil pot fi modificate potrivit dispozițiilor art. 403 din Codul civil.

Notă.

Schimbarea împrejurărilor ce poate determina modificarea măsurilor luate cu privire la copil trebuie să privească aspecte prejudiciabile legate de creșterea, educarea, învățătura și pregătirea profesională a copiilor, sau probleme grave de comunicare între el si părintele la care i s-a stabilit locuința.

În ce privește înlăturarea excepției exercitării autorității părintești de către un singur părinte, aceasta poate privi și aspecte pozitive legate de dispariția impiedimentelor care au stat la baza deciziei inițiale.

Art. 404 Raporturile dintre părinți și copiii lor minori în alte cazuri

În cazul prevăzut la art. 293 alin. (2), instanța hotărăște asupra raporturilor dintre părinți și copiii lor minori, dispozițiile art. 396-403 fiind aplicabile în mod corespunzător.

Notă.

În situația în care soțul unei persoane declarate moarte s-a recăsătorit și după aceasta hotărârea declarativă de moarte este anulată, având în vedere faptul că noua căăstorie rămâne valabilă, doar instanța va putea hotărâ asupra raporturilor dintre pătinți și copii lor minori.

Titlul III - Rudenia

Capitolul I – Dispoziții generale

Art. 405 Noțiune

(1) Rudenia firească este legătura bazată pe descendența unei persoane dintr-o altă persoană sau pe faptul că mai multe persoane au un ascendent comun.

(2) Rudenia civilă este legătura rezultată din adopția încheiată în condițiile prevăzute de lege.

Notă.

Textul de lege identifică două tipuri de rudenie, respectiv rudenia firească și rudenia civilă. Ambele tipuri de rudenie produc consecițe asemănătoare și sunt de o mare importanță în materia căsătoriei, materia adopției și în materia dreptului succesoral.

Art. 406 Rudenia în linie dreaptă sau colaterală

(1) Rudenia este în linie dreaptă în cazul descendenței unei persoane dintr-o altă persoană și poate fi ascendentă sau descendentă.

(2) Rudenia este în linie colaterală atunci când rezultă din faptul că mai multe persoane au un ascendent comun.

(3) Gradul de rudenie se stabilește astfel:

a) în linie dreaptă, după numărul nașterilor: astfel, copiii și părinții sunt rude de gradul întâi, nepoții și bunicii sunt rude de gradul al doilea;

b) în linie colaterală, după numărul nașterilor, urcând de la una dintre rude până la ascendentul comun și coborând de la acesta până la cealaltă rudă; astfel, frații sunt rude de gradul al doilea, unchiul sau mătușa și nepotul, de gradul al treilea, verii primari, de gradul al patrulea.

Notă.

Rudenia firească dar şi rudenia civilă pot fi în linie dreaptă sau colaterală. Identificarea gradelor de rudenie se face de regulă prin intermediul unui arbore genealogic, instrument tehnic în baza căruia acestea se pot stabili, astfel de determinări fiind necesare pentru a delimita categoriile de moştenitori şi ordinea în care aceştia vin la moştenire.

Art. 407 Afinitatea

(1) Afinitatea este legătura dintre un soţ şi rudele celuilalt soţ.

(2) Rudele soţului sunt, în aceeaşi linie şi acelaşi grad, afinii celuilalt soţ.

Notă.

Afinitatea mai este numită şi alianţă. Gradul de afinitate se stabileşte identic cu gradul de rudenie, şi prin urmare, rudele unui soţ sunt în aceeaşi linie şi grad cu afinii celuilalt soţ. De pildă, un soţ este afin de gradul întâi cu părinţii şi cu copiii din altă căsătorie ai celuilalt soţ, afin de gradul al doilea cu bunicii şi nepoţii celuilalt soţ, afin de gradul al treilea cu străbunicii şi stănepoţii celuilalt soţ etc. Tot astfel, un soţ este afin de gradul doi cu fraţii şi surorile celuilalt soţ, afin de gradul al patrulea cu verii primari ai celuilalt soţ, etc.

Afinitatea încetează în cazul desfacerii căsătoriei.

Capitolul II – Filiaţia

Secţiunea 1 - Stabilirea filiaţiei

§1. Dispoziţii generale

Art. 408 Modurile de stabilire a filiaţiei
(1) Filiaţia faţă de mamă rezultă din faptul naşterii; ea se poate stabili şi prin recunoaştere sau prin hotărâre judecătorească.

(2) Filiaţia faţă de tatăl din căsătorie se stabileşte prin efectul prezumţiei de paternitate.

(3) Filiaţia faţă de tatăl din afara căsătoriei se stabileşte prin recunoaştere sau prin hotărâre judecătorească, după caz.

Legea de aplicare: Art. 47. Stabilirea filiaţiei, tăgăduirea paternităţii sau orice altă acţiune privitoare la filiaţie este supusă dispoziţiilor Codului civil şi produce efectele prevăzute de acesta numai în cazul copiilor născuţi după intrarea lui în vigoare.

Legea de aplicare
Art. 47. Stabilirea filiaţiei, tăgăduirea paternităţii sau orice altă acţiune privitoare la filiaţie este supusă dispoziţiilor Codului civil şi produce efectele prevăzute de acesta numai în cazul copiilor născuţi după intrarea lui în vigoare.

Notă.
Prin urmare, filiaţia poate fi faţă de mamă (maternitate) şi faţă de tată (paternitate), în cadrul filiaţiei faţă de tată distingând între filiaţia faţă de tatăl din căsătorie şi filiaţia faţă de tatăl din afara căsătoriei.

Norma analizată prevede expres şi limitativ care sunt modurile de stabilire a filiaţiei, aceasta neputând fi stabilită altfel decât prin aceste moduri.

Art. 409 Dovada filiaţiei

(1) Filiaţia se dovedeşte prin actul de naştere întocmit în registrul de stare civilă, precum şi cu certificatul de naştere eliberat pe baza acestuia.

(2) În cazul copilului din căsătorie, dovada se face prin actul de naştere şi prin actul de căsătorie al părinţilor, trecute în registrele de stare civilă, precum şi prin certificatele de stare civilă corespunzătoare.

Notă.

Potrivit art. 99 alin. (2) Cod civil, actul de naştere (act de stare civilă) este un înscris autentice care face dovada, până la înscrierea în fals, pentru ceea ce reprezintă constatările personale ale ofiţerului de stare civilă şi, până la proba contrară, pentru celelalte menţiuni.

Actul de naştere centralizează toate înregistrărilor de stare civilă, cuprinzând menţiuni atât asupra naşterii, cât şi a tuturor faptelor sau actelor juridice ulterioare precum adopţia sau căsătoria. Pe baza actelor de stare civilă se eliberează certificatele de stare civilă.

Art. 410 Posesia de stat

(1) Posesia de stat este starea de fapt care indică legăturile de filiaţie şi rudenie dintre copil şi familia din care se pretinde că face parte. Ea constă, în principal, în oricare dintre următoarele împrejurări:

a) o persoană se comportă faţă de un copil ca fiind al său, îngrijindu-se de creşterea şi educarea sa, iar copilul se comportă faţă de această persoană ca fiind părintele său;

b) copilul este recunoscut de către familie, în societate şi, când este cazul, de către autorităţile publice, ca fiind al persoanei despre care se pretinde că este părintele său;

c) copilul poartă numele persoanei despre care se pretinde că este părintele său.

(2) Posesia de stat trebuie să fie continuă, paşnică, publică şi neechivocă.

Notă.

Posesia de stat reprezintă folosirea în fapt a stării civile de către o persoană. Efectul acesteia constă în prezumţia că persoana care foloseşte o stare civilă este şi titularul acesteia în realitate. Dacă posesia de stat este confirmată de actele de stare civilă, aceasta constituie o prezumţie absolută şi irefragabilă de existenţă legală a stării civile folosite.

Necesitatea acestei reglementări s-a născut din neconcordanţele existente între starea de fapt şi starea civilă de drept privitoare la copil. Astfel, starea civilă a copilului poate fi pusă în discuţie atunci când: copilul are certificat de naştere şi folosinţa stării civile, dar acestea nu sunt concordante; copilul nu are nici certificat de naştere şi nici folosinţa stării civile; copilul are certificat de naştere, dar nu are folosinţa stării civile.

Art. 411 Posesia de stat conformă cu actul de naştere

(1) Nicio persoană nu poate reclama o altă filiaţie faţă de mamă decât aceea ce rezultă din actul său de naştere şi posesia de stat conformă cu acesta.

(2) Nimeni nu poate contesta filiaţia faţă de mamă a persoanei care are o posesie de stat conformă cu actul său de naştere.

(3) Cu toate acestea, dacă printr-o hotărâre judecătorească s-a stabilit că a avut loc o substituire de copil ori că a fost înregistrată ca mamă a unui copil o altă femeie decât aceea care l-a născut, se poate face dovada adevăratei filiaţii cu orice mijloc de probă.

Notă.

Dovada absolută a maternităţii este dată unitatea dintre filiaţie, care rezultă din actul de naştere, şi posesia de stat conformă acestei filiaţii.

Prin urmare, în cazul în care această unitate nu este dată, orice persoană interesată poate contesta oricând, prin acţiune judiciară, filiaţia stabilită printr-un act de naştere ce nu este conform cu posesia de stat. În acest caz, ceea ce se impune este dovedirea adevăratei filiații, ce poate fi realizată cu orice mijloc de probă, inclusiv prin posesia de stat.

Art. 412 Timpul legal al concepţiunii

(1) Intervalul de timp cuprins între a trei suta şi a o sută optzecea zi dinaintea naşterii copilului este timpul legal al concepţiunii. El se calculează zi cu zi.

(2) Prin mijloace de probă ştiinţifice se poate face dovada concepţiunii copilului într-o anumită perioadă din intervalul de timp prevăzut la alin. (1) sau chiar în afara acestui interval.

Notă.

Se observă la la determinarea timpului legal al concepţiunii nu se ia în considerare ziua naşterii copilului, iar intervalul dintre cele două valori expres prevăzute este 121 de zile. Astfel, dacă cel puţin o zi din acest interval se situează în timpul căsătoriei, se consideră că copilul a fost conceput în timpul căsătoriei şi beneficiază de prezumţia de paternitate.

Prezumţia timpului legal al concepţiunii este absolută şi, prin urmare, nu poate fi răsturnată prin nicio probă contrară.

Norma prevede totodată şi posibilitatea dovedirii datei concepţiei copilului într-o anumită perioadă dată (ce poate prezenta interes deosebit într-o anumită cauză) din intervalul legal al concepţiei sau din afara acestui interval, prin folosirea unor probe ştiinţifice, de pildă expertiza medico-legală.

Art. 413 Domeniul de aplicare

Dispoziţiile prezentului capitol referitoare la copil sunt aplicabile şi persoanei majore a cărei filiaţie este cercetată.

Notă.

Prin umare, nu prezintă importanţă vârsta la care o persoană doreşte să îşi stabilească filiaţia, prevederile legale privitoare la filiaţie fiind incidente în fiecare stadiu de creştere al unei persoane.

§2. Prezumția de paternitate

Art. 414 Prezumția de paternitate

(1) Copilul născut sau conceput în timpul căsătoriei are ca tată pe soțul mamei.

(2) Paternitatea poate fi tăgăduită, dacă este cu neputință ca soțul mamei să fie tatăl copilului.

Notă.

Prezintă importanță astfel două date, data nașterii copilului și data concepției copilului (prezumată absolut ca fiind între a trei suta și a o suta optzecea zi dinaintea nașterii copilului).

Prin urmare, dacă ori ziua nașterii copilului ori cel puțin o zi din intervalul de 121 de zile ce constituie timpul legal al concepțiunii se situează în perioada căsătoriei, copilul beneficiază de prezumția de paternitate.

Această prezumție nu este însă absolută, ea putând fi răsturnată prin acțiune în tăgada paternității, acțiune ce poate fi promovată de către soțul mamei, de mamă, de tatăl biologic sau de către copil.

§3. Recunoașterea copilului

Art. 415 Felurile recunoașterii

(1) Dacă nașterea nu a fost înregistrată în registrul de stare civilă sau copilul a fost trecut în registrul de stare civilă ca născut din părinți necunoscuți, mama îl poate recunoaște pe copil.

(2) Copilul conceput și născut în afara căsătoriei poate fi recunoscut de către tatăl său.

(3) După moartea copilului, acesta poate fi recunoscut numai dacă a lăsat descendenți firești.

Notă.

Temeiul reglementării prevăzute în alin (3) este reprezentat de împiedicarea recunoașterilor interesate, făcute cu rea-credință (de pildă, recunoașterea unei persoane decedate fără descendenți firești ar conferi părintelui care face recunoașterea dreptul să culeagă întreaga moștenire după aceasta).

Art. 416 Formele recunoașterii

(1) Recunoașterea poate fi făcută prin declarație la serviciul de stare civilă, prin înscris autentic sau prin testament.

(2) Dacă recunoașterea este făcută prin înscris autentic, o copie a acestuia este trimisă din oficiu serviciului de stare civilă competent, pentru a se face mențiunea corespunzătoare în registrele de stare civilă.

(3) Recunoașterea, chiar dacă a fost făcută prin testament, este irevocabilă.

Notă.

Atât referitor la recunoașterea maternității, cât și la recunoașterea paternității, formele în care aceasta se concretizează sunt comune. Tot astfel, ambele au o natură juridică mixtă, fiind o mărturisire (mijloc de probă) exprimată în forma unui act juridic solemn, personal, unilateral, opozabil erga omnes, irevocabil și cu caracter facultativ, ce își produce efectele indiferent de acceptarea sau neacceptarea recunoașterii de către persoana recunoscută.

Irevocabilitatea recunoașterii face ca persoana care a recunoscut un copil să nu poată reveni asupra declarației făcute, în nici un caz. Totuși, în situații întemeiate, autorul recunoașterii poate promova o acțiune în contestarea filiației în cadrul căreia va urma să dovedească neconformitatea dintre faptul recunoscut și realitate.

Art. 417 Recunoașterea de către minorul necăsătorit

Minorul necăsătorit îl poate recunoaște singur pe copilul său, dacă are discernământ la momentul recunoașterii.

Notă.

Norma analizată conferă valabilitate unei recunoașteri făcute chiar și de o persoană lipsită de capacitate de exercițiu sau cu capacitate restrânsă de exercițiu și fără obținerea vreunei autorizări din partea reprezentantului legal ori a instanței de tutelă, singura condiție fiind existența discernământului la momentul recunoașterii.

Art. 418 Nulitatea absolută a recunoașterii

Recunoașterea este lovită de nulitate absolută dacă:

a) a fost recunoscut un copil a cărui filiație, stabilită potrivit legii, nu a fost înlăturată. Cu toate acestea, dacă filiația anterioară a fost înlăturată prin hotărâre judecătorească, recunoașterea este valabilă;

b) a fost făcută după decesul copilului, iar acesta nu a lăsat descendenți firești;

c) a fost făcută în alte forme decât cele prevăzute de lege.

Notă.

În cazul în care sunt incidente cazurile expres prevăzute de norma de față, recunoașterea nu va produce nici un efect, fiind considerat că nu a avut loc.

Art. 419 Nulitatea relativă a recunoașterii

(1) Recunoașterea poate fi anulată pentru eroare, doi sau violență.

(2) Prescripția dreptului la acțiune începe să curgă de la data încetării violenței ori, după caz, a descoperirii erorii sau dolului.

Notă.

Prin urmare, recunoaşterea este anulabilă în cazul în care se dovedeşte că a avut loc cu vicierea consimţământului. Dreptul la acţiune îl are autorul recunoaşterii, în termenul general de prescripţie de 3 ani calculat de la data incetarii violenţei ori, după caz, a descoperirii erorii sau dolului.

Art. 420 Contestarea recunoaşterii de filiaţie

(1) Recunoaşterea care nu corespunde adevărului poate fi contestată oricând şi de orice persoană interesată.

(2) Dacă recunoaşterea este contestată de celălalt părinte, de copilul recunoscut sau de descendenţii acestuia, dovada filiaţiei este în sarcina autorului recunoaşterii sau a moştenitorilor săi.

Notă.

Spre deosebire de acţiunea în anularea recunoaşterii, acţiunea în contestarea recunoaşterii de filiaţie este imprescriptibilă şi poate fi promovată de orice persoană care justifică un interes, inclusiv procurorul pentru apărarea drepturilor şi intereselor legitime ale minorilor.

Spre deosebire de dreptul comun, când sarcina probei într-un proces revine reclamantului, în cazul acţiunii în contestarea recunoaşterii promovată de celălalt părinte, de copilul recunoscut sau de descendenţii acestuia, sarcina probei este impusă autorului recunoaşterii sau moştenitorilor sai. Scopul legiutorului, prin instituirea acestei excepţii, este de a ocroti celălalt părinte, copilul sau descendendenţii acestuia împotriva unei recunoaşteri făcute cu rea credinţă.

§4. Acțiuni privind filiația

I. Contestarea filiației

Art. 421 Acțiunea în contestația filiației

(1) Orice persoană interesată poate contesta oricând, prin acțiune în justiție, filiația stabilită printr-un act de naștere ce nu este conform cu posesia de stat.

(2) În acest caz, filiația se dovedește prin certificatul medical constatator al nașterii, prin expertiza medico-legală de stabilire a filiației sau, în lipsa certificatului ori în cazul imposibilității efectuării expertizei, prin orice mijloc de probă, inclusiv prin posesia de stat.

(3) Cu toate acestea, dovada filiației nu se face prin martori decât în cazul prevăzut la art. 411 alin. (3) sau atunci când există înscrisuri care fac demnă de crezare acțiunea formulată.

Notă.

Acțiunea în contestația filiației este imprescriptibilă și poate fi promovată de orice persoană care justifică un interes (de pildă copilul a cărui filiație s-a stabilit, părintele înscris în actul de naștere, adevăratul părinte, descendenții copilului, procurorul etc.) și poate privi atât filiația față de mamă, cât și filiația față de tată.

De la posibilitatea dovedirii filiației cu orice mijloc de probă în situația imposibilității efectuării expertizei medico-legale și a lipsei certificatului constatator se instituie o derogare, și anume proba cu martori, care nu poate fi utilizată însă decât în situațiile expres și limitativ prevăzute de alin. (3), respectiv atunci când printr-o hotărâre judecătorească s-a stabilit că a avut loc o substituire de copil ori că s-a înregistrat o altă femeie ca fiind mamă a copilului decât femeia care l-a născut sau atunci când există înscrisuri care fac demnă de crezare acțiunea formulată.

II. Acţiunea în stabilirea filiaţiei faţă de mamă

Art. 422 Acţiunea în stabilirea maternităţii

În cazul în care, din orice motiv, dovada filiaţiei faţă de mamă nu se poate face prin certificatul constatator al naşterii ori în cazul în care se contestă realitatea celor cuprinse în certificatul constatator al naşterii, filiaţia faţă de mamă se poate stabili printr-o acţiune în stabilirea maternităţii, în cadrul căreia pot fi administrate orice mijloace de probă.

Legea de aplicare: Art. 47. Stabilirea filiaţiei, tăgăduirea paternităţii sau orice altă acţiune privitoare la filiaţie este supusă dispoziţiilor Codului civil şi produce efectele prevăzute de acesta numai în cazul copiilor născuţi după intrarea lui în vigoare.

Notă.

Filiaţia faţă de mamă rezultă din faptul material şi evident al naşterii, ceea ce face ca dovada maternităţii să fie neîndoielnică.

În esenţă, pentru ca acţiunea în stabilirea maternităţii să fie admisă, este necesară dovedirea naşterea copilului, faptul că femeia chemată în judecată a născut un copil şi identitatea dintre copilul născut de femeie şi cel care solicită stabilirea filiaţiei faţă de mamă, prin orice mijloace de probă.

Art. 423 Regimul juridic al acţiunii în stabilirea maternităţii

(1) Dreptul la acţiunea în stabilirea filiaţiei faţă de mamă aparţine copilului şi se porneşte, în numele acestuia, de către reprezentantul său legal.

(2) Acţiunea poate să fie pornită sau, după caz, continuată şi de moştenitorii copilului, în condiţiile legii.

(3) Acţiunea poate fi introdusă şi împotriva moştenitorilor pretinsei mame.

(4) Dreptul la acţiune este imprescriptibil.

(5) Dacă însă copilul a decedat înainte de a introduce acțiunea, moștenitorii săi pot să o introducă în termen de un an de la data decesului.

Notă.

Astfel reglementat, regimul juridic al acțiunii în stabilirea maternității prezintă un element de noutate față de reglementarea din Codul familiei, legiuitorul oferind și posibilitatea ca acțiunea să fie și pornită, nu doar continuată, de către moștenitorii copilului.

III. Acțiunea in stabilirea paternității din afara căsătoriei

Art. 424 Stabilirea paternității prin hotărâre judecătorească

Dacă tatăl din afara căsătoriei nu îl recunoaște pe copil, paternitatea acestuia se poate stabili prin hotărâre judecătorească.

Notă.

În ceea ce privește filiația față de tată, se distinge între paternitatea din căsătorie, care se stabilește prin efectul prezumției de paternitate și poate fi eventual contestată, și paternitatea din afara căsătoriei, care nu are cum să fie prezumată și trebuie stabilită fie prin recunoaștere fie prin hotărâre judecătorească.

Prin urmare, atunci când un tată nu recunoaște în mod voluntar un copil născut în afara căsătoriei, legea oferă o modalitate silită de stabilire a paternității pe cale judiciară, care constituie totodată un mijloc de protecție a copilului.

Art. 425 Acțiunea în stabilirea paternității

(1) Acțiunea în stabilirea paternității din afara căsătoriei aparține copilului și se pornește în numele lui de către mamă, chiar dacă este minoră, sau de către reprezentantul lui legal.

(2) Ea poate fi pornită sau, după caz, continuată și de moștenitorii copilului, în condițiile legii.

(3) Acțiunea în stabilirea paternității poate fi pornită și împotriva moștenitorilor pretinsului tată.

Notă.

Acțiunea în stabilirea paternității va fi admisă dacă în speță se va dovedi cu certitudine că pârâtul chemat în judecată este tatăl copilului, ceea ce presupune existența legăturii intime în perioada concepției copilului dintre mama copilului și pârât, care poate fi dovedită prin proba cu martori, înscrisuri, probe video, probe audio etc. dar și a posibilității concrete ca acel bărbat să fie tatăl copilului, care poate fi dovedită prin probe științifice, precum expertiza ADN.

Art. 426 Prezumția filiației față de pretinsul tată

(1) Paternitatea se prezumă dacă se dovedește că pretinsul tată a conviețuit cu mama copilului în perioada timpului legal al concepțiunii.

(2) Prezumția este înlăturată dacă pretinsul tată dovedește că este exclus ca el să îl fi conceput pe copil.

Notă.

În temeiul ocrotirii copilului din afara căsătoriei, norma legală instituie în favoarea acestuia o prezumție de filiație față de pretinsul tată, dacă se dovedește că acesta a conviețuit cu mama copilului în perioada timpului legal al concepțiunii.

Această prezumție are însă un caracter relativ, putând fi răsturnată prin dovedirea imposibilității obiective ca presupusul tată să-l fi conceput pe copil. În acest sens vor fi avute în vedere rezultatele expertizelor medicale, precum expertiză serologică (prin compararea grupei de sânge a copilului cu grupa de sânge a mamei și a pretinsului tată), antropologică (prin analiza caracterelor anatomice, ca fizionomia feței, particularitățile nasului, a urechilor, malformațiile congenitale, bolile ereditare etc.), expertiză ADN sau expertiza capacității de procreare.

Art. 427 Termenul de prescripție

(1) Dreptul la acțiunea în stabilirea paternității nu se prescrie în timpul vieții copilului.

(2) Dispozițiile art. 423 alin. (5) se aplică în mod corespunzător.

Notă.

Coroborat cu art. 423 alin. (5), în situația decesului copilului anterior promovării acțiunii, această acțiune poate fi promovată de moștenitorii săi doar în termenul de prescripție de un an calculat de la data decesului copilului.

Art. 428 Despăgubiri

(1) Mama copilului poate cere pretinsului tată să îi plătească jumătate din:

) cheltuielile nașterii și ale lehuziei;

b) cheltuielile făcute cu întreținerea ei în timpul sarcinii și în perioada de lehuzie.

(2) Mama poate solicita aceste despăgubiri chiar și atunci când copilul s-a născut mort sau a murit înainte de pronunțarea hotărârii privind stabilirea paternității.

(3) Dreptul la acțiune al mamei se prescrie în termen de 3 ani de la nașterea copilului.

(4) Mama nu poate cere aceste despăgubiri dacă nu a formulat și acțiune pentru stabilirea paternității.

(5) În afara cheltuielilor prevăzute la alin. (1), mama și moștenitorii ei au dreptul la despăgubiri pentru orice alte prejudicii, potrivit dreptului comun.

Notă.

Prin urmare, doar în cadrul acțiunii în stabilirea paternității sau ulterior acesteia, mama copilului are dreptul de a solicita pretinsului tată despăgubiri pentru acoperirea cheltuielilor efectuate și a prejudiciului suferit, strict legate de faptul naşterii copilului, solicitare ce urmează a fi admisă numai dacă acţiunea în stabilirea paternităţii a fost admisă.

Legea nu refuză acest drept în cazul în care copilul s-a născut mort, temeiul despăgubirilor constituindu-l sancţionarea tatălui pentru lipsa de asistenţă pe care o datora atât mamei cât şi copilului în calitate de tată al acestuia (astfel cum a fost dovedită prin acţiunea în stabilirea paternităţii).

IV. Acţiuni privind filiaţia faţă de tatăl din căsătorie

Art. 429 Acţiunea în tăgada paternităţii

(1) Acţiunea în tăgada paternităţii poate fi pornită de soţul mamei, de mamă, de tatăl biologic, precum şi de copil. Ea poate fi pornită sau, după caz, continuată şi de moştenitorii acestora, în condiţiile legii.

(2) Acţiunea se introduce de către soţul mamei împotriva copilului; când acesta este decedat, acţiunea se porneşte împotriva mamei sale şi, dacă este cazul, a altor moştenitori ai săi.

(3) Dacă soţul este pus sub interdicţie, acţiunea poate fi pornită de tutore, iar în lipsă, de un curator numit de instanţa judecătorească.

(4) Mama sau copilul poate introduce acţiunea împotriva soţului. Dacă acesta este decedat, acţiunea se porneşte împotriva moştenitorilor lui.

(5) Tatăl biologic poate introduce acţiunea împotriva soţului mamei şi a copilului. Dacă aceştia sunt decedaţi, acţiunea se porneşte împotriva moştenitorilor.

Notă.

Orice copil născut sau conceput în timpul căsătoriei beneficiază de prezumţia de paternitate a soţului mamei. Sunt situaţii însă în care se consideră a fi cu neputinţă conceperea acestuia de către prezumatul tată, respectiv în cazul imposibilităţii fizice de procreare, a impotenţei, a imposibilității de coabitare datorită executării unei pedepse privative de libertate, a îndeplinirii unei misiuni în străinătate etc.

Însă această prezumție poate fi înlăturată numai pe cale judiciară, pe cale acțiunii în tăgada paternității. Textul de lege analizat prevede restrictiv persoanele îndreptățite la o astfel de acțiune și persoanele împotriva cărora poate fi îndreptată o astfel de acțiune: soțul mamei sau fostul soț al mamei împotriva copilului; mama sau copilul împotriva soțului mamei; tatăl biologic al copilului împotriva soțului mamei și a copilului.

Art. 430 Tăgada paternității de către soțul mamei

(1) Soțul mamei poate introduce acțiunea în tăgada paternității în termen de 3 ani, care curge fie de la data la care soțul a cunoscut că este prezumat tată al copilului, fie de la o dată ulterioară, când a aflat că prezumția nu corespunde realității.

(2) Termenul nu curge împotriva soțului pus sub interdicție judecătorească și, chiar dacă acțiunea nu a fost pornită de tutore, ea poate fi introdusă de soț în termen de 3 ani de la data ridicării interdicției.

(3) Dacă soțul a murit înainte de împlinirea termenul menționat la alin. (1), fără a porni acțiunea, aceasta poate fi pornită de către moștenitori în termen de un an de la data decesului.

Notă.

Prin instituirea unor termene de prescripție pentru acțiunea în tăgada paternității de către soțul mamei s-a urmărit protecția juridică a copilului născut din căsătorie.

Art. 431 Tăgada paternității de către mamă

(1) Acțiunea în tăgada paternității poate fi pornită de către mamă în termen de 3 ani de la data nașterii copilului.

(2) Dispozițiile art. 429 alin. (3) și art. 430 alin. (2) și (3) se aplică în mod corespunzător.

Notă.

Termenul de prescripție privește dreptul la acțiune al mamei ca titular al acțiunii, și nu dreptul la acțiune al mamei ca și reprezentant al copilului minor sau ca moștenitor al copilului decedat anterior promovării acțiunii.

Dreptul la acțiune al mamei în calitate de reprezentant al copilului minor este imprescriptibil, fiind incident art. 433 Cod civil.

Dreptul la acțiune al mamei în calitate de moștenitor al copilului decedat anterior promovării acțiunii se prescrie în termen de 1 an de la data decesului copilului

Art. 432 Tăgada paternității de către pretinsul tată biologic

(1) Acțiunea în tăgada paternității introdusă de către cel care se pretinde tată biologic poate fi admisă numai dacă acesta face dovada paternității sale față de copil.

(2) Dreptul la acțiune nu se prescrie în timpul vieții tatălui biologic. Dacă acesta a decedat, acțiunea poate fi formulată de moștenitorii săi în termen de cel mult un an de la data decesului.

(3) Dispozițiile art. 429 alin. (3) se aplică în mod corespunzător.

Notă.

Spre deosebire de tăgada paternității promovată de soțul mamei sau de mamă, în cadrul acțiunii în tăgada paternității de către pretinsul tată biologic acesta trebuie să dovedească atât imposibilitatea ca soțul mamei să fie tatăl copilului cât și certitudinea că tatăl biologic este tocmai el. În situația admiterii unei astfel de acțiuni, pierderea paternității prezumate a copilului se realizează concomitent cu stabilirea paternității copilului din afara căsătoriei, astfel că, caracterul imprescriptibil al dreptului la acțiune nu contravine principiului interesului superior al copilului, astfel cum a acesta a fost avut în vedere de legiuitor prin stabilirea termenelor de prescripție în cazul dreptului la acțiune al soțului mamei sau al mamei.

Prin coroborarea cu disp. art. 429 alin. (3), dacă tatăl biologic este pus sub interdicție, acțiunea va fi pornită de tutore sau, în lipsă, de un curator numit de instanța de tutelă.

Art. 433 Tăgada paternității de către copil și de către moștenitori

(1) Acțiunea în tăgada paternității se pornește de copil, în timpul minorității sale, prin reprezentantul său legal.

(2) Dreptul la acțiune nu se prescrie în timpul vieții copilului.

(3) Dispozițiile art. 423 alin. (5) și art. 429 alin. (3) se aplică în mod corespunzator.

Notă.

Prin coroborarea cu art. 423 alin. (5) rezultă că, dacă însă copilul a decedat înainte de a introduce acțiunea, moștenitorii săi pot să o introducă în termen de un an de la data decesului.

Prin coroborarea cu art. 429 alin. (3) rezultă că, în ipoteza în care copilul este pus sub interdicție, acțiunea va fi pornită de tutore sau, în lipsă, de un curator numit de instanța de tutelă.

Art. 434 Contestarea filiației față de tatăl din căsătorie

Orice persoană interesată poate cere, oricând, instanței să constate că nu sunt întrunite condițiile pentru ca prezumția de paternitate să se aplice unui copil înregistrat în actele de stare civilă ca fiind născut din căsătorie.

Notă.

Prin urmare, acțiunea în contestarea filiației față de tatăl din căsătorie poate fi promovată de orice persoană care justifică un interes atunci când părinții copilului nu au fost niciodată căsătoriți sau când copilul nu a fost nici conceput și nici născut în timpul căsătoriei, dar cu toate acestea a fost înregistrat ca fiind din căsătorie.

La această acțiune se recurge, așadar, atunci când în mod greșit un copil a fost înregistrat în actele de stare civilă ca fiind născut din căsătorie, ceea ce a atras, în mod eronat, aplicarea prezumției de paternitate, nu și atunci când copilul a fost corect înregistrat ca fiind născut din căsătorie, când persoana interesată are la dispoziție acțiunea în tăgada paternității. Ipoteza textului vizează situația în care prezumția de paternitate s-a aplicat din eroare sau prin fraudă.

Ceea ce trebuie probat este inexistența împrejurărilor ce ar justifica aplicarea prezumției de paternitate, și anume faptul că filiația s-a stabilit față de un copil care nu a fost conceput sau născut în timpul căsătoriei.

V. Dispoziții comune privind acțiunile referitoare la filiație

Art. 435 Filiația legal stabilită

(1) Atât timp cât o legătură de filiație legal stabilită nu a fost contestată în justiție, nu se poate stabili, pe nicio cale, o altă filiație.

(2) Dispozițiile art. 99 alin. (4) rămân aplicabile.

Notă.

Este instituită astfel regula imperativă conform căreia, cât timp filiația legal stabilită a unui copil - fie la data nașterii fie ulterior - nu a fost contestată în instanță și această contestație să fi fost admisă, legea interzice în mod expres modificarea acesteia prin înlocuirea cu o alta.

Prin coroborarea cu art. 99 alin. *(4)*, *atunci când există o hotărâre judecătorească prin care s-a stabilit o anumită filiație, iar ulterior se pronunță o altă hotărâre judecătorească prin care se admite acțiunea în contestarea filiației stabilite prin hotărârea judecătorească inițială, prima hotărâre își pierde efectele la momentul rămânerii definitive a noii hotărâri judecătorești.*

Art. 436 Citarea părinților și a copilului

Părinții și copilul vor fi citați în toate cauzele referitoare la filiație, chiar și atunci când nu au calitatea de reclamant sau de pârât.

Notă.

În considerarea principiului esențial al ocrotirii familiei, legea instituie astfel dispoziții precedurale general aplicabile pentru toate categoriile de acțiuni referitoare la filiație, respectiv obligativitatea citării atât a părinților cât și a copilului, indiferent dacă au sau nu calitatea de reclamant ori pârât în dosarul cauzei.

Art. 437 Inadmisibilitatea renunțării

(1) În acțiunile privitoare la filiație nu se poate renunța la drept.

(2) De asemenea, cel care introduce o acțiune privitoare la filiație în numele unui copil sau al unei persoane puse sub interdicție judecătorească, precum și copilul minor care a introdus singur, potrivit legii, o astfel de acțiune nu pot renunța la judecarea ei.

Notă.

Tot ca regulă procedurală, norma analizată conferă caracterul absolut de indisponibilitate a acțiunilor în contestarea filiației, a acțiunilor în stabilirea filiației față de mamă și față de tată și a acțiunilor în tăgada paternității.

Art. 438 Situaţia copilului

(1) Prin hotărârea de admitere a acţiunii instanţa se pronunţă şi cu privire la stabilirea numelui copilului, exercitarea autorităţii părinteşti şi obligaţia părinţilor de a-l întreţine pe copil.

(2) În cazul în care admite o acţiune în contestarea filiaţiei, instanţa poate stabili, dacă este cazul, modul în care copilul păstrează legături personale cu acela care l-a crescut.

Notă.

Legea instituie în mod expres obligaţia instanţei de a se pronunţa asupra numelui copilului, a exercitării autorităţii părinteşti, a obligaţiei de întreţinere a copilului şi din oficiu, chiar dacă nu există o cerere formulată în acest sens.

Părintele faţă de care s-a admis acţiunea în contestarea filiaţiei poate păstra legături cu copilul, justificat însă doar de intersului superior al copilului.

Art. 439 Acţiunea formulată în caz de moştenire vacantă

În cazul în care, potrivit legii, o acţiune privitoare la filiaţie poate fi pornită împotriva moştenitorilor, iar moştenirea este vacantă, acţiunea poate fi introdusă împotriva comunei, oraşului sau, după caz, municipiului de la locul deschiderii moştenirii. Citarea în proces a renunţătorilor, dacă există, este obligatorie.

Notă.

Referitor la acţiunile privitoare la filiaţie (contestarea filiaţiei, stabilirea filiaţiei faţă de mamă şi faţă de tată şi tăgada paternităţii), regula consacrată de art. 423 alin. (3), art. 425 alin. (3) şi 429 alin (4) şi (5) este aceea că, în cazul în care persoanele împotriva cărora se poate introduce acţiunea sunt decedate, acţiunea se va porni în contra moştenitorilor lor.

Dacă aceștia nu au moștenitori ori, deși au moștenitori, aceștia sunt renunțători, moștenirea fiind vacantă, acțiunea se promovează împotriva unității administrativ-teritoriale de la locul deschiderii moștenirii. Totuși, în cazul în care există moștenitori care au renunțat la moștenire, în acțiunile privitoare la filiație aceștia vor fi citați obligatoriu în proces.

Art. 440 Efectele stabilirii filiației asupra unui proces penal

În cazul infracțiunilor a căror calificare presupune existența unui raport de filiație care nu este legal stabilit, hotărârea penală nu poate fi pronunțată înainte de rămânerea definitivă a hotărârii civile privitoare la raportul de filiație.

Notă.

Prezenta reglementare contravine principiului general conform căruia o acțiune penală suspendă cursul unei acțiuni civile incidente, însă această excepție se întemeiază pe principiul legalității incriminării.

De pildă, nu va putea constitui infracțiune de incest fapta unei persoane, așa cum această infracțiune este prevăzută și pedepsită de Codul penal, fără existența unei hotărâri judecătorești definitive prin care să se stabilească cu autoritate de lucru judecat existența raportului de filiație, astfel încât să fie dată latura obiectivă a infracțiunii, respectiv calitatea subiectului activ.

Secţiunea 2 - Reproducerea umană asistată medical cu terţ donator

Art. 441 Regimul filiaţiei

(1) Reproducerea umană asistată medical cu terţ donator nu determină nicio legătură de filiaţie între copil şi donator.

(2) În acest caz, nicio acţiune în răspundere nu poate fi pornită împotriva donatorului.

(3) Părinţi, în sensul dat de prezenta secţiune, nu pot fi decât un bărbat şi o femeie sau o femeie singură.

Notă.

Filiaţia copilului conceput prin reproducere medicală asistată are la bază un principiul fundamental potrivit căruia donarea de material genetic de către un terţ donator nu trebuie să intre în conflict cu interesele părinţilor şi ale copilului.

În acest scop, norma analizată nu admite stabilirea niciunei relaţii între terţul donator şi copil şi pe cale de consecinţă nu permite nici promovarea de către copil a vreunei acţiuni de răspundere împotriva donatorului.

Astfel cum este reglementată, norma legală nu obligă ca părinţii să fie căsătoriţi legal şi permite totodată şi unei femei singure reproducerea asistată medical cu un terţ donator.

Art. 442 Condiţii

(1) Părinţii care, pentru a avea un copil, doresc să recurgă la reproducerea asistată medical cu terţ donator trebuie să îşi dea consimţământul în prealabil, în condiţii care să asigure deplina confidenţialitate, în faţa unui notar public care să le explice, în mod expres, consecinţele actului lor cu privire la filiaţie.

(2) Consimțământul rămâne fără efect în cazul decesului, al formulării unei cereri de divorț sau al separației în fapt, survenite anterior momentului concepțiunii realizate în cadrul reproducerii umane asistate medical. El poate fi revocat oricând, în scris, inclusiv în fața medicului chemat să asigure asistența pentru reproducerea cu terț donator.

Notă.

Prin autorizarea reproducerii umane cu un terț donator, regulile paternității pentru copiii născuți în afara căsătoriei au fost complicate extrem de mult.

Ca urmare, exprimarea consimțământului liber și neviciat al viitorilor părinți este condiția principală pentru ca medicul să poată asista reproducerea și reprezintă un act juridic solemn și revocabil, revocarea putând surveni din momentul exprimării sale și până la începerea procedurii medicale.

Art. 443 Contestarea filiației

(1) Nimeni nu poate contesta filiația copilului pentru motive ce țin de reproducerea asistată medical și nici copilul astfel născut nu poate contesta filiația sa.

(2) Cu toate acestea, soțul mamei poate tăgădui paternitatea copilului, în condițiile legii, dacă nu a consimțit la reproducerea asistată medical realizată cu ajutorul unui terț donator.

(3) În cazul în care copilul nu a fost conceput în acest mod, dispozițiile privind tăgăduirea paternității rămân aplicabile.

Notă.

Dacă condițiile prevăzute de art. 442 sunt îndeplinite și conceperea copilului s-a realizat după această procedură, filiația copilului este stabilită după părinții care și l-au dorit și este incontestabilă.

Experiența practică a condus însă la reglementarea de către legiuitor a situației în care soțul mamei nu a consimțit la reproducerea asistată medical realizată cu ajutorul unui terț donator precum și a situației în care, deși procedura medicală a avut loc, copilul nu a fost conceput prin această procedură dar nici cu celălalt părinte, ci în urma unei relații extraconjugale.

Art. 444 Răspunderea tatălui

Cel care, după ce a consimțit la reproducerea asistată medical cu terț donator, nu recunoaște copilul astfel născut în afara căsătoriei răspunde față de mamă și față de copil. În acest caz, paternitatea copilului este stabilită pe cale judecătorească în condițiile art. 411 și 423.

Notă.

În ceea ce privește raporturile dintre tată și copil, tatăl are aceleași drepturi și obligații față de copilul născut prin reproducere asistată medical cu terț donator ca și față de un copil născut prin concepție naturală.

Sub aspect patrimonial, răspunderea se angajează față de mama copilului, sub forma despăgubirilor prevăzute de art. 428 Cod civil și față de copil, sub forma despăgubirilor reprezentând cheltuieli de întreținere a acestuia calculate până la data promovării acțiunii în stabilirea paternității.

În favoarea copilului se aplică prezumția de filiație care rezultă din posesia de stat și din actul său de naștere.

Art. 445 Confidențialitatea informațiilor

(1) Orice informații privind reproducerea umană asistată medical sunt confidențiale.

(2) Cu toate acestea, în cazul în care, în lipsa unor astfel de informații, există riscul unui prejudiciu grav pentru sănătatea unei persoane astfel concepute sau a descendenților acesteia, instanța poate autoriza transmiterea lor, în mod confidențial, medicului sau autorităților competente.

(3) De asemenea, oricare dintre descendenții persoanei astfel concepute poate să se prevaleze de acest drept, dacă faptul de a fi privat de informațiile pe care le cere poate să prejudicieze grav sănătatea sa ori pe cea a unei persoane care îi este apropiată.

Notă.

De la confidențialiatatea informațiilor privind reproducerea umană asistată medical se poate deroga numai prin excepție, doar în interesul copilului astfel conceput sau al descendeților acestuia și numai când o altă intervenție medicală o impune.

Însă și în această situație de excepție, transmiterea informațiilor confidențiale nu poate avea loc către orice persoană, ci doar către medicul copilului sau al descendeților acestuia după caz, respectiv către autoritățile competente, sub condiția păstrării la rândul lor a confidențialității informațiilor astfel primite.

Art. 446 Raporturile dintre tată și copil

Tatăl are aceleași drepturi și obligații față de copilul născut prin reproducere asistată medical cu terț donator ca și față de un copil născut prin concepțiune naturală.

Notă.

Norma analizată consacră principiul egalității în drepturi al copiilor indiferent de modalitatea de concepere.

Art. 447 Reguli aplicabile

Reproducerea umană asistată medical cu terț donator, regimul său juridic, asigurarea confidențialității informațiilor care țin de aceasta, precum și modul de transmitere a lor se stabilesc prin lege specială.

Notă.

În prezent, Proiectul de lege privind reproducerea umană asistată medical este adoptat de Senat (în şedinţa din 06.11.2013), urmând a fi dezbătut în Camera Deputaţilor, aceasta din urmă fiind cameră decizională.

Actul normativ defineşte dreptul la reproducere, sănătatea reproducerii umane, tehnologiile de asistare medicală a reproducerii umane, noţiunea de donator terţ, accesul la reproducerea umană asistată medical cu terţ donator, infertilitatea, fertilizarea in vitro, inseminarea artificială şi donarea de material reproductiv. Totodată, cuprinde prevederi referitoare la unităţile sanitare în care se efectuează tehnicile şi procedurile de reproducere umană asistată, la personalul care realizează în practică reproducerea, la modalităţile de realizare a reproducerii cu terţ donator, procedurile şi tehnicile permise şi interzise, obligativitatea prelevării de material reproductiv numai de la donatori în viaţă, obligativitatea consimţământului scris, liber, prealabil şi expres al donatorului şi al cuplului solicitant, precum şi obligativitatea informării asupra riscurilor posibile.

Secțiunea 3 – Situația legală a copilului

Art. 448 Egalitatea în drepturi a copiilor

Copilul din afara căsătoriei a cărui filiație a fost stabilită potrivit legii are, față de fiecare părinte și rudele acestuia, aceeași situație ca și aceea a unui copil din căsătorie.

Notă.

Acesta este un principiu fundamental, toți copii, indiferent că sunt din căsătorie ori din afara căsătoriei, care au filiația stabilită bucurându-se de aceeași situație juridică față de părinte și rudele acestuia.

Art. 449 Numele copilului din căsătorie

(1) Copilul din căsătorie ia numele de familie comun al părinților săi.

(2) Dacă părinții nu au un nume comun, copilul ia numele unuia dintre ei sau numele lor reunite. În acest caz numele copilului se stabilește prin acordul părinților și se declară, odată cu nașterea copilului, la serviciul de stare civilă.

(3) În lipsa acordului părinților, instanța de tutelă hotărăște și comunică de îndată hotărârea rămasă definitivă la serviciul de stare civilă unde a fost înregistrată nașterea.

Notă.

Se instituie astfel că regula este ca un copil să ia numele de familie comun al părinților săi.

Excepția este constituită de cazurile în care părinții nu au nume comune, situații în care, urmare a acordului ambilor părinți, copilul poate să preia unul dintre cele două nume ale părinților sau numele lor reunite. Cu referire la aceste cazuri, în situația în care părinții nu cad de acord asupra numelui ce va fi purtat de copil, numele va fi stabilit pe cale judiciară de instanța de tutelă.

Art. 450 Numele copilului din afara căsătoriei

(1) Copilul din afara căsătoriei ia numele de familie al aceluia dintre părinți față de care filiația a fost mai întâi stabilită.

(2) În cazul în care filiația a fost stabilită ulterior și față de celălalt părinte, copilul, prin acordul părinților, poate lua numele de familie al părintelui față de care și-a stabilit filiația ulterior sau numele reunite ale acestora. Noul nume de familie al copilului se declară de către părinți, împreună, la serviciul de stare civilă la care a fost înregistrată nașterea. În lipsa acordului părinților se aplică dispozițiile art. 449 alin. (3).

(3) În cazul în care copilul și-a stabilit filiația în același timp față de ambii părinți, se aplică în mod corespunzător dispozițiile art. 449 alin. (2) și (3).

Notă.

Se observă faptul că stabilirea filiației și față de al doilea părinte nu duce automat la modificarea numelui de familie al copilului, ci este necesar acordul ambilor părinți în acest sens ori, în caz de neînțelegere, devintervenția instanței de tutelă.

Apreciem că numelui copilului prezintă o importanța majoră, dând contur identității sale în cadrul relațiilor sociale, motiv pentru care schimbarea acestuia nu poate avea alt temei decât interesul superior al copilului.

Capitolul III – Adopția

Secțiunea 1 – Dispoziții generale

Art. 451 Noțiune

Adopția este operațiunea juridică prin care se creează legătura de filiație între adoptator și adoptat, precum și legături de rudenie între adoptat și rudele adoptatorului.

Legea de aplicare:

Art. 49. Adopțiile încuviințate înainte de intrarea în vigoare a Codului civil rămân supuse, în ceea ce privește validitatea lor, legii în vigoare la data când au fost încuviințate.

Legislație conexă:

• Legea nr. 273/2004 privind procedura adopției

Notă.

În această materie putem vorbi despre instituția juridică a adopției, despre adopția ca act juridic de încuviințare a acesteia și despre raportul juridic de adopție. Adopția se încuviințează de către instanța de tutelă atunci când sunt îndeplinite toate cerințele de fond și de formă prevăzute în art. 455-468 Cod civil ce urmează.

Procedura adopției interne este reglementată cuprinzător de art. 16-51 Legea nr. 273/2004 privind regimul adopției, alături de procedura adopției externe căreia îi sunt alocate articolele 52-65.

Procedura adopției este delimitată în mai multe etape succesive, respectiv: evaluarea adoptatorului sau a familiei adoptatoare în vederea obținerii atestatului, deschiderea procedurii adopției, evaluarea potrivirii dintre copil și persoana/familia adoptatoare, încredințarea copilului în vederea adopției și, în cele din urmă, pronunțarea hotărârii de încuviințare a adopției.

Art. 452 Principiile adopţiei
Adopţia este supusă cumulativ următoarelor principii:
a) interesul superior al copilului;
b) necesitatea de a asigura creşterea şi educarea copilului într-un mediu familial;
c) continuitatea creşterii şi educării copilului, ţinându-se seama de originea sa etnică, lingvistică, religioasă şi culturală;
d) celeritatea în îndeplinirea oricăror acte referitoare la procedura adopţiei.
Legislaţie conexă:
- Art. 1 din Legea nr. 273/2004 privind procedura adopţiei

Notă.
Dintre aceste principii, principiul interesului superior al copilului prezintă o importanţă primordială, toate celelalte fiind în fapt extensii ale acestuia, şi este considerat ca şi etalon al fiecăreia din acţiunile, măsurile sau deciziile luate în legătură cu înfăptuirea adopţiei.

Urmărirea interesului superior al copilului nu exclude însă şi interesul propriu al adoptatorului - doar de natură morală - în lipsa căruia tocmai interesul copilului nu ar fi confirmat.

Art. 453 Adopţia internaţională
Condiţiile şi procedura adopţiei internaţionale, ca şi efectele acesteia asupra cetăţeniei copilului se stabilesc prin lege specială.
Legislaţie conexă:
- Art. 52-65 din Legea nr. 273/2004 privind procedura adopţiei

Notă.
Legea specială în materie este Legea nr. 273/2004 privind regimul juridic al adopţiei, actualizată. În cadrul acestei legi, adopţia internaţională este reglementată în cuprinsul art. 51-56, texte care

instituie condițiile adopției, procedura adopției și efectele adopției, alături de art. 2 lit. d) care definește adopția internațională ca fiind acea adopție în care adoptatorul sau familia adoptatoare și copilul ce urmează să fie adoptat au reședința obișnuită în state diferite, iar, în urma încuviințării adopției, copilul urmează să aibă aceeași reședință obișnuită cu cea a adoptatorului.

Art. 454 Procedura adopției

(1) Adopția se încuviințează de către instanța de tutelă, dacă este în interesul superior al copilului și sunt îndeplinite toate celelalte condiții prevăzute de lege.

(2) Procedura adopției este reglementată prin lege specială.

Legislație conexă:

- Art. 15-65 din Legea nr. 273/2004 privind procedura adopției

Notă.

Încuviințarea adopției are loc, urmând interesului superior al copilului, atunci când sunt îndeplinite toate cerințele de fond și de formă prevăzute în art. 455-468 ce urmează. Procedura concretă își găsește reglementarea în cuprinsul Legii nr. 273/2004 privind procedura adopției.

Secţiunea 2 - Conditiile de fond ale adopţiei

§1. Persoanele care pot fi adoptate

Art. 455 Vârsta adoptatului

(1) Copilul poate fi adoptat până la dobândirea capacităţii depline de exerciţiu.

(2) Cu toate acestea, poate fi adoptată, în condiţiile legii, şi persoana care a dobândit capacitate deplină de exerciţiu, dacă a fost crescută în timpul minorităţii de către cel care doreşte să o adopte.

Legea de aplicare:

Art. 48. Dispoziţiile art. 455 din Codul civil sunt aplicabile şi în cazul în care minorul dobândeşte capacitate de exerciţiu anticipată, potrivit art. 40 din Codul civil.

Notă.

Prin urmare, nu poate fi adoptat minorul căsătorit înainte de împlinirea vârstei majoratului care prin căsătorie a dobândit capacitate deplină de exerciţiu, sau cel căruia i s-a recunoscut capacitate deplină de exerciţiu anticipată în condiţiile art. 40 Cod civil, ci doar copilul lipsit de capacitate de exerciţiu sau cu capacitate de exerciţiu restrânsă.

Pentru a opera excepţia prevăzută la alin. (2), creşterea adoptatului de către adoptator trebuie să fi fost concretizată într-o preocupare continuă şi nu ocazională pentru ocrotirea intereselor acesteia, de natură să dea naştere unor legături afective puternice.

Chiar dacă nu se referă la vârsta adoptatului ci la vârsta părinţilor fireşti, menţionăm că art. 10 din Legea nr. 273/2004 privind regimul juridic al adopţiei prevede că nu poate fi adoptat copilul ai cărui părinţi fireşti nu au împlinit 14 ani.

Art. 456 Pluralitatea de adoptați - frați și surori

Adopția fraților, indiferent de sex, de către persoane sau familii diferite se poate face numai dacă acest lucru este în interesul lor superior.

Notă.

Se observă că textul de lege oferă o posibilitate limitată pentru ca doi sau mai mulți frați/ surori să poată fi adoptați de persoane sau familii diferite, dacă și numai dacă este în interesul superior al adoptaților.

Scopul acestei limitări este de a se păstra legătura de rudenie firească între frați și după procedura de adopție, prin urmare va fi considerată prioritară posibilitatea adopției fraților de același adoptator.

Art. 457 Interzicerea adopției între frați

Adoptia între frați, indiferent de sex, este interzisă.

Notă.

Prin urmare, orice adopție între frați va fi sancționată cu nulitate absolută.

Legea nu distinge între sexul acestora și nici între rudenia dintre ei (rudenie firească sau rudenie civilă). Tot astfel, nu are relevanță nici distincția dintre frați buni, frați uterini (care au aceeași mamă și tați diferiți) sau frați cosângeni (care au același tată și mame diferite)

Se observă că, fiind de strictă interpretare și limitată aplicare, textul de lege nu interzice adopția între alte rude firești, de pildă un bunic poate să adopte o nepoată sau un văr poate să adopte o verișoară.

Art. 458 Situația soților

Adopția a 2 soți sau foști soți de către același adoptator sau familie adoptatoare, precum și adopția între soți sau foști soți sunt interzise.

Notă.

Prin legalizarea, ipotetic vorbind, a acestor variante de adopție, s-ar ajunge în situații absurde în care doi soți sau foști soți ar deveni frați, sau unul dintre aceștia ar deveni părintele celuilalt.

§2. Persoanele care pot adopta

Art. 459 Capacitatea și starea de sanatate

Persoanele care nu au capacitate deplină de exercițiu, precum și persoanele cu boli psihice și handicap mintal nu pot adopta.

Legislație conexă:

- Art. 7 din Legea nr. 273/2004 privind procedura adopției

Notă.

Prin adăugarea explicită a persoanelor cu boli psihice și handicap mintal alături de (și nu incluse în) categoria persoanelor fără capacitate deplină de exercițiu, legiutorul a avut în vedere persoanele cu boli psihice și handicap mintal care nu sunt puse sub interdicție din cauza bolii de care suferă. Aceasta deoarece persoanele puse sub interdicție judecătorească sunt deja incluse în sintagma „Persoanele care nu au capacitate deplină de exercițiu".

Dispozițiile normei analizate trebuie coroborate cu prevederile art. 7 Legea nr. 273/2004 privind procedura adopției, care instituie mai multe categorii de persoane care nu pot adopta.

Art. 460 Diferența de vârstă

(1) Adoptatorul trebuie să fie cu cel puțin 18 ani mai în vârstă decât adoptatul.

(2) Pentru motive temeinice, instanța de tutelă poate încuviința adopția chiar dacă diferența de vârstă dintre adoptat și adoptator este mai mică decât 18 ani, dar nu mai puțin de 16 ani.

Notă.

Regula general instituită este ca adoptatorul să fie cu cel puțin 18 ani mai în vârstă decât adoptatul, și doar prin excepție, pentru motive temeinice, instanța de tutelă poate încuviința adopția, chiar dacă diferența de vârstă între adoptat și adoptator este sub 18 ani, dar în niciun caz această diferență nu poate fi mai mică de 16 ani. Limita minimă de 16 ani peste care nu se poate trece este în concordanță cu vârsta matrimonială reglementată prin excepție de art.272 al. (2) Cod civil, pentru a da posibilitatea de pildă, unei persoane căsătorită înainte de a împlini 18 ani să adopte un copil.

Legiutorul nu instituie și o diferență maximă de vârstă între adoptat și adoptator, precum nici o limită maximă de vârstă până la care o persoană poate adopta.

Art. 461 Condițiile morale și materiale

(1) Adoptatorul sau familia adoptatoare trebuie să îndeplinească garanțiile morale și condițiile materiale necesare creșterii, educării și dezvoltării armonioase a copilului.

(2) Îndeplinirea condițiilor prevăzute la alin. (1) se atestă de către autoritățile competente, potrivit legii speciale.

Legislație conexă:

- Art. 16 din Legea nr. 273/2004 privind procedura adopției

Notă.

Îndeplinirea garanțiilor și condițiilor se atestă de direcția generală de asistență socială și protecția copilului de la domiciliul adoptatorului sau al familiei adoptatoare, care eliberează un atestat de persoană/familie aptă să adopte.

Legea nu instituie însă o obligație a adoptatorului de a prezenta o situație ideală sub raportul condițiilor prevăzute, evaluarea având în vedere în primul rând interesul copilului, adoptatorul (familia adoptatoare) trebuind să confere doar certitudinea că poate asigura condiții prielnice pentru creşterea, dezvoltarea, educarea şi dezvoltarea armonioasă a unui copil.

Art. 462 Adopţia simultană sau succesivă

(1) Două persoane nu pot adopta împreună, nici simultan şi nici succesiv, cu excepţia cazului în care sunt soţ şi soţie.

(2) Cu toate acestea, o nouă adopţie poate fi încuviinţată atunci când:

a) adoptatorul sau soţii adoptatori au decedat; în acest caz, adopţia anterioară se consideră desfăcută pe data rămânerii definitive a hotărârii judecătoreşti de încuviinţare a noii adopţii;

b) adopţia anterioară a încetat din orice alt motiv.

(3) Două persoane de acelaşi sex nu pot adopta împreună.

Legislaţie conexă:

• Art. 6 din Legea nr. 273/2004 privind procedura adopţiei

Notă.

Prin urmare nu este permisă adopţia unui copil de doi concubini, sub sancţiunea nulităţii absolute, putând adopta numai două persoane unite prin căsătorie.

Este interzisă de asemenea adopţia unui copil de mai multe persoane, cu excepţia cazului în care se face simultan sau succesiv de soţ şi soţie, atât timp cât adopţia anterioară nu a fost desfăcută. O soluţie contrară ar face ca acel copil să aibă în acelaşi timp mai mult de doi părinţi.

Dispoziţiile alin. (2) al normei analizate trebuie coroborate cu prevederile art. 6 Legea nr. 273/2004 privind procedura adopţiei.

§3. Consimțământul la adoptie

Art. 463 Persoanele care consimt la adopție

(1) Pentru încheierea unei adopții este necesar consimțământul următoarelor persoane:

a) părinții firești ori, după caz, tutorele copilului ai cărui părinți firești sunt decedați, necunoscuți, declarați morți sau dispăruți ori puși sub interdicție, în condițiile legii;

b) adoptatul care a împlinit 10 ani;

c) adoptatorul sau, după caz, soții din familia adoptatoare, când aceștia adoptă împreună;

d) soțul celui care adoptă, cu excepția cazului în care lipsa discernământului îl pune în imposibilitatea de a-și manifesta voința.

(2) Nu este valabil consimțământul dat în considerarea promisiunii sau obținerii efective a unor foloase, indiferent de natura acestora.

Legislație conexă:

*   Art. 8,11,13-15 din Legea nr. 273/2004 privind procedura adopției

Notă.

Consimțământul la adoptie se dă în fața instanței de tutelă, iar lipsa consimțământului face imposibilă adopția cu excepția situației reglementate de art. 467 Cod civil și art. 8 din Legea nr. 273/2004 privind regimul juridic al adopției, care prevede că "(1) Instanța judecătorească poate trece peste refuzul părinților firești sau, după caz, al tutorelui de a consimți la adopția copilului dacă se dovedește, prin orice mijloc de probă, că aceștia refuză în mod abuziv să își dea consimțământul la adopție și instanța apreciază că adopția este în interesul superior al copilului, ținând seama și de opinia acestuia dată în condițiile legii, cu motivarea expresă a hotărârii în această privință. (2) Se poate considera refuz abuziv de a consimți la adopție și situația în care,

deşi legal citaţi, părinţii fireşti sau, după caz, tutorele nu se prezintă în mod repetat la termenele fixate pentru exprimarea consimţământului".
Consimţământul trebuie să fie personal, liber exprimat, neviciat şi necondiţionat.

Art. 464 Situaţii speciale privind consimţământul părinţilor

(1) Dacă unul dintre părinţii fireşti este necunoscut, mort, declarat mort, precum şi dacă se află, din orice motiv, în imposibilitate de a-şi manifesta voinţa, consimţământul celuilalt părinte este îndestulător. Când ambii părinţi se află în una dintre aceste situaţii, adopţia se poate încheia fără consimţământul lor.

(2) Părintele sau părinţii decăzuţi din exerciţiul drepturilor părinteşti ori cărora li s-a aplicat pedeapsa interzicerii drepturilor părinteşti păstrează dreptul de a consimţi la adopţia copilului. În aceste cazuri, consimţământul celui care exercită autoritatea părintească este şi el obligatoriu.

(3) Persoana căsătorită care a adoptat un copil trebuie să consimtă la adopţia aceluiaşi copil de către soţul său. Consimţământul părinţilor fireşti nu mai este necesar în acest caz.

Notă.

Prin reglementarea acestor excepţii, norma analizată dă expresie principiului interesului superior al copilului, care, prin adopţie, se prezumă că va beneficia de garanţiile morale şi condiţiile materiale necesare creşterii, educării şi dezvoltării armonioase.

Art. 465 Libertatea consimţământului părinţilor

Părinţii fireşti ai copilului sau, după caz, tutorele trebuie să consimtă la adopţie în mod liber, necondiţionat şi numai după ce au fost informaţi în mod corespunzător asupra consecințelor adopției, în special asupra încetării legăturilor de rudenie ale copilului cu familia sa de origine.

Legislație conexă:

- Art. 9 din Legea nr. 273/2004 privind procedura adopției

Notă.

Consimțământul liber poate proveni numai de la o persoană cu discernământ, adică o persoană care are împlinită cel puțin vârsta de 14 ani, având capacitate de exercițiu restrânsă. Părintele minor care a împlinit 14 ani își exprimă consimțământul asistat de către ocrotitorul său legal.

Informarea se realizează de către direcția de asistență socială și protecția copilului (instituție publică cu personalitate juridică, înființată în subordinea consiliilor județene) în a cărei rază teritorială locuiesc în fapt părinții firești ori tutorele, dacă minorul este lipsit de ocrotire părintească, direcție care întocmește un raport cu privire la modul de consiliere și informare a părinților firești sau a tutorelui.

Nu este valabil consimțământul dat în considerarea promisiunii sau obținerii efective de foloase, oricare ar fi natura lor.

Conform art. 92 din Legea nr. 273/2004 privind procedura adopției, constituie infracțiune și se pedepsește cu închisoare de la 2 la 7 ani și interzicerea unor drepturi fapta părintelui sau a reprezentantului legal al unui copil de a pretinde sau de a primi, pentru sine sau pentru altul, bani ori alte foloase materiale în scopul adopției copilului, respectiv constituie infracțiune și se pedepsește cu închisoare de la 1 la 5 ani fapta persoanei care, fără drept, intermediază adoptarea unui copil, în scopul obținerii de foloase materiale.

Art. 466 Darea și revocarea consimțământului părinților

(1) Consimțământul la adopție al părinților firești sau, după caz, al tutorelui poate fi dat numai după trecerea unui termen de 60 de zile de la data nașterii copilului.

185

(2) Consimţământul dat în condiţiile alin. (1) poate fi revocat în termen de 30 de zile de la data exprimării lui.

Notă.

Apreciem că termenul prevăzut în alin. (1) este dat în considerarea intenţiei legiutorului de a oferi mamelor care abia au născut un timp în care să dezvolte o relaţie de afecţiune cu propriul copil, dând astfel prioritate relaţiei de rudenie firească în contradictor cu o posibilă relaţie de rudenie civilă creată prin adopţie.

Tot astfel, termenul prevăzut la alin. 2 conferă posibilitatea revenirii asupra consimţământului la adopţie şi a stopării procedurii adopţiei.

Art. 467 Refuzul părinţilor de a-şi da consimţământul

În mod excepţional, instanţa de tutelă poate trece peste refuzul părinţilor fireşti sau, după caz, al tutorelui de a consimţi la adopţie, dacă se dovedeşte, cu orice mijloc de probă, că acesta este abuziv şi instanţa apreciază că adopţia este în interesul superior al copilului, ţinând seama şi de opinia acestuia, dată în condiţiile legii, cu motivarea expresă a hotărârii în această privinţă.

Legislaţie conexă:

• Art. 8 din Legea nr. 273/2004 privind procedura adopţiei

Notă.

Prin urmare, hotărârea judecătorească trebuie să cuprindă menţiuni privitoare la refuzul abuziv al exprimării consimţământului şi faptul că adopţia este în interesul superior la copilului, rezultat din probele administrate în proces şi opinia copilului.

Articolul 8 alin. (2) din Legea nr. 273/2004 privind procedura adopţiei completează acest text de lege prin considerarea ca refuz abuziv de a consimţi la adopţie şi situaţia în care, deşi legal citaţi, părinţii fireşti sau, după caz, tutorele nu se prezintă în mod repetat la termenele fixate pentru exprimarea consimțământului.

Art. 468 Condițiile exprimării consimțământului

Condițiile în care își exprimă consimțământul persoanele chemate să consimtă la adopție sunt reglementate prin lege specială.

Legislație conexă:

- Art. 13-15 din Legea nr. 273/2004 privind procedura adopției

Notă.
Legea specială este reprezentată de Legea nr. 273/2004 privind procedura adopției, prin art. 13-15.

Secțiunea 3 - Efectele adopției

Art. 469 Data adopției

Adopția produce efecte de la data rămânerii definitive a hotărârii judecătorești prin care a fost încuviințată.

Notă.
Prin urmare, odată ce hotărârea judecătorească de încuviințare a adopției devine definitivă, adopția începe să își producă toate efectele.

Art. 470 Efectele asupra rudeniei

(1) Prin adopție se stabilesc filiația dintre adoptat și cel care adoptă, precum și legături de rudenie între adoptat și rudele adoptatorului.

(2) Raporturile de rudenie încetează între adoptat și descendenții săi, pe de o parte, și părinții firești și rudele acestora, pe de altă parte.

(3) Când adoptator este soţul părintelui firesc sau adoptiv, legăturile de rudenie ale adoptatului încetează numai în raport cu părintele firesc şi rudele părintelui firesc care nu este căsătorit cu adoptatorul.

Notă.

Prin adopţie se stabileşte filiaţia între adoptat şi adoptator.

Prin urmare:

- încetează legăturile de rudenie firească dintre adoptat şi descendenţii săi, pe de o parte, şi părinţii fireşti şi rudele acestora, pe de altă parte;

- se nasc legăturile de rudenie civilă între adoptat şi rudele adoptatorului.

Legăturile de rudenie ale adoptatului încetează numai în raport cu părintele firesc şi rudele părintelui firesc, precum şi atunci când este incidentă reglementarea art. 6, al.2 lit. c din Legea nr. 273/2004 privind regimul juridic al adopţiei.

Există în acest caz un efect constitutiv de filiaţie (cea dintre adoptat şi adoptator, dintre adoptat şi rudele adoptatorului) şi un efect extinctiv de filiaţie (cea dintre copil şi părinţii săi fireşti, dintre copil şi rudele sale fireşti).

Tot ca efect al adopţiei, se nasc impiedimente la căsătorie atât cu referire la rudenia firească cât şi cu referire la rudenia civilă.

Art. 471 Raporturile dintre adoptator şi adoptat

(1) Adoptatorul are faţă de copilul adoptat drepturile şi îndatoririle părintelui faţă de copilul său firesc.

(2) În cazul în care cel care adoptă este soţul părintelui firesc al adoptatului, drepturile şi îndatoririle părinteşti se exercită de către adoptator şi părintele firesc căsătorit cu acesta.

(3) Adoptatul are faţă de adoptator drepturile şi îndatoririle pe care le are orice persoană faţă de părinţii săi fireşti.

Notă.

Textul de lege consacră egalitatea între drepturi a copiilor, indiferent dacă sunt firești sau adoptați. Raporturile dintre adoptat și adoptator, ca efect al adopției, sunt cele care există între copil și părintele său firesc.

Prin derogare, atunci când se adoptă un copil de soțul părintelui firesc ori de partenerul părintelui firesc (cu referire la art. 6, al.2 lit. c din Legea nr. 273/2004), drepturile și îndatoririle părintelui firesc față de copilul său se mențin și se exercită împreună cu adoptatorul, soț sau partener al părintelui firesc.

Art. 472 Decăderea adoptatorului din exercițiul drepturilor părintești

Dacă adoptatorul este decăzut din exercițiul drepturilor părintești, instanța de tutelă, ținând seama de interesul superior al copilului, poate să instituie tutela sau una dintre măsurile de protecție prevăzute de lege. Ascultarea copilului este obligatorie, dispozițiile art. 264 fiind aplicabile.

Notă.

Măsurile de protecție prevăzute de Legea nr. 272/2004 privind protecția și promovarea drepturilor copilului sunt: plasamentul, plasamentul în regim de urgență, supravegherea specializată. Dintre acestea, instanța o va alege pe cea mai potrivită, pornind de la interesul superior al copilului, a cărui ascultare este obligatorie în cazul în care are împlinită vârsta de 10 ani.

Măsura decăderii din drepturile părintești poate fi adoptată ca măsură de protecție împotriva abuzului sau neglijării copilului.

În cazul în care copilul este adoptat de o familie, iar sancțiunea decăderii din drepturile părintești se aplică numai unuia dintre adoptatori, celălalt adoptator păstrează drepturile cu privire la persoana și bunurilor copilului.

Art. 473 Numele adoptatului

(1) Copilul adoptat dobândeşte prin adopţie numele de familie al celui care adoptă.

(2) Dacă adopţia se face de către 2 soţi ori de către soţul care adoptă copilul celuilalt soţ, iar soţii au nume comun, copilul adoptat poartă acest nume. În cazul în care soţii nu au nume de familie comun, ei sunt obligaţi să declare instanţei care încuviinţează adopţia numele pe care acesta urmează să îl poarte. Dacă soţii nu se înţeleg, hotărăşte instanţa. Dispoziţiile art. 264 rămân aplicabile.

(3) Pentru motive temeinice, instanţa, încuviinţând adopţia, la cererea adoptatorului sau a familiei adoptatoare şi cu consimţământul copilului care a împlinit vârsta de 10 ani, poate dispune schimbarea prenumelui copilului adoptat.

(4) În cazul adopţiei unei persoane căsătorite, care poartă un nume comun cu celălalt soţ, soţul adoptat poate lua numele adoptatorului, cu consimţământul celuilalt soţ, dat în faţa instanţei care încuviinţează adopţia.

(5) Pe baza hotărârii definitive de încuviinţare a adopţiei, serviciul de stare civilă competent întocmeşte, în condiţiile legii, un nou act de naştere al copilului, în care adoptatorii vor fi trecuţi ca fiind părinţii săi fireşti. Vechiul act de naştere se păstrează, menţionându-se pe marginea acestuia întocmirea noului act.

Notă.

Din textul analizat reiese că nu există posibilitatea ca adoptatul să adauge vechiul său nume la numele dobândit prin adopţie.

Sunt apreciate, ca motive temeinice pentru schimbarea prenumelui copilului adoptat, dorinţa de a se da copilului adoptat un prenume specific naţiei adoptatorului sau dorinţa familiei adoptatoare de a mai adăuga un prenume copilului alături de cel pe care îl are.

Art. 474 Informațiile cu privire la adopție

Informațiile cu privire la adopție sunt confidențiale. Modul în care adoptatul este informat cu privire la adopție și la familia sa de origine, precum și regimul juridic general al informațiilor privind adopția se stabilesc prin lege specială.

Legislație conexă:

* Art. 67-70 din Legea nr. 273/2004 privind procedura adopției

Notă.

Legea specială este reprezentată de Legea nr. 273/2004 privind procedura adopției, prin art. 67-70.

Astfel, adoptatorii și adoptatul au dreptul să obțină din partea autorităților competente extrase din registrele publice al căror conținut atestă faptul, data și locul nașterii, dar nu dezvăluie în mod expres adopția și nici identitatea părinților firești.

Prin această reglementare se asigură protecția dreptului la viață privată, ocrotit de art. 8 al Convenției Europene a Drepturilor Omului.

Secțiunea 4 - Încetarea adopției

Art. 475 Încetarea adopției

Adopția încetează prin desfacere sau ca urmare a anulării ori a constatării nulității sale.

Notă.

Situațiile în care intervine desfacerea, anularea sau nulitatea adopției sunt reglementate în articolele următoare, respectiv art. 476-480 Cod civil.

Art. 476 Desfacerea adopţiei

(1) Adopţia este desfăcută de drept în cazul prevăzut la art. 462 alin. (2) lit. a).

(2) De asemenea, adopţia poate fi desfăcută în cazul în care faţă de adoptat este necesară luarea unei măsuri de protecţie prevăzute de lege, dacă desfacerea adopţiei este în interesul superior al copilului. În acest caz, adopţia se consideră desfăcută la data rămânerii definitive a hotărârii judecătoreşti prin care se dispune măsura de protecţie, în condiţiile legii.

Notă.

Alin. (1) reglementează desfacerea facultativă a adopţiei care operează în virtutea legii şi intervine în situaţia în care adoptatorul sau soţii adoptatori au decedat, caz în care instanţa de judecată va constata desfacerea adopţiei în acest temei.

Alin. (2) reglementează desfacerea facultativă a adopţiei, care nu operează în virtutea legii, ci numai în cazul în care faţă de adoptat se apreciază că este necesară luarea unei măsuri de protecţie prevăzute de lege şi dacă desfacerea adopţiei este în interesul superior al copilului.

Art. 477 Desfacerea adopţiei la cererea adoptatorului

(1) Adopţia poate fi desfăcută la cererea adoptatorului sau a familiei adoptatoare, dacă adoptatul a atentat la viaţa lor sau a ascendenţilor ori descendenţilor lor, precum şi atunci când adoptatul s-a făcut vinovat faţă de adoptatori de fapte penale pedepsite cu o pedeapsă privativă de libertate de cel puţin 2 ani.

(2) Dacă adoptatorul a decedat ca urmare a faptelor adoptatului, adopţia poate fi desfăcută la cererea celor care ar fi venit la moştenire împreună cu adoptatul sau în lipsa acestuia.

(3) Adopţia poate fi desfăcută la cererea adoptatorului numai după ce adoptatul a dobândit capacitate deplină de

exercițiu, în condițiile legii, chiar dacă faptele au fost săvârșite anterior acestei date.

Desfacerea adopției la cererea adoptatorilor nu poate fi dispusă în cazul intervenirii altor împrejurări în afara celor menționate, de natură să legitimeze, din punct de vedere moral, o eventuală dorință asupra desfacerii adopției.

Art. 478 Desfacerea adopției la cererea adoptatului

Adopția poate fi desfăcută la cererea adoptatului dacă adoptatorul s-a făcut vinovat față de adoptat de faptele prevăzute la art. 477.

Notă.

Textul de lege nu face nicio referire cu privire la capacitatea de exercițiu al adoptatului, deci putem deduce că dispoziția este aplicabilă atât în cazul adoptatului minor cât și în cazul adoptatului major.

Din coroborarea cu art. 477, rezultă că adoptatul poate solicita desfacerea adopției în cazurile limitativ prevăzute de art. 477, respectiv dacă adoptatorul a atentat la viața adoptatului sau a ascendenților ori descendenților acestuia sau s-a făcut vinovat față de adoptat de fapte penale pedepsite cu o pedeapsă privativă de libertate de cel puțin 2 ani.

Art. 479 Anularea adopției

(1) Adopția poate fi anulată la cererea oricărei persoane chemate să consimtă la încheierea ei și al cărei consimțământ a fost viciat prin eroare asupra identității adoptatului, doi sau violență.

(2) Acțiunea poate fi formulată în termen de 6 luni de la descoperirea erorii sau a dolului ori de la data încetării violenței, dar nu mai târziu de 2 ani de la încheierea adopției.

Notă.

Prin urmare, adopția poate fi sancționată cu nulitate relativă atunci când a fost viciat consimțământul la adopție al următoarelor persoane: părinţii fireşti sau, după caz, tutorele copilului ai cărui părinţi sunt decedaţi, necunoscuţi, declaraţi morţi, dispăruţi, puşi sub interdicţie; copilul adoptat care a împlinit 10 ani şi adoptatorul sau, după caz, soţii din familia adoptatoare, când aceştia adoptă împreună.

Se precizează expres că eroarea poate fi considerată viciu de consimţământ în cauză numai când a purtat asupra indentităţii adoptatului, prin urmare orice alt tip de eroare nu conduce la anularea adopţiei.

Art. 480 Nulitatea absolută a adopţiei

(1) Sunt nule adopţia fictivă, precum şi cea încheiată cu încălcarea condiţiilor de formă sau de fond, dacă, în acest din urmă caz, legea nu o sancţionează cu nulitatea relativă.

(2) Adopţia este fictivă dacă a fost încheiată în alt scop decât cel al ocrotirii interesului superior al copilului.

(3) Acţiunea în constatarea nulităţii adopţiei poate fi formulată de orice persoană interesată.

Notă.

Ca orice act juridic încheiat cu încălcarea condiţiilor de fond sau de formă, dacă legea nu prevede sancţiunea nulităţii relative, adopţia va fi sancţionată cu nulitate absolută.

În schimb, în cazul în care adopţia este fictivă, sancţiunea nu poate fi decât nulitatea absolută.

Art. 481 Menţinerea adopţiei

Instanţa poate respinge cererea privind nulitatea dacă menţinerea adopţiei este în interesul celui adoptat. Acesta este întotdeauna ascultat, dispoziţiile art. 264 aplicându-se în mod corespunzător.

Notă.

Textul analizat instituie o derogare de la dispoziţiile art. 479 şi art. 480, respectiv recunoaşterea valabilităţii adopţiei chiar şi în condiţiile în care sunt incidente cau*z*ele de nulitate relativă sau absolută ale acesteia, dacă se constată că menținerea adopției este în interesul celui adoptat, care va fi ascultat întotdeauna dacă a împlinit vârsta de 10 ani.

Prin urmare se conferă interesului superior al copilului o mai mare importanță decât oricăror împrejurări care ar justifica anularea sau constatarea nulității adopției.

Art. 482 Efectele încetării adopției

(1) La încetarea adopției, părinții firești ai copilului redobândesc drepturile și îndatoririle părintești, cu excepția cazului când instanța hotărăște că este în interesul superior al copilului să instituie tutela sau o altă măsură de protecție a copilului, în condițiile legii.

(2) De asemenea, adoptatul redobândește numele de familie și, după caz, prenumele avut înainte de încuviințarea adopției. Cu toate acestea, pentru motive temeinice, instanța poate încuviința ca acesta să păstreze numele dobândit prin adopție.

(3) Adoptatul este întotdeauna ascultat în condițiile art. 264.

Notă.

*Norma de față este incidentă indiferent de cau*z*a care a condus la încetarea adopției, respectiv indiferent dacă adopția a fost desfăcută sau sancționată cu nulitate. Pot fi considerate motive temeinice pentru păstrarea numelui adoptatului (atât a numelui de familie cât și a prenumelui) menținerea identității socio-profesionale a acestuia, mai ales în măsura în care a folosit numele obținut prin adopție un timp îndelungat.*

Titlul IV - Autoritatea părintească

Capitolul I – Dispoziții generale

Art. 483 Autoritatea părintească

(1) Autoritatea părintească este ansamblul de drepturi și îndatoriri care privesc atât persoana, cât și bunurile copilului și aparțin în mod egal ambilor părinți.

(2) Părinții exercită autoritatea părintească numai în interesul superior al copilului, cu respectul datorat persoanei acestuia, și îl asociază pe copil la toate deciziile care îl privesc, ținând cont de vârsta și de gradul său de maturitate.

(3) Ambii părinți răspund pentru creșterea copiilor lor minori.

Legislație conexă:

- Art. 2, art. 31 din Legea 272/2004 privind protecția și promovarea drepturilor copilului

Notă.

În cazul în care părinții conviețuiesc, ei vor exercita împreună și de comun acord toate drepturile și îndatoririle părintești. Însă, în cazul în care părinții nu conviețuiesc, exercitarea în comun a autorității părintești se concretizează în acordul acestora în luarea deciziilor importante cu privire la creșterea și educarea copiilor, actele curente fiind îndeplinite de părintele la care copiii locuiesc.

Totodată, nu trebuie ridicat la rang absolut interesul copilului, ci acesta trebuie apreciat întotdeauna în limitele legii.

Art. 484 Durata autorității părintești

Autoritatea părintească se exercită până la data când copilul dobândește capacitatea deplină de exercițiu.

Notă.
Prin urmare, autoritatea părintească va dura până la dobândirea capacității depline de exercițiu prin împlinirea vârstei de 18 ani, pînă în momentul încheierii căsătoriei înaintea vârstei de 18 ani sau prin emanciparea minorului.

Art. 485 Îndatorirea de respect
Copilul datorează respect părinților săi indiferent de vârsta sa.

Notă.
Se observă că norma analizată este, în ceea ce privește structura ei, o normă juridică imperfectă. Astfel, acesteia îi lipsește sancțiunea (juridică), element structural care nu ar putea fi incident nici prin coroborarea cu alte norme juridice.

Prin urmare, deși textul de lege prezintă o importanță maximă din punct de vedere moral și spiritual, avându-și izvorul chiar în Decalog, prin nesancționarea juridică a lipsei de respect putem afirma că are mai mult o valoare simbolică.

Art. 486 Neînțelegerile dintre părinți
Ori de câte ori există neînțelegeri între părinți cu privire la exercițiul drepturilor sau la îndeplinirea îndatoririlor părintești, instanța de tutelă, după ce îi ascultă pe părinți și luând în considerare concluziile raportului referitor la ancheta psihosocială, hotărăște potrivit interesului superior al copilului. Ascultarea copilului este obligatorie, dispozițiile art. 264 fiind aplicabile.

Legislație conexă:
* Art. 31 din Legea 272/2004 privind protecția și promovarea drepturilor copilului

Notă.

Reglementarea în speță vine să rezolve divergențele dintre părinți cu privire la anumite decizii importante necesar a fi luate în legătură cu creșterea și educarea minorului asupra căruia exercită în comun autoritatea părintească, în considerarea interesului superior al minorului.

Deși nu se distinge între părinții care conviețuiesc și care nu conviețuiesc, în practică litigiile de acest gen se nasc între părinții divorțați care exercită în comun autoritatea părintească asupra minorului, iar cauzele neînțelegerilor pot consta în necesitatea schimbării locuinței minorului odată cu locuința părintelui la care locuiește, plecarea în străinătate a acestuia cu unul dintre părinți etc.

Capitolul II - Drepturile şi îndatoririle părinteşti

Art. 487 Conţinutul autorităţii părinteşti

Părinţii au dreptul şi îndatorirea de a creşte copilul, îngrijind de sănătatea şi dezvoltarea lui fizică, psihică şi intelectuală, de educaţia, învăţătura şi pregătirea profesională a acestuia, potrivit propriilor lor convingeri, însuşirilor şi nevoilor copilului; ei sunt datori să dea copilului orientarea şi sfaturile necesare exercitării corespunzătoare a drepturilor pe care legea le recunoaşte acestuia.

Notă.

Drepturile şi îndatoririle astfel reglementate le revin în mod egal părinţilor faţă de copiii lor minori, atât privind persoana cât şi bunurile copilului, şi sunt valabile în egală măsură pentru copilul din căsătorie, pentru cel adoptat sau pentru copilul din afara căsătoriei.

Exercitarea drepturilor şi îndeplinirea îndatoririlor trebuie să aibă loc în mod exclsiv în interesul minorului, cu respectarea independenţei patrimoniale în raporturile dintre părinţi şi acesta.

Art. 488 Îndatoririle specifice

(1) Părinţii au îndatorirea de a creşte copilul în condiţii care să asigure dezvoltarea sa fizică, mentală, spirituală, morală şi socială în mod armonios.

(2) În acest scop, părinţii sunt obligaţi:

a) să coopereze cu copilul şi să îi respecte viaţa intimă, privată şi demnitatea;

b) să prezinte şi să permită informarea şi lămurirea copilului despre toate actele şi faptele care l-ar putea afecta şi să ia în considerare opinia acestuia;

c) să ia toate măsurile necesare pentru protejarea şi realizarea drepturilor copilului;

d) să coopereze cu persoanele fizice şi persoanele juridice cu atribuţii în domeniul îngrijirii, educării şi formării profesionale a copilului.

Legislaţie conexă:

- Art. 32 din Legea 272/2004 privind protecţia şi promovarea drepturilor copilului

Notă.

Pentru situaţiile în care părinţii nu-şi îndeplinesc corespunzător îndatoririle specifice, legea a instituit un mecanism de control al felului cum este crescut minorul, reglementând şi posibilitatea scoaterii minorului din mediul familial al părinţilor, atunci când acesta s-ar dovedi dăunător pentru sănătatea ori dezvoltarea fizică, morală sau intelectuală, concomitent cu luarea măsurile de protecţie alternativă, care includ instituirea tutelei, măsurile de protecţie specială sau adopţia.

Art. 489 Măsurile disciplinare

Măsurile disciplinare nu pot fi luate de părinţi decât cu respectarea demnităţii copilului. Sunt interzise luarea unor măsuri, precum şi aplicarea unor pedepse fizice, de natură a afecta dezvoltarea fizică, psihică sau starea emoţională a copilului.

Legislaţie conexă:

- Art. 28 din Legea 272/2004 privind protecţia şi promovarea drepturilor copilului

Notă.

Prin norma analizată se interzice fără echivoc orice pedeapsă fizică sau măsură coercitivă care ar putea leza fizic, psihic, ori emoţional copiii.

Art. 490 Drepturile părintelui minor

(1) Părintele minor care a împlinit vârsta de 14 ani are numai drepturile și îndatoririle părintești cu privire la persoana copilului.

(2) Drepturile și îndatoririle cu privire la bunurile copilului revin tutorelui său, după caz, altei persoane, în condițiile legii.

Legislație conexă:

- Art. 62 din Legea 272/2004 privind protecția și promovarea drepturilor copilului

Notă.

Alin. (2) pornește de la realitatea că minorul de 14 ani, având doar capacitate de exercițiu restrânsă, are el însuși nevoie de încuviințarea ocrotitorului legal pentru a încheia acte juridice cu privire la bunurile sale.

Art. 491 Religia copilului

(1) Părinții îndrumă copilul, potrivit propriilor convingeri, în alegerea unei religii, în condițiile legii, ținând seama de opinia, vârsta și de gradul de maturitate ale acestuia, fără a-l putea obliga să adere la o anumită religie sau la un anumit cult religios.

(2) Copilul care a împlinit vârsta de 14 ani are dreptul să își aleagă liber confesiunea religioasă.

Legislație conexă:

- Art. 25 din Legea nr. 272/2004 privind protecția și promovarea drepturilor copilului;
- Art. 29 alin. (6) din Constituție.

Notă.

Libertatea religioasă este un drept fundamental recunoscut oricărei persoane, legiutorul considerând vârsta de 14 ani (vârsta de la care unei persoane i se recunoaște capacitate de exercițiu restrânsă și deci care

*implică un anumit stadiu de maturitate în gândire) potrivită pentru
alegerea confesiunii religioase.*

Art. 492 Numele copilului

Părinții aleg prenumele și, când este cazul, numele de
familie al copilului, în condițiile legii.

Legislație conexă:

- Art. 8 din Legea 272/2004 privind protecția și
promovarea drepturilor copilului

Notă.

*Teza ultimă are în vedere în principal situațiile în care părinții
nu au un nume comun (cazul părinților necăsătoriți sau cazul părinților
căsătoriți fără stabilirea unui nume comun), împrejurare în care vor alege
numele de familie al copilului în funcție de numele proprii fiecăruia dintre
ei, aplicabile fiind disp art. 449 și 450 Cod civil.*

Art. 494 Relațiile sociale ale copilului

Părinții sau reprezentanții legali ai copilului pot, numai
în baza unor motive temeinice, să împiedice corespondența și
legăturile personale ale copilului în vârstă de până la 14 ani.
Neînțelegerile se soluționează de către instanța de tutelă, cu
ascultarea copilului, în condițiile art. 264.

Notă.

*Prin urmare, copilului îi este recunoscut dreptul de a menține
legături cu orice persoană, rude sau alte persoane dragi, atât timp cât
asemenea legături nu sunt contrare interesului său, respectiv nu-i pot aduce
vreo atingere, sub nicio formă.*

Art. 495 Înapoierea copilului de la alte persoane

(1) Părinții pot cere oricând instanței de tutelă
înapoierea copilului de la orice persoană care îl ține fără drept.

(2) Instanța de tutelă poate respinge cererea numai dacă înapoierea este vădit contrară interesului superior al copilului.

(3) Ascultarea copilului este obligatorie, dispozițiile art. 264 fiind aplicabile.

Notă.

Soluționarea cererii se va fundamenta și pe anchetele psihosociale efectuate atât la locuința părinților cât și la locuința persoanei la care este ținut copilul, și va urmări protejarea intereselor copilului și a drepturilor sale.

Art. 496 Locuința copilului

(1) Copilul minor locuiește la părinții săi.

(2) Dacă părinții nu locuiesc împreună, aceștia vor stabili, de comun acord, locuința copilului.

(3) În caz de neînțelegere între părinți, instanța de tutelă hotărăște, luând în considerare concluziile raportului de anchetă psihosocială și ascultându-i pe părinți și pe copil, dacă a împlinit vârsta de 10 ani. Dispozițiile art. 264 rămân aplicabile.

(4) Locuința copilului, stabilită potrivit prezentului articol, nu poate fi schimbată fără acordul părinților decât în cazurile prevăzute expres de lege.

(5) Părintele la care copilul nu locuiește în mod statornic are dreptul de a avea legături personale cu minorul, la locuința acestuia. Instanța de tutelă poate limita exercițiul acestui drept, dacă aceasta este în interesul superior al copilului.

Notă.

Stabilirea locuinței minorului la unul dintre părinți nu produce efecte asupra modalității de exercitare a autorității părintești asupra minorului, regula în această materie fiind exercitarea în comun a autorității părintești.

La stabilirea locuinței copilului, instanța va compara condițiile de trai, creștere și educare oferite de ambii părinți și va ține cont de vârsta copilului, precum și de orice alte elemente care, raportat la împrejurările concrete ale cauzei, ar putea să conducă la o anumită soluție, prin considerarea ca prioritar a interesului copilului.

Art. 497 Schimbarea locuinței copilului

(1) Dacă afectează exercițiul autorității sau al unor drepturi părintești, schimbarea locuinței copilului, împreună cu părintele la care locuiește, nu poate avea loc decât cu acordul prealabil al celuilalt părinte.

(2) În caz de neînțelegere între părinți, hotărăște instanța de tutelă potrivit interesului superior al copilului, luând în considerare concluziile raportului de anchetă psihosocială și ascultându-i pe părinți. Ascultarea copilului este obligatorie, dispozițiile art. 264 fiind aplicabile.

Notă.

Cu privire la una din condițiile esențiale ale creșterii și educării copilului, respectiv locuința acestuia, și consecințele negative ce ar putea decurge din schimbarea ei, legiuitorul înțelege să impună și obligația părintelui la care s-a stabilit domiciliul copilului de cere acordul prealabil al celuilat părinte. Această condiție este impusă numai dacă schimbarea locuinței afectează exercițiul autorității sau al unor drepturi părintești.

Firește că, și în acest caz, neînțelegerile dintre părinți se pot rezolva doar pe cale judiciară. Pentru a lua o decizie, instanța este ținută să aibă în vedere trei elemente. și anume: concluziile raportuluid e anchetă psiho-socială, poziția adoptată de părinți și punctul de vedere al copilului.

Art. 498 Schimbarea felului învățăturii ori al pregătirii profesionale

(1) Copilul care a împlinit vârsta de 14 ani poate cere părinților să își schimbe felul învățăturii sau al pregătirii

profesionale ori locuința necesară desăvârșirii învățăturii ori pregătirii sale profesionale.

(2) Dacă părinții se opun, copilul poate sesiza instanța de tutelă, iar aceasta hotărăște pe baza raportului de anchetă psihosocială. Ascultarea copilului este obligatorie, dispozițiile art. 264 fiind aplicabile.

Notă.

În virtutea dobândirii capacității de exercițiu restrânse, minorul de 14 ani poate să-și exercite o serie de drepturi printre care se numără și dreptul de a decide cu privire la educația și pregătirea sa profesională precum și dreptul de a opta la o locuință ce îi facilitează posibilitățile de a-și desăvârși învățătura sau pregătirea sa profesională.

În împrejurarea în care părinții se opun, se naște și dreptul de a sesiza instanța de tutelă, urmând ca aceasta să decidă în baza raportului de anchetă psiho-socială cu respectarea principiului interesului superior al copilului.

Art. 499 Obligația de întreținere

(1) Tatăl și mama sunt obligați, în solidar, să dea întreținere copilului lor minor, asigurându-i cele necesare traiului, precum și educația, învățătura și pregătirea sa profesională.

(2) Dacă minorul are un venit propriu care nu este îndestulător, părinții au obligația de a-i asigura condițiile necesare pentru creșterea, educarea și pregătirea sa profesională.

(3) Părinții sunt obligați să îl întrețină pe copilul devenit major, dacă se află în continuarea studiilor, până la terminarea acestora, dar fără a depăși vârsta de 26 de ani.

(4) În caz de neînțelegere, întinderea obligației de întreținere, felul și modalitățile executării, precum și contribuția fiecăruia dintre părinți se stabilesc de instanța de tutelă pe baza raportului de anchetă psihosocială.

Notă.

Această obligație are caracter unilateral și un obiect mai extins față de obligația de întreținere în general, întrucât include, pe lângă mijloacele necesare traiului și pe cele necesare pentru creșterea, educarea și pregătirea profesională a copilului.

Îndatorirea impusă de legiuitor în textul analizat se referă la subiecte calificate, respectiv la părinți.

Scopul acestei obligații este în acord cu interesele familiei și ale societății, aceasta având și valențe sociale.

Neîndeplinirea obligației de întreținere constituie abandon de familie și este incriminată de legea penală în art. 378 Cod penal.

În caz de neînțelegere, această obligație va fi stabilită în toate detaliile sale de către instanța de tutelă, care trebuie să facă o apreciere flexibilă a stării de nevoie a copilului și a mijloacelor părinților.

Art. 500 Independența patrimonială

Părintele nu are niciun drept asupra bunurilor copilului și nici copilul asupra bunurilor părintelui, în afară de dreptul la moștenire și la întreținere.

Notă.

Cu toate că între părinte și copil există o legătură indisolubilă, cu caractere specifice obligațiilor și drepturilor reciproce, în materia patrimoniilor acestora legea consfințește independența lor. Așa se explică, de pildă, că la partajul de bunuri comune instanța nu are în vedere vreun drept patrimonial al copilului. De asemenea, atunci când copilul are bunuri dobândite prin moștenire, donație sau prin alte tipuri de acte juridice, părintele nu are niciun drept asupra lor.

Cu toate acestea, părintele poate să exercite dreptul de administrare și de conservare asupra acestor bunuri, pentru a se preveni astfel deteriorarea sau pieirea lor.

O cu totul altă situație întâlnim în cazul dreptului la moștenire și la întreținere. Părinții și copii se moștenesc reciproc, iar obligația de întreținere între aceștia este de asemenea reciprocă.

Art. 501 Administrarea bunurilor copilului

(1) Părinții au dreptul și îndatorirea de a administra bunurile copilului lor minor, precum și de a-l reprezenta în actele juridice civile ori de a-i încuviința aceste acte, după caz.

(2) După împlinirea vârstei de 14 ani minorul își exercită drepturile și își execută obligațiile singur, în condițiile legii, însă numai cu încuviințarea părinților și, după caz, a instanței de tutelă.

Notă.

Din interpretarea dispozițiilor alin. (1) rezultă că termenul de administrare are un înțeles complex care include nu numai actele de administrare propriu zise ci și actele de conservare. Apreciem că, în sfera acestei obligații intră și unele acte de dispoziție.

În funcție de vârsta minorului obligația de administrare îmbracă aspecte diferite. Atunci când minorul are sub 14 ani, administrarea bunurilor sale se realizează în mod curent și prin acte de conservare ce includ orice acte necesare pentru dobândirea unui drept sau pentru evitarea stingerii lui. Actele de administrare propriu zise destinate folosirii sau întrebuințării unui bun sau a fructelor sale sunt firești în raport cu realitatea că la această vârsta copilul nu are discernământ.

Minorul cu vârsta între 14 și 18 ani poate să-și exercite drepturile și să-și execute obligațiile singur, în condițiile legii, cu încuviințarea părinților sau, după caz, a instanței de tutelă.

Art. 502 Alte dispoziții aplicabile

(1) Drepturile și îndatoririle părinților cu privire la bunurile copilului sunt aceleași cu cele ale tutorelui, dispozițiile care reglementează tutela fiind aplicabile în mod corespunzător.

(2) Cu toate acestea, nu se întocmește inventarul prevăzut la art. 140, în cazul în care copilul nu are alte bunuri decât cele de uz personal.

Notă.

Regulile aplicabile cu privire la drepturile și obligațiile părinților, cu privire la bunurile copilului își extind efectele, în mod legal și spre tutorele acestuia, cu respectarea dispozițiilor privind tutela. Legiuitorul instituie, cu titlul de excepție, scutirea de inventarul bunurilor minorului după numirea tutorelui în situația în care copilul are doar bunuri de uz personal.

Art. 503 Modul de exercitare a autorității părintești

(1) Părinții exercită împreună și în mod egal autoritatea părintească.

(2) Față de terții de bună-credință, oricare dintre părinți, care îndeplinește singur un act curent pentru exercitarea drepturilor și îndeplinirea îndatoririlor părintești, este prezumat că are și consimțământul celuilalt părinte.

Legea de aplicare

Art. 50. Dispozițiile art. 503 alin. (2) din Codul civil privind prezumția de mandat tacit reciproc între părinți sunt aplicabile în cazul actelor curente încheiate de unul dintre părinți, după intrarea în vigoare a Codului civil.

Notă.

Exercitarea ocrotirii părintești se realizează, în principiu, de către ambii părinți, ca o consecință a aplicării principiului egalității părinților în raporturile lor cu copiii minori. Regula sus menționată este valabila atât pentru copiii din căsătorie, pentru cei din afara căsătoriei și pentru cei adoptați.

Pentru situațiile în care părinții nu sunt prezenți se prezumă, în raport cu terții de bună credință că părintele ce îndeplinește singur un act curent pentru exercitarea drepturilor și îndatoririlor părintești, are și consimțământul celuilalt părinte.

Atunci când între părinți se ivesc divergențe aceștia pot să se adreseze instanței de tutelă care, după ce îi ascultă pe părinți ținând cont şi de concluziile raportului referitor la ancheta psiho-socială, hotărăşte potrivit interesului superior al copilului.

Art. 504 Exercitarea autorităţii părinteşti în caz de divorţ

Dacă părinţii sunt divorţaţi, autoritatea părintească se exercită potrivit dispoziţiilor referitoare la efectele divorţului în raporturile dintre părinţi şi copii.

Notă.

În cazul desfacerii căsătoriei prin divorţ, exercitarea autorităţii părinteşti se realizează potrivit dispoziţiilor legii privitoare la efectele divorţului în raporturile dintre părinţi şi copii, principiul exercitării comune rămânând valabil până în momentul în care instanţei de judecată i se opun motive întemeiate în baza cărora se poate proba necesitatea exercitării autorităţii părinteşti de un singur părinte pentru a se respecta interesul superior al copilului.

Art. 505 Copilul din afara căsătoriei

(1) În cazul copilului din afara căsătoriei a cărui filiaţie a fost stabilită concomitent sau, după caz, succesiv faţă de ambii părinţi, autoritatea părintească se exercită în comun şi în mod egal de către părinţi, dacă aceştia convieţuiesc.

(2) Dacă părinţii copilului din afara căsătoriei nu convieţuiesc, modul de exercitare a autorităţii părinteşti se stabileşte de către instanţa de tutelă, fiind aplicabile prin asemănare dispoziţiile privitoare la divorţ.

(3) Instanţa sesizată cu o cerere privind stabilirea filiaţiei este obligată să dispună asupra modului de exercitare a autorităţii părinteşti, fiind aplicabile prin asemănare dispoziţiile privitoare la divorţ.

Notă.

Copilului din afara căsătoriei i se aplică, în mod firesc, aceeași normă cu privire la exercitarea autorității părintești în mod comun și în mod egal de către ambii părinți. Cu titlu de excepție, dacă aceștia nu conviețuiesc, instanța de tutelă va stabili, în baza dispozițiilor privitoare la divorț modul de exercitare a autorității părintești.

O situație specială o întâlnim în cazul cererii privind stabilirea filiației. Instanța de tutelă este obligată, pronunțând o sentință prin care dispune admiterea acesteia, să dispună asupra modului de exercitare a autorității părintești.

Art. 506 Învoiala părinților

Cu încuviințarea instanței de tutelă părinții se pot înțelege cu privire la exercitarea autorității părintești sau cu privire la luarea unei măsuri de protecție a copilului, dacă este respectat interesul superior al acestuia. Ascultarea copilului este obligatorie, dispozițiile art. 264 fiind aplicabile.

Notă.

Obligația instanței de tutelă de a asculta copilul chiar și în cazul înțelegerii dintre părinți este subsumată principiului interesului superior al copilului consacrat prin art. 263. Opiniile copilului ascultat vor fi luate în considerare pentru ca soluția dată să respecte, în măsura în care vârsta și gradul său de maturitate o impun, dorința acestuia de a fi protejat față de unul din părinți.

Art. 507 Exercitarea autorității părintești de către un singur părinte

Dacă unul dintre părinți este decedat, declarat mort prin hotărâre judecătorească, pus sub interdicție, decăzut din exercițiul drepturilor părintești sau dacă, din orice motiv, se află în neputință de a-și exprima voința, celălalt părinte exercită singur autoritatea părintească.

Notă.

Apreciem că exercitarea autorității părintești de către un singur părinte reprezintă o excepție față de modul de exercitare comun. Din analiza textului rezultă cu certitudine o enumerare limitativă a situațiilor în care instanța de tutelă poate decide doar în favoare unuia din părinți. Motivele enumerate în normă pot fi delimitate în două categorii. Prima se referă la lipsa unuia din părinți (decedat sau declarat mort) iar cea de a doua se referă la situația în care părintelui înlăturat i s-au aplicat sancțiuni specifice dreptului familiei sau se află în neputință de a-și exprima opinia.

Art. 508 Condiții

(1) Instanța de tutelă, la cererea autorităților administrației publice cu atribuții în domeniul protecției copilului, poate pronunța decăderea din exercițiul drepturilor părintești dacă părintele pune în pericol viața, sănătatea sau dezvoltarea copilului prin relele tratamente aplicate acestuia, prin consumul de alcool sau stupefiante, prin purtarea abuzivă, prin neglijența gravă în îndeplinirea obligațiilor părintești ori prin atingerea gravă a interesului superior al copilului.

(2) Cererea se judecă de urgență, cu citarea părinților și pe baza raportului de anchetă psihosocială. Participarea procurorului este obligatorie.

Notă.

Condițiile decăderii din exercițiul drepturilor părintești sunt expres și limitativ prevăzute de lege. Pentru a asigura un grad ridicat de control al existenței situațiilor invocate în susținerea unei astfel de cereri, legiuitorul impune atât un raport de anchetă psiho-socială cât și participarea procurorului. Se are în vedere astfel garantarea interesului superior al copilului prin implicarea unor organe specializate pe domeniul protecției copilului.

Art. 509 Întinderea decăderii

(1) Decăderea din exercițiul drepturilor părintești este totală și se întinde asupra tuturor copiilor născuți la data pronunțării hotărârii.

2) Cu toate acestea, instanța poate dispune decăderea numai cu privire la anumite drepturi părintești ori la anumiți copii, dar numai dacă, în acest fel, nu sunt primejduite creșterea, educarea, învățătura și pregătirea profesională a copiilor.

Notă.

În practica judiciară s-a pus problema părinților care au atitudini diferite față de copiii lor. Actuala prevedere legiferează posibilitatea decăderii numai cu privire la anumite drepturi părintești ori la anumiți copii. Posibilitatea aplicării parțiale a decăderii din exercițiul drepturilor părintești este condiționată de cerința asigurării condițiilor de creștere, educare, învățătură și pregătire profesională a copiilor.

Art. 510 Obligația de întreținere

Decăderea din exercițiul drepturilor părintești nu scutește părintele de obligația sa de a da întreținere copilului.

Notă.

Menținerea obligației de întreținere față de copilul minor în sarcina părintelui decăzut din drepturile părintești se justifică prin următorul raționament: raporturile de filiație impun obligația de întreținere; decăderea din drepturi nu afectează raportul de filiație; în consecință obligația de întreținere subzistă și în cazul decăderii din drepturi a părintelui.

Art. 511 Instituirea tutelei

În cazul în care, după decăderea din exercițiul drepturilor părintești, copilul se află în situația de a fi lipsit de îngrijirea ambilor părinți, se instituie tutela.

Notă.

Poziția copilului ai cărui părinți sunt decăzuți din exercițiul drepturilor părintești se regăsește în cazurile de instituire a tutelei prevăzute de art. 110 Cod civil. Tutela asigură ocrotirea minorului în condițiile legii. Aceasta este o sarcină personală și gratuită.

Art. 512 Redarea exercițiului drepturilor părintești

(1) Instanța redă părintelui exercițiul drepturilor părintești, dacă au încetat împrejurările care au dus la decăderea din exercițiul acestora și dacă părintele nu mai pune în pericol viața, sănătatea și dezvoltarea copilului.

(2) Până la soluționarea cererii, instanța poate îngădui părintelui să aibă legături personale cu copilul, dacă aceasta este în interesul superior al copilului.

Notă.

În ipoteza în care împrejurările ce au dus la decăderea părintelui din exercițiul drepturilor părintești și dacă se face dovada că acesta nu mai pune în pericol viața, sănătatea și dezvoltarea copilului, instanța îi poate reda acestuia exercițiul pierdut.

Posibilitatea părintelui decăzut de a avea legături personale cu minorul reprezintă un mijloc prin care, în concordanță cu principul interesului superior al copilului se asigură, cu îndeplinirea cerințelor de siguranță și stabilitate a mediului în care acesta trăiește o minimă comunicare între părinte și copil. Cel decăzut nu își îndeplinește astfel îndatoririle părintești ci este vorba de o formă de asigurare a unei relații menite să ofere posibilitatea unei eventuale redări a exercițiului drepturilor părintești.

Art. 513 Caracterul legal al obligației de întreținere

Obligația de întreținere există numai între persoanele prevăzute de lege. Ea se datorează numai dacă sunt întrunite condițiile cerute de lege.

Notă.

Obligația de întreținere este definită ca îndatorirea unei persoane de a presta mijloace de trai, în măsura veniturilor sale de orice natură, altei persoane apropiate când aceasta se află în nevoie, în condițiile prevăzute de lege.

Caracterul legal al acestei obligații provine din însuși scopul căsătoriei, acela de a întemeia o familie. Solidaritatea membrilor familiei, afecțiunea reciprocă și legăturile dintre aceștia dau aceste obligații valoare tripartită, legală, morală și socială.

Sprijinul material pe care-l implică obligația de întreținere se justifică chiar și după încetarea relațiilor de familie.

Condițiile și cuantumul acestei obligații sunt stabilite de lege pentru ca, în ipoteza în care debitorul nu și-a îndeplinit sarcinile, să existe posibilitatea de a se apela, în ultimă instanță, la forța coercitivă a statului. Astfel, obligația de întreținere există ca atare, independent de voința părților de a intra sau nu într-un raport obligațional.

Art. 514 Caracterul personal al obligației de întreținere

(1) Obligația de întreținere are caracter personal.

(2) Ea se stinge prin moartea debitorului sau a creditorului obligației de întreținere, dacă prin lege nu se prevede altfel.

(3) Dreptul la întreținere nu poate fi cedat și nu poate fi urmărit decât în condițiile prevăzute de lege.

Notă.

Obligația are caracter personal întrucât este prevăzută numai între anumite persoane și numai pentru a asigura existența persoanelor îndreptățite la întreținere.

Caracterul personal al acestei obligații determină anumite consecințe, după cum urmează:

- Obligația de întreținere este insesizabilă, dreptul la întreținere nu poate fi urmărit decât în condițiile legii.

- *Obligația de întreținere este exceptată de la regula compensației legale; compensația se poate realiza doar pe cale judiciară.*

- *Obligația de întreținere este netransmisibilă și nu poate fi cesionată decât în situația moștenitorilor debitorului care a fost obligat să întrețină un minor*

Art. 515 Inadmisibilitatea renunțării la întreținere

Nimeni nu poate renunța pentru viitor la dreptul său la întreținere.

Notă.

Corelativul obligației de întreținere constă în dreptul la întreținere, nu poate face obiectul unei renunțări nici pentru prezent, nici pentru viitor.

De pildă, în situația în care mama minorului, în cadrul acțiunii de divorț, renunță la pensia de întreținere a acestuia, instanța o va stabili din oficiu, în scopul protejării interesului superior al copilului.

Art. 516 Subiectele obligației de întreținere

(1) Obligația de întreținere există între soț și soție, rudele în linie dreaptă, între frați și surori, precum și între celelalte persoane anume prevăzute de lege.

(2) Dispozițiile alin. (1) privind obligația de întreținere între rudele în linie dreaptă, precum și între frați și surori sunt aplicabile și în cazul adopției.

(3) Obligația de întreținere există între foștii soți, în condițiile prevăzute de lege.

Notă.

Subiectele obligației de întreținere pot fi determinate ca fiind elemente ale următoarelor tipuri de raport juridic:

1. Cel între soț și soție

2. Cel între rude în linie dreaptă, indiferent dacă rudenia rezultă din căsătorie sau din afara căsătoriei, și anume:

217

- între părinți și copii
- între bunici și nepoți
- între străbunici și strănepoți

3. Cel între rude colaterale de gradul al doilea, adică și frați și surori, indiferent dacă acest grad se stabilește din căsătorie sau din afara căsătoriei

4. Cel între foștii soți a căror căsătorie a fost desființată, cu condiția ca cel puțin unul dintre ei să fi fost de bună credință

Art. 517 Întreținerea copilului de către soțul părintelui său

(1) Soțul care a contribuit la întreținerea copilului celuilalt soț este obligat să presteze întreținere copilului cât timp acesta este minor, însă numai dacă părinții săi firești au murit, sunt dispăruți ori sunt în nevoie.

(2) La rândul său, copilul poate fi obligat să dea întreținere celui care l-a întreținut astfel timp de 10 ani.

Notă.

Acest tip de obligație are la bază reciprocitatea sprijinului material dintre soțul care a contribuit la întreținerea celuilalt soț și copilul căruia i s-a prestat întreținerea.

Legiuitorul impune în sarcina soțului creditor în mod benevol obligația legală de a continua să contribuie la întreținere doar în împrejurarea în care copilul celuilalt soț este minor iar părinții săi firești au murit, sunt dispăruți, ori sunt în nevoie. Cele două condiții trebuie întrunite cumulativ.

În ce privește obligația copilului care a fost întreținut cel puțin 10 ani de soțul părintelui său, acesta poate fi obligat la întreținere fără a se solicita condiții speciale.

Art. 518 Obligația de întreținere aparținând moștenitorilor

(1) Moștenitorii persoanei care a fost obligată la întreținerea unui minor sau care i-a dat întreținere fără a avea obligația legală sunt ținuți, în măsura valorii bunurilor moștenite, să continue întreținerea, dacă părinții minorului au murit, sunt dispăruți sau sunt în nevoie, însă numai cât timp cel întreținut este minor.

(2) În cazul în care sunt mai mulți moștenitori, obligația este solidară, fiecare dintre ei contribuind la întreținerea minorului proporțional cu valoarea bunurilor moștenite.

Notă.

Obligația de întreținere la care sunt ținuți moștenitorii persoanei care a fost obligată la întreținerea unui minor sau care, fără a avea obligația legală, i-a dat acestuia întreținere nu este o obligație proprie ci este o obligație a autorului lor. Aceasta se naște numai în anumite condiții expres prevăzute de lege. Obligația moștenitorilor este condiționată de acceptarea moștenirii și este limitată la valoarea bunurilor moștenite.

Art. 519 Ordinea de plată a întreținerii

Întreținerea se datorează în ordinea următoare:

a) soții și foștii soți își datorează întreținere înaintea celorlalți obligați;

b) descendentul este obligat la întreținere înaintea ascendentului, iar dacă sunt mai mulți descendenți sau mai mulți ascendenți, cel în grad mai apropiat înaintea celui mai îndepărtat;

c) frații și surorile își datorează întreținere după părinți, însă înaintea bunicilor.

Notă.

Persoanele obligate la întreținere în virtutea dispozițiilor legale, nu pot fi acționate după cum dorește cel îndreptățit să ceară întreținere.

Există o anumite ordine stabilită de legiuitor care statuează următoarele reguli:

- Persoanele obligate la întreținere pot fi acționate exclusiv în ordinea indicată de lege.

- Imposibilitatea relativă în care se află o persoană obligată la întreținere nu duce, în mod automat, la exonerarea acesteia și transferarea obligației asupra următoarei persoane. Într-o astfel de situație, persoana prim obligată va contribui în raport cu mijloacele sale și, numai pentru completarea întreținerii, se va trece la persoana imediat următoare.

- Numai în cazul în care o persoană obligată la întreținere se află în imposibilitate absolută de a o presta se trece la persoana imediat următoare.

Art. 520 Întreținerea în cazul desfacerii adopției

După încetarea adopției, adoptatul poate cere întreținere numai de la rudele sale firești sau, după caz, de la soțul său.

Notă.

La încetarea adopției, părinții firești ai copilului redobândesc drepturile și îndatoririle părintești. Ca urmare, raporturile juridice dintre adoptator și adoptat se sting, așa încât obligația de întreținere a adoptatorului față de adoptat se transfera la părinții sau rudele firești ale acestuia.

Art. 521 Pluralitatea de debitori

(1) În cazul în care mai multe dintre persoanele prevăzute la art. 516 sunt obligate să întrețină aceeași persoană, ele vor contribui la plata întreținerii, proporțional cu mijloacele pe care le au.

(2) Dacă părintele are drept la întreținere de la mai mulți copii, el poate, în caz de urgență, să pornească acțiunea numai împotriva unuia dintre ei. Cel care a plătit întreținerea se

poate întoarce împotriva celorlalți obligați pentru partea fiecăruia.

Notă.

Obligația de întreținere este, de regulă, divizibilă; cei obligați să întrețină o aceeași persoane au posibilitatea de a contribui proporțional cu mijloacele lor. În cazul obligației solidare, de pilda cea a copiilor față de părinte, acesta din urmă poate să se îndrepte doar împotriva unuia dintre ei, iar acesta la rândul său se poate întoarce împotriva fraților săi pentru a-i obliga la partea fiecăruia.

Art. 522 Obligația subsidiară

În cazul în care cel obligat în primul rând la întreținere nu are mijloace îndestulătoare pentru a acoperi nevoile celui care o cere, instanța de tutelă le poate obliga pe celelalte persoane îndatorate la întreținere să o completeze, în ordinea stabilită la art. 519.

Notă.

Legiferarea obligației subsidiare privește situația debitorului ale cărui mijloace sunt insuficiente pentru a acoperi nevoile creditorului. Soluția acestei probleme constă în apelarea la instanța de tutelă care poate să oblige și alte persoane îndatorate la întreținere, în condițiile respectării ordinii de plată prevăzută de lege.

Art. 523 Divizibilitatea întreținerii

Când cel obligat nu poate presta, în același timp, întreținere tuturor celor îndreptățiți să o ceară, instanța de tutelă, ținând seama de nevoile fiecăreia dintre aceste persoane, poate hotărî fie ca întreținerea să se plătească numai uneia dintre ele, fie ca întreținerea să se împartă între mai multe sau toate persoanele îndreptățite să o ceară. În acest caz, instanța hotărăște, totodată, modul în care se împarte întreținerea între persoanele care urmează a o primi.

Notă.

În cazurile în care persoana fizică-creditor are mai multe obligații de întreținere față de care nu are mijloacele necesare pentru a le acoperi în totalitate aceasta se poate adresa instanței de tutelă. În acest context se analizează atât mijloacele creditorului cât și nevoile debitorilor. Judecătorul este chemat să decidă dacă și în ce măsură se impune a adopta una din următoarele soluții:

- Creditorul este obligat să plătească întreținerea doar pentru un singur debitor;

- Creditorul este obligat să plătească întreținerea unor dintre debitori;

- Creditorul este obligat să plătească întreținerea tuturor debitorilor.

Sentința trebuie să cuprindă și sumele ce urmează a fi plătite fiecărui debitor.

Art. 524 Creditorul întreținerii

Are drept la întreținere numai cel care se află în nevoie, neputându-se întreține din munca sau din bunurile sale.

Notă.

Cele două condiții cerute de lege trebuie îndeplinite cumulativ, așa încât persoana care se află în nevoie nu este îndreptățit la întreținere dacă este capabilă de a munci, iar persoana incapabilă de a munci nu poate solicita întreținere dacă are mijloace suficiente de trai.

Creditorul întreținerii se poate adresa, în primul rând persoanei care este îndatorată la întreținere. Starea sa de nevoie se apreciază în funcție de veniturile și de bunurile sale. Se află în nevoie persoana care nu are niciun fel de venituri sau care are unele venituri, dar acestea sunt insuficiente pentru a-i asigura existența, și care nu are nici economii, nici bunuri ce-i prisosesc din vânzarea cărora și-ar putea acoperi în mod curent cheltuielile necesare traiului.

Cel care solicită întreținerea trebuie să nu aibă posibilitatea realizării unui câștig din muncă din cauza incapacității de a munci.

Dovada incapacității se face prin certificat medical în care se va specifica cauza incapacității de a munci, întinderea ei, precum și durata acesteia.

Art. 525 Dreptul la întreținere al minorului

(1) Minorul care cere întreținere de la părinții săi se află în nevoie dacă nu se poate întreține din munca sa, chiar dacă ar avea bunuri.

(2) Cu toate acestea, în cazul în care părinții n-ar putea presta întreținerea fără a-și primejdui propria lor existență, instanța de tutelă poate încuviința ca întreținerea să se asigure prin valorificarea bunurilor pe care acesta le are, cu excepția celor de strictă necesitate.

Notă.

Dreptul la întreținere a minorului este consfințit prin dispozițiile art. 499 Cod civil. Așa fiind, ni se pare surprinzătoare introducerea textului de lege privind condițiile în care minorul poate cere întreținere. Nu este precizat dacă este avut în vedere minorul fără capacitate de exercițiu sau numai minorul cu capacitate de exercițiu restrânsă. Cerința imposibilității minorului de a se întreține din munca sa, chiar dacă ar avea bunuri, trebuie să se refere la un minor care poate munci sau care are anumite posibilități financiare.

Vânzarea bunurilor minorului pentru ca acesta să se poată întreține este, apreciem noi, o chestiune discutabilă în raport cu principiul interesului superior al copilului. O astfel de vânzare impune oricum autorizarea instanței de tutelă însă, din formularea eliptică a normei analizate nu se poate desprinde o concluzie bine fundamentată în această privință. Suntem în prezența unei controverse doctrinare, generată de inconsecvența legiuitorului care va fi supusă fără îndoială unor interpretări diferite.

Art. 526 Comportamentul necorespunzător

(1) Nu poate pretinde întreţinere acela care s-a făcut vinovat faţă de cel obligat la întreţinere de fapte grave, contrare legii sau bunelor moravuri.

(2) Acela care se află în stare de nevoie din culpa sa poate cere numai întreţinerea de strictă necesitate.

Notă.

Comportamentul necorespunzător al creditorului obligaţiei de întreţinere naşte consecinţa juridică a decăderii din dreptul la întreţinere. Includerea acestei prevederi în textul noii legi reprezintă o situaţie clasică, potrivit căreia nevoii sociale de reglementare i se răspunde cu norma cerută. Practica judiciară întemeiata pe Codul Familiei a decis, chiar în lipsa unui temei legal de strictă aplicare, ca atunci când cel îndreptăţit la întreţinere se face vinovat de fapte grave faţă de cel obligat la întreţinere, se impune a se constata decăderea din dreptul la întreţinere pe considerentul abuzului de drept.

Art. 527 Debitorul întreţinerii

(1) Poate fi obligat la întreţinere numai cel care are mijloacele pentru a o plăti sau are posibilitatea de a dobândi aceste mijloace.

(2) La stabilirea mijloacelor celui care datorează întreţinerea se ţine seama de veniturile şi bunurile acestuia, precum şi de posibilităţile de realizare a acestora; de asemenea, vor fi avute în vedere celelalte obligaţii ale sale.

Notă.

Condiţia ca o persoană să poată fi îndatorată la întreţinere este ca acesta să aibă mijloace îndestulătoare pentru a o putea presta sau posibilitatea de a dobândi aceste mijloace. În noţiunea de mijloace vor intra toate posibilităţile materiale de care dispune debitorul întreţinerii cum sunt câştigurile din muncă şi orice alte venituri dar şi economiile şi bunurile ce îi prisosesc ce ar putea fi vândute în vederea asigurării prestării întreţinerii.

În aprecierea posibilităților materiale ale debitorului întreținerii trebuie să se ia în considerare și sarcinile la care acesta este ținut să facă față și care îi micșorează în mod corespunzător mijloacele.

Aprecierea posibilităților de a presta întreținerea se face numai cu privire la mijloacele proprii ale debitorului întreținerii, nu și cu privire la mijloacele soțului, părinților sau alte rude care locuiesc împreună cu el, aceștia neavând calitatea de debitori ai întreținerii.

Art. 528

Stabilirea veniturilor, economiilor și bunurilor persoanei care solicită întreținerea constituie o chestiune de fapt, ale cărei elemente vor putea fi dovedite prin orice mijloace de probă cum ar fi adeverințe de venituri, contracte și alte înscrisuri, martori, sau și răspunsuri la interogator. În funcție de probele administrate, instanța judecătorească va aprecia și va hotărî dacă și în ce măsură persoana respectivă este îndreptățită la întreținere.

Art. 528 Dovada stării de nevoie

Starea de nevoie a persoanei îndreptățite la întreținere, precum și mijloacele celui care datorează întreținere pot fi dovedite prin orice mijloc de probă.

Notă.

Stabilirea veniturilor, economiilor și bunurilor persoanei care solicită întreținerea constituie o chestiune de fapt, ale cărei elemente vor putea fi dovedite prin orice mijloace de probă cum ar fi adeverințe de venituri, contracte și alte înscrisuri, martori, sau și răspunsuri la interogator. În funcție de probele administrate, instanța judecătorească va aprecia și va hotărî dacă și în ce măsură persoana respectivă este îndreptățită la întreținere.

Art. 529 Cuantumul întreținerii

(1) Întreținerea este datorată potrivit cu nevoia celui care o cere și cu mijloacele celui care urmează a o plăti.

(2) Când întreţinerea este datorată de părinte, ea se stabileşte până la o pătrime din venitul său lunar net pentru un copil, o treime pentru 2 copii şi o jumătate pentru 3 sau mai mulţi copii.

(3) Cuantumul întreţinerii datorate copiilor, împreună cu întreţinerea datorată altor persoane, potrivit legii, nu poate depăşi jumătate din venitul net lunar al celui obligat.

Notă.

Obiectul obligaţiei de întreţinere se determină printr-o sumă de bani numită pensie de întreţinere sau printr-o cantitate de bunuri în natură ori atât în bani cât şi în natură. Cuantumul întreţinerii se raportează la nevoia celui care o cere dar şi la mijloacele celui care urmează a o plăti.

Dacă în acest cuantum se stabileşte de către instanţă în situaţia majorităţii raporturilor juridice, în privinţa obligaţiilor de întreţinere a părinţilor faţă de copii sau faţă de foştii soţi acesta se stabileşte ca procent din veniturile lunare nete ale celui obligat. Cotele prevăzute de lege sunt maxime şi, ca atare, instanţa nu le poate depăşi, însă poate stabili, la nevoie, un cuantum superior al întreţinerii atunci când apar surse de venituri suplimentare. Cotele maxime trebuie să ţină seama de variabilitatea ce poate interveni în veniturile creditorului întreţinerii aşa încât ni se pare mai avantajoasă varianta obligării la plată determinată în procente, ceea ce ar conduce la o mai îndelungată durată de aplicabilitate a hotărârii judecătoreşti prin care se stabileşte pensia de întreţinere.

Art. 530 Modalităţile de executare

(1) Obligaţia de întreţinere se execută în natură, prin asigurarea celor necesare traiului şi, după caz, a cheltuielilor pentru educare, învăţătură şi pregătire profesională.

(2) Dacă obligaţia de întreţinere nu se execută de bunăvoie, în natură, instanţa de tutelă dispune executarea ei prin plata unei pensii de întreţinere, stabilită în bani.

(3) Pensia de întreținere se poate stabili sub forma unei sume fixe sau într-o cotă procentuală din venitul net lunar al celui care datorează întreținere. Dispozițiile art. 529 alin. (2) și (3) rămân aplicabile.

Notă.

De regulă, obligația de întreținere se execută în natură. Dacă acesta nu se execută de bună voie în forma dispusă de instanță, se poate decide executarea ei prin plata unei pensii de întreținere, stabilită în bani. Executarea în natură presupune, de pildă, întreținerea creditorului în casa și familia debitorului sau furnizarea periodică de către acesta a bunurilor necesare traiului. Executarea în bani este o executare prin echivalent și este singura indicată în împrejurări legate de animozitățile dintre părinți sau distanța mare dintre creditor și debitor. Instanța de tutelă va stabili felul întreținerii, ținând seama de toate detaliile ce provin din situația de fapt.

Art. 531 Modificarea și încetarea pensiei de întreținere

(1) Dacă se ivește o schimbare în ceea ce privește mijloacele celui care prestează întreținerea și nevoia celui care o primește, instanța de tutelă, potrivit împrejurărilor, poate mări sau micșora pensia de întreținere sau poate hotărî încetarea plății ei.

(2) Pensia de întreținere stabilită într-o sumă fixă se indexează de drept, trimestrial, în funcție de rata inflației.

Legea de aplicare

Art. 51. Dispozițiile art. 531 din Codul civil privind modificarea și încetarea pensiei de întreținere sunt aplicabile și în cazul pensiilor de întreținere stabilite prin hotărâre judecătorească anterior intrării în vigoare a Codului civil.

Notă.

Modificarea cuantumului întreținerii presupune mărirea, micșorarea sau încetarea obligației de întreținere în funcție de schimbările ce intervin, fie în mijloacele persoanei care prestează întreținerea, fie în ce privește starea de nevoie a celui ce o primește. Se urmărește adaptarea întreținerii la schimbările ce pot interveni după data la care întreținerea a fost stabilită.

În ce privește întreținerea cuvenită copiilor minori, în cadrul ocrotirii părintești, practica judiciară a decis că modificarea poate avea loc atât în cazul în care pensia de întreținere a fost stabilită prin hotărâre judecătorească, cât și în cazul în care ea a fost stabilită prin înțelegerea părinților.

Art. 532 Data de la care se datorează pensia de întreținere

(1) Pensia de întreținere se datorează de la data cererii de chemare în judecată.

(2) Cu toate acestea, pensia poate fi acordată și pentru o perioadă anterioară, dacă introducerea cererii de chemare în judecată a fost întârziată din culpa debitorului.

Notă.

Data de la care se acordă întreținerea este data cererii de chemare în judecată care poate fi data înregistrării acțiunii în justiție prin care se pretinde întreținere. Această pretenție poate fi formulată atât pe calea unei acțiuni în stabilirea pensiei de întreținere cât și în cazul acțiunii în stabilirea paternității sau în petiția de divorț.

Întreținerea se acordă numai pentru viitor însă, cu titlul de excepție, pensia poate fi acordată și pentru o perioadă anterioară, dacă introducerea cererii de chemare în judecată a fost întârziată din culpa debitorului.

Aceste reguli se aplică și atunci când se cere majorarea întreținerii. Regula acordării întreținerii de la data când a fost cerută se justifică atât pe argumentul că atunci când creditorul nu a cerut-o, acesta nu a fost în nevoie cât și pe argumentul că numai de la această dată debitorul este pus în întârziere.

Art. 533 Plata pensiei de întreținere

(1) Pensia de întreținere se plătește în rate periodice, la termenele convenite de părți sau, în lipsa acordului lor, la cele stabilite prin hotărâre judecătorească.

(2) Chiar dacă creditorul întreținerii a decedat în perioada corespunzătoare unei rate, întreținerea este datorată în întregime pentru acea perioadă.

(3) De asemenea, părțile pot conveni sau, dacă sunt motive temeinice, instanța de tutelă poate hotărî ca întreținerea să se execute prin plata anticipată a unei sume globale care să acopere nevoile de întreținere ale celui îndreptățit pe o perioadă mai îndelungată sau pe întreaga perioadă în care se datorează întreținerea, în măsura în care debitorul întreținerii are mijloacele necesare acoperirii acestei obligații.

Notă.

Obligația de întreținere este, prin natura ei, cu executare succesivă, prin prestații periodice, mod de executare care asigură satisfacerea nevoilor permanente ale creditorului. Părțile pot însă conveni sau, dacă sunt motive temeinice, instanța de tutelă poate hotărî ca întreținerea să se execute prin plata anticipată a unei sume globale, care să acopere nevoile de întreținere ale celui îndreptățit pe o perioadă mai îndelungată sau pe întreaga perioadă în care se datorează întreținerea. Pentru stabilirea unei astfel de măsuri se vor avea în vedere mijloacele debitorului.

Art. 534 Restituirea întreținerii nedatorate

Dacă, din orice motiv, se dovedește că întreținerea prestată, de bunăvoie sau ca urmare a unei hotărâri judecătorești, nu era datorată, cel care a executat obligația poate să ceară restituirea de la cel care a primit-o sau de la cel care avea, în realitate, obligația să o presteze, în acest din urmă caz, pe temeiul îmbogățirii fără justă cauză.

Notă.

În împrejurarea în care o persoană a plătit cu titlul de întreținere o sumă ce nu era datorată, acesta este îndreptățit să ceară restituirea ei. Restituirea se poate cere fie de la debitorul întreținerii, fie de la creditorul ce era obligat să o presteze. În ultima ipoteză, temeiul legal al acțiunii în instanță este cel al îmbogățirii fără justă cauză.

CODUL DE PROCEDURĂ CIVILĂ –
Cartea VI – Proceduri (extras)
republicat în M.Of. 545 din 3 august 2012

➢ **Legea nr. 134/2010 privind Codul de procedură civilă**, cu modificările aduse **de O.U.G. nr.44/2012** privind modificarea art. 81 din Legea nr. 76/2012 pentru punerea în aplicare a Legii nr. 134/2010 privind Codul de procedură civilă, **L. nr.206/2012** pentru aprobarea Ordonanţei de urgenţă a Guvernului nr. 44/2012 privind modificarea art. 81 din Legea nr. 76/2012 pentru punerea în aplicare a Legii nr. 134/2010 privind Codul de procedură civilă, precum şi pentru completarea unor acte normative conexe, **O.U.G. nr.4/2013** privind modificarea Legii nr. 76/2012 pentru punerea în aplicare a Legii nr. 134/2010 privind Codul de procedură civilă, precum şi pentru modificarea şi completarea unor acte normative conexe şi **L. nr.72/2013** privind măsurile pentru combaterea întârzierii în executarea obligaţiilor de plată a unor sume de bani rezultând din contracte încheiate între profesionişti şi între aceştia şi autorităţi contractante

Titlul I - Procedura divorţului

Capitolul I – Dispoziţii comune

Art. 914 Instanţa competentă

(1) Cererea de divorţ este de competenţa judecătoriei în circumscripţia căreia se află cea din urmă locuinţă comună a soţilor. Dacă soţii nu au avut locuinţă comună sau dacă niciunul dintre soţi nu mai locuieşte în circumscripţia judecătoriei în care se află cea din urmă locuinţă comună, judecătoria competentă este aceea în circumscripţia căreia îşi are locuinţa pârâtul, iar când pârâtul nu are locuinţa în ţară şi instanţele române sunt competente internaţional, este competentă judecătoria în circumscripţia căreia îşi are locuinţa reclamantul.

(2) Dacă nici reclamantul şi nici pârâtul nu au locuinţa în ţară, părţile pot conveni să introducă cererea de divorţ la orice judecătorie din România. În lipsa unui asemenea acord, cererea de divorţ este de competenţa Judecătoriei Sectorului 5 al municipiului Bucureşti.

Art. 915 Cererea de divorţ

(1) Cererea de divorţ va cuprinde, pe lângă cele prevăzute de lege pentru cererea de chemare în judecată, numele copiilor minori ai celor 2 soţi ori adoptaţi de aceştia.

(2) Dacă nu sunt copii minori, se va menţiona în cerere această împrejurare.

(3) La cerere se vor alătura o copie a certificatului de căsătorie şi, după caz, câte o copie a certificatelor de naştere ale copiilor minori.

(4) La cerere se poate alătura, după caz, înţelegerea soţilor rezultată din mediere cu privire la desfacerea căsătoriei şi, după caz, la rezolvarea aspectelor accesorii divorţului.

Art. 916 Cererea reconvenţională

(1) Soţul pârât poate să facă şi el cerere de divorţ, cel mai târziu până la primul termen de judecată la care a fost citat în mod legal, pentru faptele petrecute înainte de această dată. Pentru faptele petrecute după această dată pârâtul va putea face cerere până la începerea dezbaterilor asupra fondului în cererea reclamantului.

(2) Cererea pârâtului se va face la aceeaşi instanţă şi se va judeca împreună cu cererea reclamantului.

(3) În cazul în care motivele divorţului s-au ivit după începerea dezbaterilor asupra fondului la prima instanţă şi în timp ce judecata primei cereri se află în apel, cererea pârâtului va putea fi făcută direct la instanţa învestită cu judecarea apelului.

(4) Neintroducerea cererii în termenele arătate la alin. (1) şi (3) atrage decăderea soţului pârât din dreptul de a cere divorţul pentru acele motive. Dacă cererea reclamantului a fost respinsă, soţul pârât poate cere divorţul pentru motive ivite ulterior.

Art. 917 Calitatea procesuală activă

(1) Desfacerea căsătoriei prin divorţ poate fi cerută numai de soţi.

(2) Cu toate acestea, soţul pus sub interdicţie judecătorească poate cere divorţul prin reprezentant legal sau personal în cazul în care face dovada că are capacitatea de discernământ neafectată.

Art. 918 Cereri accesorii şi incidentale

(1) La cerere, instanţa de divorţ se pronunţă şi cu privire la:

a) exercitarea autorităţii părinteşti, contribuţia părinţilor la cheltuielile de creştere şi educare a copiilor, locuinţa copilului şi dreptul părintelui de a avea legături personale cu acesta;

b) numele soților după divorț;

c) locuința familiei;

d) despăgubirea pretinsă pentru prejudiciile materiale sau morale suferite ca urmare a desfacerii căsătoriei;

e) obligația de întreținere sau prestația compensatorie între foștii soți;

f) încetarea regimului matrimonial și, după caz, lichidarea comunității de bunuri și partajul acestora.

(2) Când soții au copii minori, născuți înaintea sau în timpul căsătoriei ori adoptați, instanța se va pronunța asupra exercitării autorității părintești, precum și asupra contribuției părinților la cheltuielile de creștere și educare a copiilor, chiar dacă acest lucru nu a fost solicitat prin cererea de divorț.

(3) De asemenea, instanța se va pronunța din oficiu și asupra numelui pe care îl vor purta soții după divorț, potrivit prevederilor Codului civil.

Art. 919 Măsuri vremelnice

Instanța poate lua, pe tot timpul procesului, prin ordonanță președințială, măsuri provizorii cu privire la stabilirea locuinței copiilor minori, la obligația de întreținere, la încasarea alocației de stat pentru copii și la folosirea locuinței familiei.

Art. 920 Prezența personală a părților

(1) În fața instanțelor de fond, părțile se vor înfățișa în persoană, afară numai dacă unul dintre soți execută o pedeapsă privativă de libertate, este împiedicat de o boală gravă, este pus sub interdicție judecătorească, are reședința în străinătate sau se află într-o altă asemenea situație, care îl împiedică să se prezinte personal; în astfel de cazuri, cel în cauză se va putea înfățișa prin avocat, mandatar sau, după caz, prin tutore ori curator.

(2) Instanța va încerca la fiecare înfățișare împăcarea soților.

(3) În toate cazurile, instanţa este obligată să îl asculte pe copilul minor, potrivit prevederilor Codului civil.

Art. 921 Absenţa reclamantului

Dacă la termenul de judecată, în primă instanţă, reclamantul lipseşte nejustificat şi se înfăţişează numai pârâtul, cererea va fi respinsă ca nesusţinută.

Art. 922 Citarea pârâtului

Dacă procedura de citare a soţului pârât a fost îndeplinită prin afişare, iar acesta nu s-a prezentat la primul termen de judecată, instanţa va cere dovezi sau va dispune cercetări pentru a verifica dacă pârâtul îşi are locuinţa la locul indicat în cerere şi, dacă va constata că nu locuieşte acolo, va dispune citarea lui la locuinţa sa efectivă, precum şi, dacă este cazul, la locul său de muncă.

Art. 923 Renunţarea la judecată

Reclamantul poate renunţa la judecată în tot cursul judecăţii, chiar dacă pârâtul se împotriveşte. Renunţarea reclamantului nu are niciun efect asupra cererii de divorţ făcute de pârât.

Art. 924 Împăcarea soţilor

(1) Soţii se pot împăca în tot cursul judecăţii, chiar dacă nu au fost plătite taxele de timbru. În acest caz, instanţa va lua act de împăcare şi va dispune, prin hotărâre definitivă, închiderea dosarului, precum şi restituirea taxelor de timbru, dacă au fost achitate.

(2) Oricare dintre soţi va putea formula o cerere nouă pentru fapte petrecute după împăcare şi, în acest caz, se va putea folosi şi de faptele vechi.

Art. 925 Decesul unuia dintre soți

(1) Dacă în timpul procesului de divorț unul dintre soți decedează, instanța va lua act de încetarea căsătoriei și va dispune, prin hotărâre definitivă, închiderea dosarului.

(2) Cu toate acestea, când cererea de divorț se întemeiază pe culpa pârâtului și reclamantul decedează în cursul procesului, lăsând moștenitori, aceștia vor putea continua acțiunea, pe care instanța o va admite numai dacă va constata culpa exclusivă a soțului pârât. În caz contrar, dispozițiile alin. (1) rămân aplicabile.

(3) Pentru introducerea în cauză a moștenitorilor soțului reclamant, instanța va face aplicarea art. 412 alin. (1) pct. 1.

(4) În cazul în care acțiunea este continuată de moștenitorii soțului reclamant, potrivit alin. (2), căsătoria se socotește desfăcută la data introducerii cererii de divorț.

Art. 926 Nemotivarea hotărârii

Hotărârea prin care se pronunță divorțul nu se va motiva, dacă ambele părți solicită instanței aceasta.

Art. 927 Căi de atac. Publicitatea hotărârii

(1) Apelul reclamantului împotriva hotărârii prin care s-a respins cererea va fi respins ca nesusținut, dacă la judecată se prezintă numai pârâtul.

(2) Apelul pârâtului va fi judecat chiar dacă se înfățișează numai reclamantul.

(3) Dacă unul dintre soți s-a recăsătorit, hotărârea definitivă prin care s-a desfăcut căsătoria nu este supusă contestației în anulare și revizuirii în ce privește divorțul.

(4) Instanța la care hotărârea de divorț a rămas definitivă o va trimite, din oficiu, serviciului de stare civilă unde a fost încheiată căsătoria, Registrului național al regimurilor

matrimoniale, prevăzut de Codul civil, şi dacă unul dintre soţi a fost profesionist, registrului comerţului.

Capitolul II – Divorţul remediu

Secţiunea 1 – Divorţul prin acordul soţilor

Art. 928 Domeniu de aplicare

Dispoziţiile prezentei secţiuni nu se aplică cazurilor în care soţii au optat pentru divorţul pe cale administrativă sau notarială, în condiţiile Codului civil.

Art. 929 Depunerea cererii

(1) În cazul în care cererea de divorţ se întemeiază, în condiţiile prevăzute de Codul civil, pe acordul părţilor, ea va fi semnată de ambii soţi sau de către un mandatar comun, cu procură specială autentică. Dacă mandatarul este avocat, el va certifica semnătura soţilor, potrivit legii.

(2) Atunci când este cazul, în cererea de divorţ soţii vor stabili şi modalităţile în care au convenit să fie soluţionate cererile accesorii divorţului.

(3) Primind cererea formulată în condiţiile alin. (1), instanţa va verifica existenţa consimţământului soţilor, după care va fixa termen pentru soluţionarea cererii în camera de consiliu.

Art. 930 Soluţionarea cererii

(1) La termenul de judecată, instanţa va verifica dacă soţii stăruie în desfacerea căsătoriei pe baza acordului lor şi, în caz afirmativ, va pronunţa divorţul, fără a face menţiune despre culpa soţilor. Prin aceeaşi hotărâre, instanţa va lua act de învoiala soţilor cu privire la cererile accesorii, în condiţiile legii.

(2) Dacă soţii nu se învoiesc asupra cererilor accesorii, instanţa va administra probele prevăzute de lege pentru soluţionarea acestora şi, la cererea părţilor, va pronunţa o

hotărâre cu privire la divorţ, potrivit alin. (1), soluţionând totodată şi cererile privind exercitarea autorităţii părinteşti, contribuţia părinţilor la cheltuielile de creştere şi educare a copiilor şi numele soţilor după divorţ.

(3) Dacă va fi cazul, cu privire la celelalte cereri accesorii instanţa va continua judecata, pronunţând o hotărâre supusă căilor de atac prevăzute de lege.

(4) Hotărârea pronunţată în condiţiile alin. (1) este definitivă, iar hotărârea pronunţată potrivit alin. (2) este definitivă numai în ceea ce priveşte divorţul, dacă legea nu prevede altfel.

Art. 931 Cererea acceptată de pârât

(1) Când cererea de divorţ este întemeiată pe culpa soţului pârât, iar acesta recunoaşte faptele care au dus la destrămarea vieţii conjugale, instanţa, dacă reclamantul este de acord, va pronunţa divorţul fără a cerceta temeinicia motivelor de divorţ şi fără a face menţiune despre culpa pentru desfacerea căsătoriei.

(2) Dispoziţiile art. 930 alin. (2)-(4) se aplică în mod corespunzător.

(3) Dacă reclamantul nu este de acord cu pronunţarea divorţului în condiţiile alin. (1), cererea va fi soluţionată potrivit art. 933.

Secţiunea 2 – Divorţul din motive de sănătate

Art. 932 Condiţii

Când divorţul este cerut pentru că starea sănătăţii unuia dintre soţi face imposibilă continuarea căsătoriei, instanţa va administra probe privind existenţa bolii şi starea sănătăţii soţului bolnav şi va pronunţa divorţul, potrivit Codului civil, fără a face menţiune despre culpa pentru desfacerea căsătoriei.

Capitolul III – Divorţul din culpa soţilor

Art. 933 Culpa în destrămarea căsătoriei

(1) Instanţa va pronunţa divorţul din culpa soţului pârât atunci când, din cauza unor motive temeinice, imputabile acestuia, raporturile dintre soţi sunt grav vătămate şi continuarea căsătoriei nu mai este posibilă.

(2) Instanţa poate să pronunţe divorţul din culpa ambilor soţi, chiar atunci când numai unul dintre ei a făcut cerere, dacă din dovezile administrate reiese că amândoi sunt vinovaţi de destrămarea căsătoriei.

(3) Dacă pârâtul nu a formulat cerere reconvenţională, iar din dovezile administrate rezultă că numai reclamantul este culpabil de destrămarea căsătoriei, cererea acestuia va fi respinsă ca neîntemeiată, cu excepţia cazului în care sunt îndeplinite condiţiile prevăzute la art. 934 privind pronunţarea divorţului din culpa exclusivă a reclamantului.

Art. 934 Divorţul pentru separarea în fapt îndelungată

(1) Când soţii sunt separaţi în fapt de cel puţin 2 ani, oricare dintre ei va putea cere divorţul, asumându-şi responsabilitatea pentru eşecul căsătoriei. În acest caz, instanţa va verifica existenţa şi durata despărţirii în fapt şi va pronunţa divorţul din culpa exclusivă a reclamantului.

(2) Dacă soţul pârât se declară de acord cu divorţul, se vor aplica în mod corespunzător dispoziţiile art. 930.

Titlul V - Procedura partajului judiciar

Art. 979 Reguli aplicabile

Judecarea oricărei cereri de partaj privind bunuri asupra cărora părțile au un drept de proprietate comună se face după procedura prevăzută în prezentul titlu, cu excepția cazurilor în care legea prevede o altă procedură.

Art. 980 Cuprinsul cererii

Reclamantul este obligat să arate în cerere, pe lângă mențiunile prevăzute la art. 194, persoanele între care urmează a avea loc partajul, titlul pe baza căruia acesta este cerut, toate bunurile supuse partajului, valoarea lor, locul unde acestea se află, precum și persoana care le deține sau le administrează.

Art. 981 Declarațiile partilor

La primul termen de judecată, dacă părțile sunt prezente, instanța le va lua declarație cu privire la fiecare dintre bunurile supuse partajului și va lua act, când este cazul, de recunoașterile și acordul lor cu privire la existența bunurilor, locul unde se află și valoarea acestora.

Art. 982 Rolul activ al instanței. Înțelegerile dintre părți

(1) În tot cursul procesului, instanța va stărui ca părțile să împartă bunurile prin bună învoială.

(2) Dacă părțile ajung la o înțelegere cu privire la împărțirea bunurilor, instanța va hotărî potrivit înțelegerii lor. Împărțeala se poate face prin bună învoială și dacă printre cei interesați se află minori, persoane puse sub interdicție judecătorească ori dispăruți, însă numai cu încuviințarea

prealabilă a instanței de tutelă, precum și, dacă este cazul, a reprezentantului sau a ocrotitorului legal.

(3) În cazul în care înțelegerea privește numai partajul anumitor bunuri, instanța va lua act de această învoială și va pronunța o hotărâre parțială, continuând procesul pentru celelalte bunuri.

(4) Dispozițiile art. 438-441 sunt aplicabile.

Art. 983 Partajul judiciar

(1) Dacă părțile nu ajung la o înțelegere sau nu încheie o tranzacție potrivit celor arătate la art. 982, instanța va stabili bunurile supuse împărțelii, calitatea de coproprietar, cota-parte ce se cuvine fiecăruia și creanțele născute din starea de proprietate comună pe care coproprietarii le au unii față de alții. Dacă se împarte o moștenire, instanța va mai stabili datoriile transmise prin moștenire, datoriile și creanțele comoștenitorilor față de defunct, precum și sarcinile moștenirii.

(2) Instanța va face împărțeala în natură. În temeiul celor stabilite potrivit alin. (1), ea procedează la formarea loturilor și la atribuirea lor. În cazul în care loturile nu sunt egale în valoare, ele se întregesc printr-o sumă în bani.

Art. 984 Încheierea de admitere în principiu

(1) Dacă pentru formarea loturilor sunt necesare operații de măsurătoare, evaluare și altele asemenea, pentru care instanța nu are date suficiente, ea va da o încheiere prin care va stabili elementele prevăzute la art. 983, întocmind în mod corespunzător minuta.

(2) Dacă, în condițiile legii, s-au formulat și alte cereri în legătură cu partajul și de a căror soluționare depinde efectuarea acestuia, precum cererea de reducțiune a liberalităților excesive, cererea de raport al donațiilor și altele asemenea, prin încheierea arătată la alin. (1) instanța se va pronunța și cu privire la aceste cereri.

(3) Prin aceeași încheiere, instanța va dispune efectuarea unei expertize pentru formarea loturilor. Raportul de expertiză va arăta valoarea bunurilor și criteriile avute în vedere la stabilirea acestei valori, va indica dacă bunurile sunt comod partajabile în natură și în ce mod, propunând, la solicitarea instanței, loturile ce urmează a fi atribuite.

Art. 985 Încheierea de admitere în principiu suplimentară

În cazul în care, după pronunțarea încheierii prevăzute la art. 984, dar mai înainte de pronunțarea hotărârii de împărțeală, se constată că există și alți coproprietari sau că au fost omise unele bunuri care trebuiau supuse împărțelii, fără ca privitor la acești coproprietari sau la acele bunuri să fi avut loc o dezbatere contradictorie, instanța va putea da, cu citarea părților, o nouă încheiere, care va cuprinde, după caz, și coproprietarii sau bunurile omise. În aceleași condiții, instanța poate, cu consimțământul tuturor coproprietarilor, să elimine un bun care a fost cuprins din eroare în masa de împărțit.

Art. 986 Căile de atac împotriva unor încheieri

Încheierile prevăzute la art. 984 alin. (1) și art. 985 pot fi atacate numai cu apel odată cu fondul.

Art. 987 Criteriile partajului

La formarea și atribuirea loturilor, instanța va ține seama, după caz, și de acordul părților, mărimea cotei-părți ce se cuvine fiecăreia din masa bunurilor de împărțit, natura bunurilor, domiciliul și ocupația părților, faptul că unii dintre coproprietari, înainte de a se cere împărțeala, au făcut construcții sau îmbunătățiri cu acordul celorlalți coproprietari sau altele asemenea.

Art. 988 Atribuirea provizorie

(1) În cazul în care împărțeala în natură a unui bun nu este posibilă sau ar cauza o scădere importantă a valorii acestuia ori i-ar modifica în mod păgubitor destinația economică, la cererea unuia dintre coproprietari instanța, prin încheiere, îi poate atribui provizoriu întregul bun. Dacă mai mulți coproprietari cer să li se atribuie bunul, instanța va ține seama de criteriile prevăzute la art. 987. Prin încheiere, ea va stabili și termenul în care coproprietarul căruia i s-a atribuit provizoriu bunul este obligat să consemneze sumele ce corespund cotelor-părți cuvenite celorlalți coproprietari.

(2) Dacă coproprietarul căruia i s-a atribuit provizoriu bunul consemnează, în termenul stabilit, sumele cuvenite celorlalți coproprietari, instanța, prin hotărârea asupra fondului procesului, îi va atribui acestuia bunul.

(3) În cazul în care coproprietarul nu consemnează în termen sumele cuvenite celorlalți coproprietari, instanța va putea atribui bunul altui coproprietar, în condițiile prezentului articol.

Art. 989 Atribuirea definitivă

La cererea unuia dintre coproprietari, instanța, ținând seama de împrejurările cauzei, pentru motive temeinice, va putea să îi atribuie bunul direct prin hotărârea asupra fondului procesului, stabilind totodată sumele ce se cuvin celorlalți coproprietari și termenul în care este obligat să le plătească.

Art. 990 Vânzarea bunului

(1) În cazul în care niciunul dintre coproprietari nu cere atribuirea bunului ori, deși acesta a fost atribuit provizoriu, nu s-au consemnat, în termenul stabilit, sumele cuvenite celorlalți coproprietari, instanța, prin încheiere, va dispune vânzarea bunului, stabilind totodată dacă vânzarea se va face de către părți prin bună învoială ori de către executorul judecătoresc.

(2) Dacă părțile sunt de acord ca vânzarea să se facă prin bună învoială, instanța va stabili și termenul la care aceasta va fi efectuată. Termenul nu poate fi mai mare de 3 luni, în afară de cazul în care părțile sunt de acord cu majorarea lui.

(3) În cazul în care vreuna dintre părți nu a fost de acord cu vânzarea prin bună învoială sau dacă această vânzare nu s-a realizat în termenul stabilit potrivit alin. (2), instanța, prin încheiere dată cu citarea părților, va dispune ca vânzarea să fie efectuată de executorul judecătoresc.

(4) Încheierile prevăzute în prezentul articol pot fi atacate separat numai cu apel, în termen de 15 zile de la pronunțare. Dacă nu au fost astfel atacate, aceste încheieri nu mai pot fi supuse apelului odată cu hotărârea asupra fondului procesului.

Art. 991 Procedura vânzării la licitație

(1) După rămânerea definitivă a încheierii prin care s-a dispus vânzarea bunului de către un executor judecătoresc, acesta va proceda la efectuarea vânzării la licitație publică.

(2) executorul va fixa termenul de licitație, care nu va putea depăși 30 de zile pentru bunurile mobile și 60 de zile pentru bunurile imobile, socotite de la data primirii încheierii, și va înștiința coproprietarii despre data, ora și locul vânzării.

(3) Pentru termenul de licitație a bunurilor mobile, executorul va întocmi și afișa publicația de vânzare, cu cel puțin 5 zile înainte de acel termen.

(4) În cazul vânzării unui bun imobil, executorul va întocmi și afișa publicația de vânzare cu cel puțin 30 de zile înainte de termenul de licitație.

(5) Coproprietarii pot conveni ca vânzarea bunurilor să se facă la orice preț oferit de participanții la licitație. De asemenea, ei pot conveni ca vânzarea să nu se facă sub un anumit preț.

(6) Dispoziţiile prezentului articol se completează în mod corespunzător cu dispoziţiile prezentului cod privitoare la vânzarea la licitaţie a bunurilor mobile şi imobile prevăzute în materia executării silite.

Art. 992 Bunurile nesupuse vânzării

La cererea uneia dintre părţi, instanţa poate proceda la împărţeala bunurilor pentru care nu a dispus vânzarea potrivit art. 990.

Art. 993 Soluţionarea cererii de partaj

(1) În toate cazurile, asupra cererii de partaj instanţa se va pronunţa prin hotărâre.

(2) Sumele depuse de unul dintre coproprietari pentru ceilalţi, precum şi cele rezultate din vânzare vor fi împărţite de instanţă potrivit dreptului fiecărui coproprietar.

(3) În cazul în care partajul nu se poate realiza în niciuna dintre modalităţile prevăzute de lege, instanţa va hotărî închiderea dosarului. Dacă se introduce o nouă cerere de partaj, încheierile de admitere în principiu prevăzute la art. 984 şi 985 nu au autoritate de lucru judecat.

Art. 994 Hotărârea de partaj

(1) Hotărârea de partaj are efect constitutiv.

(2) Odată rămasă definitivă, hotărârea de partaj constituie titlu executoriu şi poate fi pusă în executare chiar dacă nu s-a cerut predarea efectivă a bunului ori instanţa nu a dispus în mod expres această predare.

(3) Hotărârea de partaj este supusă numai apelului. Cu toate acestea, dacă partajul s-a cerut pe cale incidentală, hotărârea este supusă aceloraşi căi de atac ca şi hotărârea dată asupra cererii principale. Acelaşi este şi termenul pentru exercitarea căii de atac, chiar dacă se atacă numai soluţia dată

asupra partajului. Aplicarea criteriilor prevăzute la art. 987 nu poate fi cenzurată pe calea recursului.

(4) Executarea cu privire la bunurile împărțite poate fi cerută în termenul de prescripție de 10 ani prevăzut la art. 705.

Art. 995 Revendicarea bunurilor atribuite

(1) În cazul în care părțile declară în mod expres că nu solicită predarea bunurilor, hotărârea de partaj nu este susceptibilă de executare silită.

(2) Pentru a intra în posesia bunurilor atribuite și a căror predare i-a fost refuzată de ceilalți coproprietari, partea interesată va trebui să exercite acțiunea în revendicare.

CODUL PENAL - Infracțiuni contra familiei
publicat în M.Of. nr. 510 din 24 iulie 2009

> ➤ **Legea nr. 286/2009 privind Codul Penal,** cu modificările aduse de **L. nr.27/2012** pentru modificarea și completarea Codului penal al României și a L. nr. 286/2009 privind Codul penal, **L. nr.63/2012** pentru modificarea și completarea Codului penal al României și a L. nr. 286/2009 privind Codul penal și **L. nr.187/2012** pentru punerea în aplicare a Legii nr. 286/2009 privind Codul penal

Infracțiunile contra familiei fac obiectul Capitolului II al Titlului VIII – "Infracțiuni care aduc atingere unor relații privind conviețuirea socială" din Partea specială a Codului penal.

Art. 376 Bigamia

(1) Încheierea unei noi căsătorii de către o persoană căsătorită se pedepsește cu închisoare de la 3 luni la 2 ani sau cu amendă.

(2) Persoana necăsătorită care încheie o căsătorie cu o persoană pe care o știe căsătorită se pedepsește cu închisoare de la o lună la un an sau cu amendă.

Art. 377 Incestul

Raportul sexual consimțit, săvârșit între rude în linie directă sau între frați și surori, se pedepsește cu închisoarea de la un an la 5 ani.

Art. 378 Abandonul de familie

(1) Săvârșirea de către persoana care are obligația legală de întreținere, față de cel îndreptățit la întreținere, a uneia dintre următoarele fapte:

a) părăsirea, alungarea sau lăsarea fără ajutor, expunându-l la suferințe fizice sau morale;

b) neîndeplinirea, cu rea-credință, a obligației de întreținere prevăzute de lege;

c) neplata, cu rea-credință, timp de 3 luni, a pensiei de întreținere stabilite pe cale judecătorească, se pedepsește cu închisoare de la 6 luni la 3 ani sau cu amendă.

(2) Cu aceeași pedeapsă se sancționează neexecutarea, cu rea-credință, de către cel condamnat a prestațiilor periodice stabilite prin hotărâre judecătorească, în favoarea persoanelor îndreptățite la întreținere din partea victimei infracțiunii.

(3) Acţiunea penală se pune în mişcare la plângerea prealabilă a persoanei vătămate.

(4) Fapta nu se pedepseşte dacă, înainte de terminarea urmăririi penale, inculpatul îşi îndeplineşte obligaţiile.

(5) Dacă, până la rămânerea definitivă a hotărârii de condamnare, inculpatul îşi îndeplineşte obligaţiile, instanţa dispune, după caz, amânarea aplicării pedepsei sau suspendarea executării pedepsei sub supraveghere, chiar dacă nu sunt îndeplinite condiţiile prevăzute de lege pentru aceasta.

Art. 379 - Nerespectarea măsurilor privind încredinţarea minorului

(1) Reţinerea de către un părinte a copilului său minor, fără consimţământul celuilalt părinte sau al persoanei căreia i-a fost încredinţat minorul potrivit legii, se pedepseşte cu închisoare de la o lună la 3 luni sau cu amendă.

(2) Cu aceeaşi pedeapsă se sancţionează fapta persoanei căreia i s-a încredinţat minorul prin hotărâre judecătorească spre creştere şi educare de a împiedica, în mod repetat, pe oricare dintre părinţi să aibă legături personale cu minorul, în condiţiile stabilite de părţi sau de către organul competent.

(3) Acţiunea penală se pune în mişcare la plângerea prealabilă a persoanei vătămate.

Art. 380 - Împiedicarea accesului la învăţământul general obligatoriu

(1) Părintele sau persoana căreia i-a fost încredinţat, potrivit legii, un minor şi care, în mod nejustificat, îl retrage sau îl împiedică prin orice mijloace să urmeze cursurile învăţământului general obligatoriu se pedepseşte cu închisoare de la 3 luni la un an sau cu amendă.

(2) Fapta nu se pedepseşte dacă înainte de terminarea urmăririi penale inculpatul asigură reluarea frecventării cursurilor de către minor.

(3) Dacă până la rămânerea definitivă a hotărârii de condamnare inculpatul asigură reluarea frecventării cursurilor de către minor, instanța dispune, după caz, amânarea aplicării pedepsei sau suspendarea executării pedepsei sub supraveghere, chiar dacă nu sunt îndeplinite condițiile prevăzute de lege pentru aceasta

LEGEA nr. 272/2004
privind protecţia şi promovarea drepturilor copilului
publicată în M. Of. nr. 557 din 23 iunie 2004

➢ cu modificările aduse de **H.G. nr. 1762/2005** privind indexarea cuantumului alocaţiei lunare de plasament, **H.G. nr. 3/2007** privind indexarea cuantumului alocaţiei lunare de plasament, **H.G. nr.9/2008** privind indexarea cuantumului alocaţiei lunare de plasament, **H.G. nr.1.663/2008** privind indexarea cuantumului alocaţiei lunare de plasament, **L. nr.71/2011** pentru punerea în aplicare a Legii nr. 287/2009 privind Codul civil, **L. nr.187/2012** pentru punerea în aplicare a Legii nr. 286/2009 privind Codul penal, **L. nr.197/2012** privind asigurarea calităţii în domeniul serviciilor sociale, **L. nr.257/2013** pentru modificarea şi completarea Legii nr. 272/2004 privind protecţia şi promovarea drepturilor copilului

Capitolul I - Dispoziţii generale şi definiţii

Art. 1 - (1) Prezenta lege reglementează cadrul legal privind respectarea, promovarea şi garantarea drepturilor copilului.

(2) Autorităţile publice, organismele private autorizate, precum şi persoanele fizice şi persoanele juridice responsabile de protecţia copilului sunt obligate să respecte, să promoveze şi să garanteze drepturile copilului stabilite prin Constituţie şi lege, în concordanţă cu prevederile Convenţiei Organizaţiei Naţiunilor Unite cu privire la drepturile copilului, ratificată prin Legea nr. 18/1990, republicată, şi ale celorlalte acte internaţionale în materie la care România este parte.

Art. 2 - (1) Prezenta lege, orice alte reglementări adoptate în domeniul respectării şi promovării drepturilor copilului, precum şi orice act juridic emis sau, după caz, încheiat în acest domeniu se subordonează cu prioritate principiului interesului superior al copilului.

(1^1) Interesul superior al copilului se circumscrie dreptului copilului la o dezvoltare fizică şi morală normală, la echilibru socioafectiv şi la viaţa de familie.

(2) Principiul interesului superior al copilului este impus inclusiv în legătură cu drepturile şi obligaţiile ce revin părinţilor copilului, altor reprezentanţi legali ai săi, precum şi oricăror persoane cărora acesta le-a fost plasat în mod legal.

(3) Principiul interesului superior al copilului va prevala în toate demersurile şi deciziile care privesc copiii, întreprinse de autorităţile publice şi de organismele private autorizate, precum şi în cauzele soluţionate de instanţele judecătoreşti.

(4) Persoanele prevăzute la alin. (3) sunt obligate să implice familia în toate deciziile, acţiunile şi măsurile privitoare

la copil și să sprijine îngrijirea, creșterea și formarea, dezvoltarea și educarea acestuia în cadrul familiei.

(5) În determinarea interesului superior al copilului se au în vedere cel puțin următoarele:

a) nevoile de dezvoltare fizică, psihologică, de educație și sănătate, de securitate și stabilitate și apartenență la o familie;

b) opinia copilului, în funcție de vârsta și gradul de maturitate;

c) istoricul copilului, având în vedere, în mod special, situațiile de abuz, neglijare, exploatare sau orice altă formă de violență asupra copilului, precum și potențialele situații de risc care pot interveni în viitor;

d) capacitatea părinților sau a persoanelor care urmează să se ocupe de creșterea și îngrijirea copilului de a răspunde nevoilor concrete ale acestuia;

e) menținerea relațiilor personale cu persoanele față de care copilul a dezvoltat relații de atașament.

Art. 3 - De dispozițiile prezentei legi beneficiază:

a) copiii cetățeni români aflați pe teritoriul României;

b) copiii cetățeni români aflați în străinătate;

c) copiii fără cetățenie aflați pe teritoriul României;

d) copiii care solicită sau beneficiază de o formă de protecție în condițiile reglementărilor legale privind statutul și regimul refugiaților în România;

e) copiii cetățeni străini aflați pe teritoriul României, în situații de urgență constatate, în condițiile prezentei legi, de către autoritățile publice române competente.

Art. 4 - În sensul prezentei legi, termenii și expresiile de mai jos au următoarele semnificații:

a) copil - persoana care nu a împlinit vârsta de 18 ani și nici nu a dobândit capacitatea deplină de exercițiu, potrivit legii;

b) familie - părinții și copiii acestora;

c) familie extinsă - rudele copilului, până la gradul IV inclusiv;

d) familie substitutivă - persoanele, altele decât cele care aparțin familiei extinse, inclusiv afinii până la gradul IV și asistenții maternali care asigură creșterea și îngrijirea copilului, în condițiile legii;

e) plan individualizat de protecție - documentul prin care se realizează planificarea serviciilor, prestațiilor și a măsurilor de protecție specială a copilului, pe baza evaluării psihosociale a acestuia și a familiei sale, în vederea integrării copilului care a fost separat de familia sa într-un mediu familial stabil permanent, în cel mai scurt timp posibil;

f) plan de servicii - documentul prin care se realizează planificarea acordării serviciilor și a prestațiilor, pe baza evaluării psihosociale a copilului și a familiei, în vederea prevenirii abuzului, neglijării, exploatării, a oricăror forme de violență asupra copilului, precum și a separării copilului de familia sa;

g) reprezentant legal al copilului - părintele sau persoana desemnată, potrivit legii, să exercite drepturile și să îndeplinească obligațiile părintești față de copil.

Art. 5 - (1) Copiii au dreptul la protecție și asistență în realizarea și exercitarea deplină a drepturilor lor, în condițiile prezentei legi.

(2) Răspunderea pentru creșterea și asigurarea dezvoltării copilului revine în primul rând părinților, aceștia având obligația de a-și exercita drepturile și de a-și îndeplini obligațiile față de copil ținând seama cu prioritate de interesul superior al acestuia.

(3) În subsidiar, responsabilitatea revine colectivității locale din care fac parte copilul și familia sa. Autoritățile administrației publice locale au obligația de a sprijini părinții sau, după caz, alt reprezentant legal al copilului în realizarea

obligațiilor ce le revin cu privire la copil, dezvoltând și asigurând în acest scop servicii diversificate, accesibile și de calitate, corespunzătoare nevoilor copilului.

(4) Intervenția statului este complementară; statul asigură protecția copilului și garantează respectarea tuturor drepturilor sale prin activitatea specifică realizată de instituțiile statului și de autoritățile publice cu atribuții în acest domeniu.

Art. 6 - Respectarea și garantarea drepturilor copilului se realizează conform următoarelor principii:

a) respectarea și promovarea cu prioritate a interesului superior al copilului;

b) egalitatea șanselor și nediscriminarea;

c) responsabilizarea părinților cu privire la exercitarea drepturilor și îndeplinirea obligațiilor părintești;

d) primordialitatea responsabilității părinților cu privire la respectarea și garantarea drepturilor copilului;

e) descentralizarea serviciilor de protecție a copilului, intervenția multisectorială și parteneriatul dintre instituțiile publice și organismele private autorizate;

f) asigurarea unei îngrijiri individualizate și personalizate pentru fiecare copil;

g) respectarea demnității copilului;

h) ascultarea opiniei copilului și luarea în considerare a acesteia, ținând cont de vârsta și de gradul său de maturitate;

i) asigurarea stabilității și continuității în îngrijirea, creșterea și educarea copilului, ținând cont de originea sa etnică, religioasă, culturală și lingvistică, în cazul luării unei măsuri de protecție;

j) celeritate în luarea oricărei decizii cu privire la copil;

k) asigurarea protecției împotriva abuzului, neglijării, exploatării și oricărei forme de violență asupra copilului;

l) interpretarea fiecărei norme juridice referitoare la drepturile copilului în corelație cu ansamblul reglementărilor din această materie.

Art.7 - Drepturile prevăzute de prezenta lege sunt garantate tuturor copiilor fără nici o discriminare, indiferent de rasă, culoare, sex, limbă, religie, opinie politică sau altă opinie, de naționalitate, apartenență etnică sau origine socială, de situația materială, de gradul și tipul unei deficiențe, de statutul la naștere sau de statutul dobândit, de dificultățile de formare și dezvoltare sau de alt gen ale copilului, ale părinților ori ale altor reprezentanți legali sau de orice altă distincție.

Art. 7^1 - În orice cauză care privește drepturi ale copilului, instanța verifică dacă înțelegerile dintre părinți sau ale acestora cu alte persoane respectă interesul superior al copilului.

Capitolul II - Drepturile copilului

Secţiunea 1 - Drepturi şi libertăţi civile

Art. 8 - (1) Copilul are dreptul la stabilirea şi păstrarea identităţii sale.

(2) Copilul este înregistrat imediat după naştere şi are de la această dată dreptul la un nume, dreptul de a dobândi o cetăţenie şi, dacă este posibil, de a-şi cunoaşte părinţii şi de a fi îngrijit, crescut şi educat de aceştia.

(3) Părinţii aleg numele şi prenumele copilului, în condiţiile legii.

(4) Copilul are dreptul de a-şi păstra cetăţenia, numele şi relaţiile de familie, în condiţiile prevăzute de lege, fără nici o ingerinţă.

(5) Dacă se constată că un copil este lipsit, în mod ilegal, de elementele constitutive ale identităţii sale sau de unele dintre acestea, instituţiile şi autorităţile publice sunt obligate să ia de urgenţă toate măsurile necesare în vederea restabilirii identităţii copilului.

Art. 9 - (1) În scopul realizării dreptului prevăzut la art. 8 alin. (1), unităţile sanitare care au în structură secţii de nou-născuţi şi/sau de pediatrie au obligaţia de a angaja un asistent social sau, după caz, de a desemna o persoană cu atribuţii de asistenţă socială.

(2) În vederea stabilirii identităţii copilului părăsit în unităţi sanitare sau găsit ori a părinţilor acestuia, organele de poliţie şi serviciile publice comunitare de evidenţă a persoanelor, competente, au obligaţia de a desemna una sau mai multe persoane responsabile, care să realizeze, cu celeritate, demersurile ce le revin, potrivit legii, pentru înregistrarea naşterii copilului şi să transmită datele de identificare direcţiei

265

generale de asistență socială și protecția copilului sau, după caz, serviciului public de asistență socială.

(3) Persoanele desemnate la alin. (2) au obligația efectuării demersurilor de stabilire a identității părinților copiilor părăsiți în unitățile sanitare, în situația în care aceștia au fost identificați și nu au întocmit certificatul de naștere.

Art. 10 - (1) Certificatul medical constatator al nașterii, atât pentru copilul născut viu, cât și pentru copilul născut mort, se întocmește în termen de 24 de ore de la naștere.

(2) Răspunderea pentru îndeplinirea obligației prevăzute la alin. (1) revine medicului care a asistat sau a constatat nașterea și medicului șef de secție.

(3) Când nașterea a avut loc în afara unităților sanitare, medicul de familie având cabinetul înregistrat în raza teritorială unde a avut loc nașterea este obligat ca, la cererea oricărei persoane, în termen de 24 de ore, să constate nașterea copilului, după care să întocmească și să elibereze certificatul medical constatator al nașterii copilului, chiar dacă mama nu este înscrisă pe lista cabinetului său.

Art. 11 - (1) În situația în care copilul este părăsit de mamă în maternitate, unitatea medicală are obligația să sesizeze telefonic și în scris direcția generală de asistență socială și protecția copilului și organele de poliție, în termen de 24 de ore de la constatarea dispariției mamei.

(2) În termen de 5 zile de la sesizarea prevăzută la alin. (1), se întocmește un proces-verbal de constatare a părăsirii copilului, semnat de reprezentantul direcției generale de asistență socială și protecția copilului, reprezentantul poliției și al maternității; când starea de sănătate a copilului permite externarea, în baza procesului-verbal, direcția generală de asistență socială și protecția copilului va stabili măsura plasamentului în regim de urgență pentru copil.

(3) În termen de 30 de zile de la întocmirea procesului-verbal, poliția este obligată să întreprindă verificările specifice privind identitatea mamei și să comunice rezultatul acestor verificări direcției generale de asistență socială și protecția copilului.

(4) În situația în care mama este identificată, direcția generală de asistență socială și protecția copilului va asigura consilierea și sprijinirea acesteia în vederea realizării demersurilor legate de întocmirea actului de naștere.

(5) În situația în care, în urma verificărilor efectuate de poliție, nu este posibilă identificarea mamei, direcția generală de asistență socială și protecția copilului transmite serviciului public de asistență socială în a cărui rază administrativ-teritorială s-a produs nașterea dosarul cuprinzând certificatul medical constatator al nașterii, procesul-verbal prevăzut la alin. (2), dispoziția de plasament în regim de urgență și răspunsul poliției cu rezultatul verificărilor.

(6) În termen de 5 zile de la primirea documentației prevăzute la alin. (5), serviciul public de asistență socială are obligația de a obține dispoziția de stabilire a numelui și prenumelui copilului, în conformitate cu prevederile Legii nr. 119/1996 cu privire la actele de stare civilă, cu modificările ulterioare, și de a face declarația de înregistrare a nașterii la serviciul public comunitar local de evidență a persoanelor competent.

(7) În termen de 24 de ore de la înregistrarea nașterii copilului, serviciul public de asistență socială are obligația de a transmite direcției generale de asistență socială și protecția copilului actul de înregistrare a nașterii copilului.

Art. 11^1 - În situația copilului părăsit de părinți în alte unități sanitare, a cărui naștere nu a fost înregistrată, obligația de a realiza demersurile prevăzute de lege pentru înregistrarea nașterii copilului revine serviciului public de asistență socială în a cărui rază administrativ-teritorială a fost părăsit acesta, cu respectarea procedurii prevăzute la art. 11.

Art. 12 - (1) În situaţia copilului găsit în familie sau într-un loc public, precum şi a celui părăsit de părinţi în alte unităţi sanitare, a cărui naştere nu a fost înregistrată, obligaţia de a realiza demersurile prevăzute de lege pentru înregistrarea naşterii copilului revine serviciului public de asistenţă socială în a cărui rază administrativ-teritorială a fost găsit sau părăsit copilul.

(2) Expertiza medico-legală necesară pentru înregistrarea naşterii copilului este gratuită.

Art. 12^1 - Metodologia privind realizarea obligaţiilor ce revin autorităţilor administraţiei publice locale, instituţiilor şi profesioniştilor implicaţi în prevenirea şi intervenţia în cazurile de copii aflaţi în situaţie de risc sau părăsiţi în unităţi sanitare/secţii/compartimente de specialitate obstetrică-ginecologie şi neonatologie/alte unităţi sanitare care oferă servicii medicale pentru copii se aprobă prin hotărâre a Guvernului, la propunerea Ministerului Muncii, Familiei, Protecţiei Sociale şi Persoanelor Vârstnice, în colaborare cu Ministerul Dezvoltării Regionale şi Administraţiei Publice şi cu Ministerul Sănătăţii.

Art. 13 - (1) Unităţile sanitare, unităţile de protecţie socială, serviciile de îngrijire de tip rezidenţial, entităţile fără personalitate juridică, alte persoane juridice, precum şi persoane fizice care internează sau primesc în îngrijire femei gravide ori copii care nu posedă acte pe baza cărora să li se poată stabili identitatea sunt obligate să anunţe, în termen de 24 de ore, în scris, autoritatea administraţiei publice locale în a cărei rază îşi au sediul sau, după caz, domiciliul, în vederea stabilirii identităţii lor, precum şi direcţia generală de asistenţă socială și protecția copilului de care aparțin, în vederea luării în evidență.

(2) Cel care ia un copil pentru a-l îngriji sau proteja temporar, până la stabilirea unei măsuri de protecție în condițiile legii, are obligația de a-l întreține și, în termen de 48 de ore, de a anunța autoritatea administrației publice locale în a cărei rază teritorială își are sediul sau domiciliul.

Art. 14 - (1) Copilul are dreptul de a menține relații personale și contacte directe cu părinții, rudele, precum și cu alte persoane față de care copilul a dezvoltat legături de atașament.

(2) Copilul are dreptul de a-și cunoaște rudele și de a întreține relații personale cu acestea, precum și cu alte persoane alături de care copilul s-a bucurat de viața de familie, în măsura în care acest lucru nu contravine interesului său superior.

(3) Părinții sau un alt reprezentant legal al copilului nu pot împiedica relațiile personale ale acestuia cu bunicii, frații și surorile ori cu alte persoane alături de care copilul s-a bucurat de viața de familie, decât în cazurile în care instanța decide în acest sens, apreciind că există motive temeinice de natură a primejdui dezvoltarea fizică, psihică, intelectuală sau morală a copilului.

(4) În caz de neînțelegere între părinți cu privire la modalitățile de exercitare a dreptului de a avea legături personale cu copilul, instanța va stabili un program în funcție de vârsta copilului, de nevoile de îngrijire și educare ale acestuia, de intensitatea legăturii afective dintre copil și părintele la care nu locuiește, de comportamentul acestuia din urmă, precum și de alte aspecte relevante în fiecare caz în parte.

(5) Criteriile prevăzute la alin. (4) vor fi avute în vedere și la stabilirea programului de relații personale și cu celelalte persoane alături de care copilul s-a bucurat de viața de familie.

Art. 15 - (1) În sensul prezentei legi, relaţiile personale se pot realiza prin:

a) întâlniri ale copilului cu părintele ori cu o altă persoană care are, potrivit prezentei legi, dreptul la relaţii personale cu copilul;

b) vizitarea copilului la domiciliul acestuia;

c) găzduirea copilului, pe perioadă determinată, de către părintele sau de către altă persoană la care copilul nu locuieşte în mod obişnuit;

d) corespondenţă ori altă formă de comunicare cu copilul;

e) transmiterea de informaţii copilului cu privire la părintele ori la alte persoane care au, potrivit prezentei legi, dreptul de a menţine relaţii personale cu copilul;

f) transmiterea de către persoana la care locuieşte copilul a unor informaţii referitoare la copil, inclusiv fotografii recente, evaluări medicale sau şcolare, către părintele sau către alte persoane care au dreptul de a menţine relaţii personale cu copilul;

g) întâlniri ale copilului cu părintele ori cu o altă persoană faţă de care copilul a dezvoltat legături de ataşament într-un loc neutru în raport cu copilul, cu sau fără supravegherea modului în care relaţiile personale sunt întreţinute, în funcţie de interesul superior al copilului.

(2) Transmiterea informaţiilor prevăzute la alin. (1) lit. e) şi f) se va face cu respectarea interesului superior al copilului, precum şi a dispoziţiilor speciale vizând confidenţialitatea şi transmiterea informaţiilor cu caracter personal.

(3) Părintele la care copilul locuieşte are obligaţia de a sprijini menţinerea relaţiilor personale ale copilului cu celălalt părinte, prevăzute la alin. (1).

(4) Pentru restabilirea şi menţinerea relaţiilor personale ale copilului, serviciul public de asistenţă socială şi, după caz, direcţiile generale de asistenţă socială şi protecţia copilului de la

nivelul ficcărui sector al municipiului București au obligația de a oferi consiliere, acordată de specialiști atât copilului, cât și părinților săi, la solicitarea acestora.

(5) În cazul în care părintele la care copilul locuiește împiedică sau afectează în mod negativ legăturile personale ale copilului cu celălalt părinte, prin nerespectarea programului stabilit de instanță sau convenit de părinți, părintele la care nu locuiește în mod statornic poate cere serviciului public de asistență socială sau, după caz, persoanelor cu atribuții de asistență socială în circumscripția căruia se află locuința copilului să monitorizeze relațiile personale cu copilul pentru o durată de până la 6 luni.

(6) Monitorizarea permite reprezentanților serviciului public de asistență socială sau, după caz, persoanelor cu atribuții de asistență socială să asiste la preluarea copilului de către părintele la care nu locuiește în mod statornic, la înapoierea acestuia, să realizeze intervievarea părinților, a copilului și a persoanelor cu care copilul locuiește, precum și a altor persoane, în vederea întocmirii raportului de monitorizare.

(7) La finalul perioadei de monitorizare, reprezentantul serviciului public de asistență socială sau, după caz, persoana cu atribuții de asistență socială care a întocmit raportul prevăzut la alin. (6) poate propune prelungirea perioadei de monitorizare cu cel mult 6 luni, poate recomanda consilierea psihologică a unuia dintre părinți sau a ambilor, precum și o serie de măsuri pentru îmbunătățirea relației personale dintre copil și părintele la care nu locuiește.

(8) Raportul de monitorizare prevăzut la alin. (6) se înmânează fiecăruia dintre părinți și poate fi folosit ca probă în instanță.

Art. 16 - (1) Copilul care a fost separat de ambii părinți sau de unul dintre aceștia printr-o măsură dispusă în condițiile legii are dreptul de a menține relații personale și contacte directe cu ambii părinți, cu excepția situației în care acest lucru contravine interesului superior al copilului.

(2) Instanța judecătorească, luând în considerare, cu prioritate, interesul superior al copilului, poate limita exercitarea acestui drept, dacă există motive temeinice de natură a periclita dezvoltarea fizică, mentală, spirituală, morală sau socială a copilului.

Art. 16^1 - (1) În vederea asigurării menținerii relațiilor personale ale copilului cu părinții săi sau cu alte persoane alături de care s-a bucurat de viața de familie, precum și pentru asigurarea înapoierii copilului la locuința sa la terminarea perioadei de vizită, instanța poate dispune, la cererea părintelui interesat sau a altei persoane îndreptățite, una sau mai multe măsuri cu caracter asiguratoriu sau a unor garanții.

(2) Măsurile prevăzute la alin. (1) pot include:

a) amendă pe ziua de întârziere impusă persoanei care refuză punerea în aplicare sau respectarea programului de menținere a relațiilor personale ale copilului;

b) depunerea unei garanții reale sau personale de către părintele sau persoana de la care urmează să fie preluat copilul, în vederea menținerii relațiilor personale sau, după caz, la încetarea programului de vizitare;

c) depunerea pașaportului sau a unui alt act de identitate la o instituție desemnată de instanță și, atunci când este necesar, a unui document din care să rezulte că persoana care solicită relații personale a notificat depunerea acestora, pe durata vizitei, autorității consulare competente.

Art. 16^2 - (1) În cazul în care părinții nu se înțeleg cu privire la locuința copilului, instanța de tutelă va stabili locuința acestuia la unul dintre ei, potrivit art. 496 alin. (3) din Codul civil. La evaluarea interesului copilului instanța poate avea în vedere, în afara elementelor prevăzute la art. 2 alin. (5), și aspecte precum:

a) disponibilitatea fiecărui părinte de a-l implica pe celălalt părinte în deciziile legate de copil și de a respecta drepturile părintești ale acestuia din urmă;

b) disponibilitatea fiecăruia dintre părinți de a permite celuilalt menținerea relațiilor personale;

c) situația locativă din ultimii 3 ani a fiecărui părinte;

d) istoricul cu privire la violența părinților asupra copilului sau asupra altor persoane;

e) distanța dintre locuința fiecărui părinte și instituția care oferă educație copilului.

(2) Prevederile alin. (1) se aplică în mod corespunzător și pentru cazurile în care locuința minorului se stabilește la terțe persoane sau la un serviciu de protecție specială.

Art. 17 - (1) Copilul ai cărui părinți locuiesc în state diferite are dreptul de a întreține relații personale și contacte directe cu aceștia, cu excepția situației în care acest lucru contravine interesului superior al copilului.

(2) Abrogat

Art. 18 - (1) Copiii neînsoțiți de părinți sau de un alt reprezentant legal ori care nu se găsesc sub supravegherea legală a unor persoane au dreptul de a li se asigura, în cel mai scurt timp posibil, reîntoarcerea alături de reprezentanții lor legali.

(2) Deplasarea copiilor în străinătate se realizează cu respectarea prevederilor Legii nr. 248/2005 privind regimul liberei circulații a cetățenilor români în străinătate, cu modificările și completările ulterioare.

(3) Părinții sau, după caz, altă persoană responsabilă de supravegherea, creșterea și îngrijirea copilului sunt obligați să

anunţe la poliţie dispariţia acestuia de la domiciliu, în cel mult 24 de ore de la constatarea dispariţiei.

Art. 19 - (1) Misiunile diplomatice şi consulare ale României au obligaţia de a sesiza Ministerul Muncii, Familiei, Protecţiei Sociale şi Persoanelor Vârstnice cu privire la copiii cetăţeni români aflaţi în străinătate care, din orice motive, nu sunt însoţiţi de părinţi sau de un alt reprezentant legal ori nu se găsesc sub supravegherea legală a unor persoane din străinătate.

(2) Ministerul Muncii, Familiei, Protecţiei Sociale şi Persoanelor Vârstnice va lua măsurile necesare pentru întoarcerea copilului la părinţi sau la un alt reprezentant legal, imediat după identificarea acestora. În cazul în care persoanele identificate nu pot sau refuză să preia copilul, la cererea Ministerului Muncii, Familiei, Protecţiei Sociale şi Persoanelor Vârstnice, tribunalul de la domiciliul copilului sau Tribunalul Bucureşti, în situaţia în care acest domiciliu nu este cunoscut, va dispune plasamentul copilului într-un serviciu de protecţie specială propus de Ministerul Muncii, Familiei, Protecţiei Sociale şi Persoanelor Vârstnice.

(3) Procedura de întoarcere a copiilor în ţară, de identificare a părinţilor sau a altor reprezentanţi legali ai copiilor, modul de avansare a cheltuielilor ocazionate de întoarcerea în ţară a acestora, precum şi serviciile de protecţie specială, publice sau private, competente să asigure protecţia în regim de urgenţă a copiilor aflaţi în situaţia prevăzută la alin. (1) se stabilesc prin hotărâre a Guvernului.

Art. 20 - (1) Misiunile diplomatice şi consulare străine au obligaţia de a sesiza Ministerul Muncii, Familiei, Protecţiei Sociale şi Persoanelor Vârstnice şi Autoritatea pentru Străini despre toate situaţiile în care au cunoştinţă de copii cetăţeni străini aflaţi pe teritoriul României, care, din orice motive, nu sunt însoţiţi de părinţi sau de un alt reprezentant legal ori nu se găsesc sub supravegherea legală a unor persoane. În cazul în care autoritățile române se autosesizează, acestea vor înștiința de urgență misiunea străină competentă cu privire la copiii în cauză.

(2) În situația copiilor prevăzuți la alin. (1), Ministerul Muncii, Familiei, Protecției Sociale și Persoanelor Vârstnice, până la definitivarea demersurilor legale ce cad în competența Autorității pentru Străini, va solicita Tribunalului București stabilirea plasamentului copilului într-un serviciu de protecție specială propus de Ministerul Muncii, Familiei, Protecției Sociale și Persoanelor Vârstnice.

(3) Măsura plasamentului durează până la returnarea copilului în țara de reședință a părinților ori în țara în care au fost identificați alți membri ai familiei dispuși să ia copilul.

(4) În cazul nereturnării copilului, acesta beneficiază de protecția specială prevăzută în prezenta lege.

Art. 21- În vederea aplicării prevederilor art. 19 și 20 se încheie tratatele necesare cu statele sau cu autoritățile statelor vizate, pe baza propunerilor Ministerului Muncii, Familiei, Protecției Sociale și Persoanelor Vârstnice și ale Ministerului Afacerilor Externe, precum și a altor instituții interesate.

Art. 22 - (1) Copilul are dreptul la protejarea imaginii sale publice și a vieții sale intime, private și familiale.

(2) Este interzisă orice acțiune de natură să afecteze imaginea publică a copilului sau dreptul acestuia la viață intimă, privată și familială.

(3) Participarea copilului în vârstă de până la 14 ani la dezbateri publice în cadrul unor programe audiovizuale se poate face numai cu consimțământul scris al acestuia și al părinților sau, după caz, al altui reprezentant legal.

(4) Copiii nu pot fi folosiți sau expuși de către părinți, reprezentanți legali, alte persoane responsabile de creșterea și

îngrijirea lor, organisme private acreditate ca furnizori de servicii sociale, instituții publice sau private în scopul de a obține avantaje personale/instituționale sau de a influența deciziile autorităților publice.

(5) Consiliul Național al Audiovizualului monitorizează modul de derulare a programelor audiovizuale, astfel încât să se asigure protecția și garantarea dreptului copilului prevăzut la alin. (1).

Art. 23 (1) Copilul are dreptul la libertate de exprimare.

(2) Libertatea copilului de a căuta, de a primi și de a difuza informații de orice natură, care vizează promovarea bunăstării sale sociale, spirituale și morale, sănătatea sa fizică și mentală, sub orice formă și prin orice mijloace la alegerea sa, este inviolabilă.

(3) Părinții sau, după caz, alți reprezentanți legali ai copilului, persoanele care au în plasament copii, precum și persoanele care, prin natura funcției, promovează și asigură respectarea drepturilor copiilor au obligația de a le asigura informații, explicații și sfaturi, în funcție de vârsta și de gradul de înțelegere al acestora, precum și de a le permite să-și exprime punctul de vedere, ideile și opiniile.

(4) Părinții nu pot limita dreptul copilului minor la libertatea de exprimare decât în cazurile prevăzute expres de lege.

Art. 24 - (1) Copilul capabil de discernământ are dreptul de a-și exprima liber opinia asupra oricărei probleme care îl privește.

(2) În orice procedură judiciară sau administrativă care îl privește copilul are dreptul de a fi ascultat. Este obligatorie ascultarea copilului care a împlinit vârsta de 10 ani. Cu toate acestea, poate fi ascultat și copilul care nu a împlinit vârsta de

10 ani, dacă autoritatea competentă apreciază că audierea lui este necesară pentru soluționarea cauzei.

(3) Dreptul de a fi ascultat conferă copilului posibilitatea de a cere și de a primi orice informație pertinentă, de a fi consultat, de a-și exprima opinia și de a fi informat asupra consecințelor pe care le poate avea opinia sa, dacă este respectată, precum și asupra consecințelor oricărei decizii care îl privește.

(4) În toate cazurile prevăzute la alin. (2), opiniile copilului ascultat vor fi luate în considerare și li se va acorda importanța cuvenită, în raport cu vârsta și cu gradul de maturitate a copilului.

(5) Orice copil poate cere să fie ascultat conform dispozițiilor alin. (2) și (3). În caz de refuz, autoritatea competentă se va pronunța printr-o decizie motivată.

(6) Dispozițiile legale speciale privind consimțământul sau prezența copilului în procedurile care îl privesc, precum și prevederile referitoare la desemnarea unui curator, în caz de conflict de interese, sunt și rămân aplicabile.

Art. 25 - (1) Copilul are dreptul la libertate de gândire, de conștiință și de religie.

(2) Părinții îndrumă copilul, potrivit propriilor convingeri, în alegerea unei religii, în condițiile legii, ținând seama de opinia, vârsta și de gradul de maturitate a acestuia, fără a-l putea obliga să adere la o anumită religie sau la un anumit cult religios.

(3) Religia copilului care a împlinit 14 ani nu poate fi schimbată fără consimțământul acestuia; copilul care a împlinit vârsta de 16 ani are dreptul să-și aleagă singur religia.

(4) Atunci când copilul beneficiază de protecție specială, persoanelor în îngrijirea cărora se află le sunt interzise orice acțiuni menite să influențeze convingerile religioase ale copilului.

Art. 26 - (1) Copilul are dreptul la liberă asociere în structuri formale şi informale, precum şi libertatea de întrunire paşnică, în limitele prevăzute de lege.

(2) Autorităţile administraţiei publice locale, unităţile de învăţământ şi alte instituţii publice sau private competente iau măsurile necesare asigurării exercitării corespunzătoare a drepturilor prevăzute la alin. (1).

Art. 27 - (1) Copilul aparţinând unei minorităţi naţionale, etnice, religioase sau lingvistice are dreptul la viaţă culturală proprie, la declararea apartenenţei sale etnice, religioase, la practicarea propriei sale religii, precum şi dreptul de a folosi limba proprie în comun cu alţi membri ai comunităţii din care face parte.

(1^1) Copilul aparţinând minorităţilor naţionale are dreptul să se exprime în limba maternă în procedurile care îl privesc.

(1^2) Modalităţile de exercitare a dreptului prevăzut la alin. (1), inclusiv prin folosirea de interpreţi sau traduceri, se vor stabili astfel încât să nu împiedice buna realizare şi exercitare a drepturilor tuturor copiilor.

(2) Consiliul Naţional pentru Combaterea Discriminării asigură şi urmăreşte exercitarea drepturilor prevăzute la alin. (1).

Art. 28 - (1) Copilul are dreptul la respectarea personalităţii şi individualităţii sale şi nu poate fi supus pedepselor fizice sau altor tratamente umilitoare ori degradante.

(2) Măsurile de disciplinare a copilului nu pot fi stabilite decât în acord cu demnitatea copilului, nefiind permise sub nici un motiv pedepsele fizice ori acelea care se află în legătură cu dezvoltarea fizică, psihică sau care afectează starea emoţională a copilului.

Art. 29 - (1) Copilul are dreptul să depună singur plângeri referitoare la încălcarea drepturilor sale fundamentale.

(2) Copilul este informat de către părinte/reprezentant legal asupra drepturilor și îndatoririlor ce îi revin, precum și asupra modalităților de exercitare și îndeplinire a acestora.

(3) Îndatoririle copilului se stabilesc în funcție de vârsta și gradul de maturitate, fără ca acestea să conducă la încălcări ale drepturilor sale.

Secţiunea a 2-a - Mediul familial şi îngrijirea alternativă

Art. 30 - (1) Copilul are dreptul să crească alături de părinţii săi.

(2) Părinţii au obligaţia să asigure copilului, de o manieră corespunzătoare capacităţilor în continuă dezvoltare ale copilului, orientarea şi sfaturile necesare exercitării corespunzătoare a drepturilor prevăzute în prezenta lege.

(3) Părinţii copilului au dreptul să primească informaţiile şi asistenţa de specialitate necesare în vederea îngrijirii, creşterii şi educării acestuia.

Art. 31 - (1) Ambii părinţi sunt responsabili pentru creşterea copiilor lor.

(2) Exercitarea drepturilor şi îndeplinirea obligaţiilor părinteşti trebuie să aibă în vedere interesul superior al copilului şi să asigure bunăstarea materială şi spirituală a copilului, în special prin îngrijirea acestuia, prin menţinerea relaţiilor personale cu el, prin asigurarea creşterii, educării şi întreţinerii sale, precum şi prin reprezentarea sa legală şi administrarea patrimoniului său.

(2^1) În situaţia în care ambii părinţi exercită autoritatea părintească, dar nu locuiesc împreună, deciziile importante, precum cele referitoare la alegerea felului învăţăturii sau pregătirii profesionale, tratamente medicale complexe sau intervenţii chirurgicale, reşedinţa copilului sau administrarea bunurilor, se iau numai cu acordul ambilor părinţi.

(2^2) În situaţia în care, din orice motiv, un părinte nu-şi exprimă voinţa pentru luarea deciziilor prevăzute la alin. (2^1), acestea se iau de către părintele cu care copilul locuieşte, cu excepţia situaţiei în care acest lucru contravine interesului superior al copilului.

(2^3) Ambii părinți, indiferent dacă exercită sau nu autoritatea părintească, au dreptul de a solicita și de a primi informații despre copil, din partea unităților școlare, unităților sanitare sau a oricăror altor instituții ce intră în contact cu copilul.

(2^4) Un părinte nu poate renunța la autoritatea părintească, dar se poate înțelege cu celălalt părinte cu privire la modalitatea de exercitare a autorității părintești, în condițiile art. 506 din Codul civil.

(2^5) Se consideră motive întemeiate pentru ca instanța să decidă ca autoritatea părintească să se exercite de către un singur părinte alcoolismul, boala psihică, dependența de droguri a celuilalt părinte, violența față de copil sau față de celălalt părinte, condamnările pentru infracțiuni de trafic de persoane, trafic de droguri, infracțiuni cu privire la viața sexuală, infracțiuni de violență, precum și orice alt motiv legat de riscurile pentru copil, care ar deriva din exercitarea de către acel părinte a autorității părintești.

(3) În cazul existenței unor neînțelegeri între părinți cu privire la exercitarea drepturilor și îndeplinirea obligațiilor părintești, instanța judecătorească, după ascultarea ambilor părinți, hotărăște potrivit interesului superior al copilului.

Art. 32 - Copilul are dreptul să fie crescut în condiții care să permită dezvoltarea sa fizică, mentală, spirituală, morală și socială. În acest scop părinții sunt obligați:

a) să supravegheze copilul;

b) să coopereze cu copilul și să îi respecte viața intimă, privată și demnitatea;

c) să informeze copilul despre toate actele și faptele care l-ar putea afecta și să ia în considerare opinia acestuia;

d) să întreprindă toate măsurile necesare pentru realizarea drepturilor copilului lor;

e) să coopereze cu persoanele fizice și persoanele juridice care exercită atribuții în domeniul îngrijirii, educării și formării profesionale a copilului.

Art. 33 - Copilul nu poate fi separat de părinții săi sau de unul dintre ei, împotriva voinței acestora, cu excepția cazurilor expres și limitativ prevăzute de lege, sub rezerva revizuirii judiciare

Art. 34 - (1) Serviciul public de asistență socială va lua toate măsurile necesare pentru depistarea precoce a situațiilor de risc care pot determina separarea copilului de părinții săi, precum și pentru prevenirea comportamentelor abuzive ale părinților și a violenței în familie.

(2) Orice separare a copilului de părinții săi, precum și orice limitare a exercițiului drepturilor părintești trebuie să fie precedate de acordarea sistematică a serviciilor și prestațiilor prevăzute de lege, cu accent deosebit pe informarea corespunzătoare a părinților, consilierea acestora, terapie sau mediere, acordate în baza unui plan de servicii.

Art. 35 - (1) Planul de servicii se întocmește și se pune în aplicare de către serviciul public de asistență socială, organizat la nivelul municipiilor și orașelor, precum și de persoanele cu atribuții de asistență socială din aparatul propriu al consiliilor locale comunale din unitatea administrativ-teritorială unde se află copilul, în urma evaluării situației copilului și a familiei acestuia.

(2) La nivelul municipiului București întocmirea și punerea în aplicare a planului prevăzut la alin. (1) se realizează de către direcția generală de asistență socială și protecția copilului de la nivelul fiecărui sector.

(3) Planul de servicii se aprobă prin dispoziția primarului.

(4) Planul de servicii are ca obiectiv prevenirea abuzului, neglijării, exploatării şi a oricăror forme de violenţă asupra copilului sau separarea copilului de familia sa. În acest scop, serviciul public de asistenţă socială ori, după caz, direcţia generală de asistenţă socială şi protecţia copilului de la nivelul fiecărui sector al municipiului Bucureşti are obligaţia de a oferi servicii şi prestaţii destinate menţinerii copilului în familie şi de a sprijini accesul copilului şi al familiei sale la alte servicii.

(5) Planul de servicii poate avea ca finalitate transmiterea către direcţia generală de asistenţă socială şi protecţia copilului a cererii de instituire a unei măsuri de protecţie specială a copilului, numai dacă, după acordarea serviciilor prevăzute de acest plan, se constată că menţinerea copilului alături de părinţii săi nu este posibilă.

Art. 36 - (1) Dacă există motive temeinice de a suspecta că viaţa şi securitatea copilului sunt primejduite în familie, reprezentanţii serviciului public de asistenţă socială ori, după caz, ai direcţiei generale de asistenţă socială şi protecţia copilului de la nivelul sectoarelor municipiului Bucureşti au dreptul să viziteze copiii la locuinţa lor şi să se informeze despre felul în care aceştia sunt îngrijiţi, despre sănătatea şi dezvoltarea lor fizică, educarea, învăţătura şi pregătirea lor profesională, acordând, la nevoie, îndrumările necesare.

(2) Dacă, în urma vizitelor efectuate potrivit alin. (1), se constată că dezvoltarea fizică, mentală, spirituală, morală sau socială a copilului este primejduită, serviciul public de asistenţă socială este obligat să sesizeze de îndată direcţia generală de asistenţă socială şi protecţia copilului în vederea luării măsurilor prevăzute de lege.

(3) Direcţia generală de asistenţă socială şi protecţia copilului este obligată să sesizeze instanţa judecătorească în situaţia în care consideră că sunt întrunite condiţiile prevăzute

de lege pentru decăderea, totală sau parțială, a părinților ori a unuia dintre ei din exercițiul drepturilor părintești.

Art. 37 - (1) Direcția generală de asistență socială și protecția copilului va lua toate măsurile necesare pentru ca părinții decăzuți din drepturile părintești, precum și cei cărora le-a fost limitat exercițiul anumitor drepturi să beneficieze de asistență specializată pentru creșterea capacității acestora de a se ocupa de copii, în vederea redobândirii exercițiului drepturilor părintești.

(2) Părinții care solicită redarea exercițiului drepturilor părintești beneficiază de asistență juridică gratuită, în condițiile legii.

Art. 38 - Instanța judecătorească este singura autoritate competentă să se pronunțe, luând în considerare, cu prioritate, interesul superior al copilului, cu privire la:

a) persoana care exercită drepturile și îndeplinește obligațiile părintești în situația în care copilul este lipsit, temporar sau permanent, de ocrotirea părinților săi;

b) modalitățile în care se exercită drepturile și se îndeplinesc obligațiile părintești;

c) decăderea totală sau parțială din exercițiul drepturilor părintești;

d) redarea exercițiului drepturilor părintești.

Art. 39 - (1) Orice copil care este, temporar sau definitiv, lipsit de ocrotirea părinților săi sau care, în vederea protejării intereselor sale, nu poate fi lăsat în grija acestora are dreptul la protecție alternativă.

(2) Protecția prevăzută la alin. (1) include instituirea tutelei, măsurile de protecție specială prevăzute de prezenta lege, adopția. În alegerea uneia dintre aceste soluții autoritatea competentă va ține seama în mod corespunzător de necesitatea

asigurării unei anumite continuități în educarea copilului, precum și de originea sa etnică, religioasă, culturală și lingvistică.

Art. 40 – (1) Abrogat

(2) Tutela se instituie conform legii de către instanța judecătorească în a cărei circumscripție teritorială domiciliază sau a fost găsit copilul.

Art. 41 –Abrogat

Art. 42 – Abrogat

Secţiunea a 3-a - Sănătatea şi bunăstarea copilului

Art. 43 - (1) Copilul are dreptul de a se bucura de cea mai bună stare de sănătate pe care o poate atinge şi de a beneficia de serviciile medicale şi de recuperare necesare pentru asigurarea realizării efective a acestui drept.

(2) Accesul copilului la servicii medicale şi de recuperare, precum şi la medicaţia adecvată stării sale în caz de boală este garantat de către stat, costurile aferente fiind suportate din Fondul naţional unic de asigurări sociale de sănătate şi de la bugetul de stat.

(3) Organele de specialitate ale administraţiei publice centrale, autorităţile administraţiei publice locale, precum şi orice alte instituţii publice sau private cu atribuţii în domeniul sănătăţii sunt obligate să adopte, în condiţiile legii, toate măsurile necesare pentru:

a) reducerea mortalităţii infantile;

b) asigurarea şi dezvoltarea serviciilor medicale primare şi comunitare;

c) prevenirea malnutriţiei şi a îmbolnăvirilor;

d) asigurarea serviciilor medicale pentru gravide în perioada pre- şi postnatală, indiferent dacă acestea au sau nu au calitatea de persoană asigurată în sistemul asigurărilor sociale de sănătate;

e) informarea părinţilor şi a copiilor cu privire la sănătatea şi alimentaţia copilului, inclusiv cu privire la avantajele alăptării, igienei şi salubrităţii mediului înconjurător;

f) dezvoltarea de acţiuni şi programe pentru ocrotirea sănătăţii şi de prevenire a bolilor, de asistenţă a părinţilor şi de educaţie, precum şi de servicii în materie de planificare familială;

g) verificarea periodică a tratamentului copiilor care au fost plasaţi pentru a primi îngrijire, protecţie sau tratament;

h) asigurarea confidențialității consultanței medicale acordate la solicitarea copilului;

i) derularea sistematică în unitățile școlare de programe de educație pentru viață, inclusiv educație sexuală pentru copii, în vederea prevenirii contactării bolilor cu transmitere sexuală și a gravidității minorelor.

(4) Părinții sunt obligați să solicite asistență medicală pentru a asigura copilului cea mai bună stare de sănătate pe care o poate atinge și pentru a preveni situațiile care pun în pericol viața, creșterea și dezvoltarea copilului.

(5) În situația excepțională în care viața copilului se află în pericol iminent ori există riscul producerii unor consecințe grave cu privire la sănătatea sau integritatea acestuia, medicul are dreptul de a efectua acele acte medicale de strictă necesitate pentru a salva viața copilului, chiar fără a avea acordul părinților sau al altui reprezentant legal al acestuia.

(6) Vizitele periodice ale personalului medical de specialitate la domiciliul gravidelor și al copiilor până la împlinirea vârstei de un an sunt obligatorii, în vederea ocrotirii sănătății mamei și copilului, educației pentru sănătate, prevenirii abandonului, abuzului, neglijării, exploatării sau oricărei forme de violență asupra copilului.

Art. 44 - (1) Copilul are dreptul de a beneficia de un nivel de trai care să permită dezvoltarea sa fizică, mentală, spirituală, morală și socială.

(2) Părinților sau, după caz, reprezentanților legali le revine responsabilitatea de a asigura cele mai bune condiții de viață necesare creșterii și dezvoltării copiilor; părinții sunt obligați să le asigure copiilor locuință, precum și condițiile necesare pentru creștere, educare, învățătură, pregătire profesională, precum și un mediu de viață sănătos.

Art. 45 - (1) Copilul are dreptul de a beneficia de asistență socială și de asigurări sociale, în funcție de resursele și de situația în care se află acesta și persoanele în întreținerea cărora se găsește.

(2) În cazul în care părinții sau persoanele care au, potrivit legii, obligația de a întreține copilul nu pot asigura, din motive independente de voința lor, satisfacerea nevoilor minime de locuință, hrană, îmbrăcăminte și educație ale copilului, statul, prin autoritățile publice competente, este obligat să asigure acestora sprijin corespunzător, sub formă de prestații financiare, prestații în natură, precum și sub formă de servicii, în condițiile legii.

(3) Părinții au obligația să solicite autorităților competente acordarea alocațiilor, indemnizațiilor, prestațiilor în bani sau în natură și a altor facilități prevăzute de lege pentru copii sau pentru familiile cu copii.

(4) Autoritățile administrației publice locale au obligația de a informa părinții și copiii în legătură cu drepturile pe care le au, precum și asupra modalității de acordare a drepturilor de asistență socială și de asigurări sociale.

Art. 46 - (1) Copilul cu handicap are dreptul la îngrijire specială, adaptată nevoilor sale.

(2) Copilul cu handicap are dreptul la educație, recuperare, compensare, reabilitare și integrare, adaptate posibilităților proprii, în vederea dezvoltării personalității sale.

(2^1) În vederea asigurării accesului la educație, recuperare și reabilitare, copilul cu handicap poate fi școlarizat în alt județ/sector al municipiului București decât cel de domiciliu, cu suportarea cheltuielilor din bugetul județului/sectorului în care se află unitatea de învățământ.

(3) Îngrijirea specială trebuie să asigure dezvoltarea fizică, mentală, spirituală, morală sau socială a copiilor cu handicap. Îngrijirea specială constă în ajutor adecvat situației

copilului și părinților săi ori, după caz, situației celor cărora le este încredințat copilul și se acordă gratuit, ori de câte ori acest lucru este posibil, pentru facilitarea accesului efectiv și fără discriminare al copiilor cu handicap la educație, formare profesională, servicii medicale, recuperare, pregătire, în vederea ocupării unui loc de muncă, la activități recreative, precum și la orice alte activități apte să le permită deplina integrare socială și dezvoltare a personalității lor.

(4) Organele de specialitate ale administrației publice centrale și autoritățile administrației publice locale sunt obligate să inițieze programe și să asigure resursele necesare dezvoltării serviciilor destinate satisfacerii nevoilor copiilor cu handicap și ale familiilor acestora în condiții care să le garanteze demnitatea, să le favorizeze autonomia și să le faciliteze participarea activă la viața comunității.

Art. 46^1 - (1) Copilul cu dizabilități beneficiază de asistență medicală gratuită, inclusiv de medicamente gratuite, atât pentru tratamentul ambulatoriu, cât și pe timpul spitalizării, în cadrul sistemului de asigurări sociale de sănătate, în condițiile stabilite prin contractul-cadru.

(2) Părintele sau reprezentantul legal are obligația de a respecta și/sau urma serviciile prevăzute în planul de recuperare pentru copilul cu dizabilități încadrat în grad de handicap.

Secţiunea a 4-a - Educaţie, activităţi recreative şi culturale

Art. 47 - (1) Copilul are dreptul de a primi o educaţie care să îi permită dezvoltarea, în condiţii nediscriminatorii, a aptitudinilor şi personalităţii sale.

(2) Părinţii copilului au cu prioritate dreptul de a alege felul educaţiei care urmează să fie dată copiilor lor şi au obligaţia să înscrie copilul la şcoală şi să asigure frecventarea cu regularitate de către acesta a cursurilor şcolare.

(3) Copilul care a împlinit vârsta de 14 ani poate cere încuviinţarea instanţei judecătoreşti de a-şi schimba felul învăţăturii şi al pregătirii profesionale.

Art. 48 - (1) Ministerul Educaţiei Naţionale, ca organ de specialitate al administraţiei publice centrale, precum şi inspectoratele şcolare şi unităţile de învăţământ, ca instituţii ale administraţiei publice locale cu atribuţii în domeniul educaţiei, sunt obligate să întreprindă măsuri necesare pentru:

a) facilitarea accesului la educaţia preşcolară şi asigurarea învăţământului general obligatoriu şi gratuit pentru toţi copiii;

b) dezvoltarea de programe de educaţie pentru părinţii tineri, inclusiv în vederea prevenirii violenţei în familie;

c) organizarea de cursuri speciale de pregătire pentru copiii care nu pot răspunde la cerinţele programei şcolare naţionale, pentru a nu intra prematur pe piaţa muncii;

d) organizarea de cursuri speciale de pregătire pentru copiii care au abandonat şcoala, în vederea reintegrării lor în sistemul naţional de învăţământ;

e) respectarea dreptului copilului la timp de odihnă şi timp liber, precum şi a dreptului acestuia de a participa liber la viaţa culturală şi artistică;

f) prevenirea abandonului școlar din motive economice, luând măsuri active de acordare a unor servicii sociale în mediul școlar, cum sunt: hrană, rechizite, transport și altele asemenea.

(2) În cadrul procesului instructiv-educativ, copilul are dreptul de a fi tratat cu respect de către cadrele didactice, personalul didactic auxiliar și cel administrativ și de a fi informat asupra drepturilor sale, precum și asupra modalităților de exercitare a acestora. Pedepsele corporale sau alte tratamente degradante în cadrul procesului instructiv-educativ sunt interzise.

(3) Copilul, personal și, după caz, reprezentat sau asistat de reprezentantul său legal, are dreptul de a contesta modalitățile și rezultatele evaluării și de a se adresa în acest sens conducerii unității de învățământ, în condițiile legii.

(4) Cadrele didactice au obligația de a referi centrelor județene de resurse și asistență educațională/Centrului Municipiului București de Resurse și Asistență Educațională cazurile de abuz, neglijare, exploatare și orice altă formă de violență asupra copilului și de a semnala serviciului public de asistență socială sau, după caz, direcției generale de asistență socială și protecția copilului aceste cazuri.

Art. 49 - (1) Copilul are dreptul la odihnă și vacanță.

(2) Copilul trebuie să beneficieze de timp suficient pentru odihnă și vacanță, să participe în mod liber la activități recreative proprii vârstei sale și la activitățile culturale, artistice și sportive ale comunității. Autoritățile publice au obligația să contribuie, potrivit atribuțiilor ce le revin, la asigurarea condițiilor exercitării în condiții de egalitate a acestui drept.

(3) Autoritățile publice au obligația să asigure, potrivit atribuțiilor care le revin, locuri de joacă suficiente și adecvate pentru copii, în mod special în situația zonelor intens populate.

Capitolul III - Protecţia specială a copilului lipsit, temporar sau definitiv, de ocrotirea părinţilor săi

Secţiunea 1 - Dispoziţii comune

Art. 50 - Protecţia specială a copilului reprezintă ansamblul măsurilor, prestaţiilor şi serviciilor destinate îngrijirii şi dezvoltării copilului lipsit, temporar sau definitiv, de ocrotirea părinţilor săi sau a celui care, în vederea protejării intereselor sale, nu poate fi lăsat în grija acestora.

Art. 51 - (1) Copilul beneficiază de protecţia specială prevăzută de prezenta lege până la dobândirea capacităţii depline de exerciţiu.

(2) La cererea tânărului, exprimată după dobândirea capacităţii depline de exerciţiu, dacă îşi continuă studiile o singură dată în fiecare formă de învăţământ de zi, protecţia specială se acordă, în condiţiile legii, pe toată durata continuării studiilor, dar fără a se depăşi vârsta de 26 de ani.

(3) Tânărul care a dobândit capacitate deplină de exerciţiu şi a beneficiat de o măsură de protecţie specială, dar care nu îşi continuă studiile şi nu are posibilitatea revenirii în propria familie, fiind confruntat cu riscul excluderii sociale, beneficiază, la cerere, pe o perioadă de până la 2 ani, de protecţie specială, în scopul facilitării integrării sale sociale. Acest drept se pierde în cazul în care se face dovada că tânărului i s-au oferit un loc de muncă şi/sau locuinţă cel puţin de două ori, iar acesta le-a refuzat ori le-a pierdut din motive imputabile lui.

Art. 52 - Serviciile de protecţie specială sunt cele prevăzute la art. 108 - 110.

Art. 53 - (1) Măsurile de protecţie specială a copilului se stabilesc şi se aplică în baza planului individualizat de protecţie.

(2) Planul prevăzut la alin. (1) se întocmeşte şi se revizuieşte în conformitate cu normele metodologice elaborate şi aprobate de Ministerul Muncii, Familiei, Protecţiei Sociale şi Persoanelor Vârstnice.

(3) Măsurile de protecţie specială a copilului care a împlinit vârsta de 14 ani se stabilesc numai cu consimţământul acestuia. În situaţia în care copilul refuză să îşi dea consimţământul, măsurile de protecţie se stabilesc numai de către instanţa judecătorească, care, în situaţii temeinic motivate, poate trece peste refuzul acestuia de a-şi exprima consimţământul faţă de măsura propusă.

Art. 54 - (1) Direcţia generală de asistenţă socială şi protecţia copilului are obligaţia de a întocmi planul individualizat de protecţie în termen de 30 de zile după primirea cererii de instituire a unei măsuri de protecţie specială sau imediat după ce directorul direcţiei generale de asistenţă socială şi protecţia copilului a dispus plasamentul în regim de urgenţă.

(2) În situaţia copilului pentru care a fost instituită tutela, dispoziţiile alin. (1) nu sunt aplicabile.

(3) La stabilirea obiectivelor planului individualizat de protecţie se acordă prioritate reintegrării copilului în familie, iar dacă aceasta nu este posibilă, se va proceda la deschiderea procedurii adopţiei interne.

(4) Reintegrarea copilului în familie ca obiectiv al planului individualizat de protecţie se stabileşte cu consultarea obligatorie a părinţilor şi a membrilor familiei extinse care au putut fi găsiţi.

(5) Deschiderea procedurii adopţiei interne se realizează în condiţiile legii speciale, adopţia ca obiectiv al planului

individualizat de protecţie stabilindu-se fără consultarea părinţilor şi a membrilor familiei extinse.

(6) Planul individualizat de protecţie poate prevedea plasamentul copilului într-un serviciu de tip rezidenţial, numai în cazul în care nu a putut fi instituită tutela ori nu a putut fi dispus plasamentul la familia extinsă, la un asistent maternal sau la o altă persoană sau familie, în condiţiile prezentei legi.

Art. 55 - Măsurile de protecţie specială a copilului sunt:
a) plasamentul;
b) plasamentul în regim de urgenţă;
c) supravegherea specializată.

Art. 56 - De măsurile de protecţie specială, instituite de prezenta lege, beneficiază:
a) copilul ai cărui părinţi sunt decedaţi, necunoscuţi, decăzuţi din exerciţiul drepturilor părinteşti sau cărora li s-a aplicat pedeapsa interzicerii drepturilor părinteşti, puşi sub interdicţie, declaraţi judecătoreşte morţi sau dispăruţi, când nu a putut fi instituită tutela;
b) copilul care, în vederea protejării intereselor sale, nu poate fi lăsat în grija părinţilor din motive neimputabile acestora;
c) copilul abuzat, neglijat, exploatat sau supus oricărei forme de violenţă asupra copilului;
d) copilul găsit sau copilul părăsit în unităţi sanitare;
e) copilul care a săvârşit o faptă prevăzută de legea penală şi care nu răspunde penal.

Art. 57 - Părinţii, precum şi copilul care a împlinit vârsta de 14 ani au dreptul să atace în instanţă măsurile de protecţie specială instituite de prezenta lege, beneficiind de asistenţă juridică gratuită, în condiţiile legii.

Secţiunea a 2-a - Plasamentul

Art. 58 - (1) Plasamentul copilului constituie o măsură de protecţie specială, având caracter temporar, care poate fi dispusă, în condiţiile prezentei legi, după caz, la:
a) o persoană sau familie;
b) un asistent maternal;
c) un serviciu de tip rezidenţial, prevăzut la art. 110 alin.
(2) şi licenţiat în condiţiile legii.

(2) Persoana sau familia care primeşte un copil în plasament trebuie să aibă domiciliul în România şi să fie evaluată de către direcţia generală de asistenţă socială şi protecţia copilului cu privire la garanţiile morale şi condiţiile materiale pe care trebuie să le îndeplinească pentru a primi un copil în plasament.

Art. 59 - Pe toată durata plasamentului, domiciliul copilului se află, după caz, la persoana, familia, asistentul maternal sau la serviciul de tip rezidenţial care îl are în îngrijire.

Art. 60 - (1) Plasamentul copilului care nu a împlinit vârsta de 2 ani poate fi dispus numai la familia extinsă sau substitutivă, plasamentul acestuia într-un serviciu de tip rezidenţial fiind interzis.

(2) Prin excepţie de la prevederile alin. (1), se poate dispune plasamentul într-un serviciu de tip rezidenţial al copilului mai mic de 2 ani, în situaţia în care acesta prezintă handicapuri grave, cu dependenţă de îngrijiri în servicii de tip rezidenţial specializate.

(3) La stabilirea măsurii de plasament se va urmări:
a) plasarea copilului, cu prioritate, la familia extinsă sau la familia substitutivă;
b) menţinerea fraţilor împreună;

c) facilitarea exercitării de către părinți a dreptului de a vizita copilul și de a menține legătura cu acesta.

Art. 61 - (1) Măsura plasamentului se stabilește de către comisia pentru protecția copilului, în situația în care există acordul părinților, pentru situațiile prevăzute la art. 56 lit. b) și e).

(2) Măsura plasamentului se stabilește de către instanța judecătorească, la cererea direcției generale de asistență socială și protecția copilului:

a) în situația copilului prevăzut la art. 56 lit. a), precum și în situația copilului prevăzut la art. 56 lit. c) și d), dacă se impune înlocuirea plasamentului în regim de urgență dispus de către direcția generală de asistență socială și protecția copilului;

b) în situația copilului prevăzut la art. 56 lit. b) și e), atunci când nu există acordul părinților sau, după caz, al unuia dintre părinți, pentru instituirea acestei măsuri.

Art. 62 - (1) Drepturile și obligațiile părintești față de copil se mențin pe toată durata măsurii plasamentului dispus de către comisia pentru protecția copilului.

(2) Drepturile și obligațiile părintești față de copil se mențin pe toată durata măsurii plasamentului dispus de către instanță în situația copilului prevăzut la art. 56 lit. b) și e), atunci când nu există acordul părinților sau, după caz, al unuia dintre părinți, pentru instituirea acestei măsuri, dacă în vederea respectării interesului superior al copilului instanța nu dispune altfel, în funcție de circumstanțele cazului.

(3) Drepturile și obligațiile părintești față de copil pe toată durata măsurii plasamentului dispus de către instanță în situația copilului prevăzut la art. 56 lit. a), precum și în situația copilului prevăzut la art. 56 lit. c) și d) sunt exercitate de către directorul direcției generale de asistență socială și protecția copilului.

(4) Dispoziţiile prevăzute de legislaţia în vigoare referitoare la dreptul părintelui firesc de a consimţi la adopţia copilului se aplică în mod corespunzător.

Art. 63 - (1) Comisia pentru protecţia copilului sau, după caz, instanţa care a dispus plasamentul copilului în condiţiile prezentei legi va stabili, dacă este cazul, şi cuantumul contribuţiei lunare a părinţilor la întreţinerea acestuia, în condiţiile stabilite de Codul civil. Sumele astfel încasate se constituie venit la bugetul judeţului, respectiv la cel al sectorului municipiului Bucureşti, de unde provine copilul.

(2) Dacă plata contribuţiei la întreţinerea copilului nu este posibilă, instanţa obligă părintele apt de muncă să presteze între 20 şi 40 de ore lunar pentru fiecare copil, acţiuni sau lucrări de interes local, pe durata aplicării măsurii de protecţie specială, pe raza administrativ-teritorială în care are domiciliul sau reşedinţa.

(3) Acţiunile şi lucrările prevăzute la alin. (2) sunt incluse în planul de acţiuni sau lucrări de interes local, întocmit conform dispoziţiilor legale în vigoare.

Secțiunea a 3-a - Plasamentul în regim de urgență

Art. 64 - (1) Plasamentul în regim de urgență este o măsură de protecție specială, cu caracter temporar, care se stabilește pentru copilul aflat în următoarele situații:

a) abuzat, neglijat sau supus oricărei forme de violență;

b) găsit sau părăsit în unități sanitare.

(1^1) Plasamentul în regim de urgență se poate dispune și în cazul copilului al cărui unic ocrotitor legal sau ambii au fost reținuți, arestați, internați sau în situația în care, din orice alt motiv, aceștia nu își pot exercita drepturile și obligațiile părintești cu privire la copil.

(1^2) Autoritatea, instituția sau unitatea care a hotărât sau a dispus una dintre măsurile prevăzute la alin. (1^1) care a condus la rămânerea unui minor fără ocrotire părintească sau care, după caz, primește sau găzduiește o persoană despre care cunoaște că este singurul ocrotitor legal al unui copil are obligația de a informa, în cel mai scurt timp posibil, direcția generală de asistență socială și protecția copilului în a cărei circumscripție locuiește copilul despre situația acestuia și a ocrotitorului său legal.

(2) Dispozițiile art. 58 - 60 se aplică în mod corespunzător.

(3) Pe toată durata plasamentului în regim de urgență se suspendă de drept exercițiul drepturilor părintești, până când instanța judecătorească va decide cu privire la menținerea sau înlocuirea acestei măsuri și cu privire la exercitarea drepturilor părintești. Pe perioada suspendării, drepturile și obligațiile părintești privitoare la persoana copilului sunt exercitate și, respectiv, îndeplinite de către persoana, familia, asistentul maternal sau șeful serviciului de tip rezidențial care a primit copilul în plasament în regim de urgență, iar cele privitoare la bunurile copilului sunt exercitate și, respectiv, îndeplinite de

către directorul direcţiei generale de asistenţă socială şi protecţia copilului.

Art. 65 - (1) Măsura plasamentului în regim de urgenţă se stabileşte de către directorul direcţiei generale de asistenţă socială şi protecţia copilului din unitatea administrativ-teritorială în care se găseşte copilul aflat în situaţiile prevăzute la art. 64 alin. (1), dacă nu se întâmpină opoziţie din partea reprezentanţilor persoanelor juridice, precum şi a persoanelor fizice care au în îngrijire sau asigură protecţia copilului respectiv. Pentru copilul aflat în situaţiile prevăzute la art. 64 alin. (1^1), măsura plasamentului în regim de urgenţă se stabileşte de către directorul direcţiei generale de asistenţă socială şi protecţia copilului.

(2) Măsura plasamentului în regim de urgenţă se stabileşte de către instanţa judecătorească în condiţiile art. 94 alin. (3).

Art. 66 - (1) În situaţia plasamentului în regim de urgenţă dispus de către directorul direcţiei generale de asistenţă socială şi protecţia copilului, aceasta este obligată să sesizeze instanţa judecătorească în termen de 5 zile de la data la care a dispus această măsură.

(1^1) În situaţia în care nu se mai menţin împrejurările care au stat la baza stabilirii măsurii plasamentului în regim de urgenţă, directorul direcţiei generale de asistenţă socială şi protecţia copilului poate dispune, în termenul prevăzut la alin. (1), revocarea măsurii de plasament în regim de urgenţă.

(2) Instanţa judecătorească va analiza motivele care au stat la baza măsurii adoptate de către direcţia generală de asistenţă socială şi protecţia copilului şi va dispune încetarea plasamentului în regim de urgenţă şi, după caz, reintegrarea copilului în familia sa, înlocuirea plasamentului în regim de urgenţă cu tutela sau cu măsura plasamentului. Instanţa se va

pronunța, totodată, cu privire la exercitarea drepturilor părintești.

(3) În situația în care plasamentul în regim de urgență este dispus de către instanța judecătorească, aceasta se va pronunța în condițiile art. 94 alin. (4).

Secţiunea a 4-a - Supravegherea specializată

Art. 67 - (1) Măsura de supraveghere specializată se dispune în condiţiile prezentei legi faţă de copilul care a săvârşit o faptă penală şi care nu răspunde penal.

(2) În cazul în care există acordul părinţilor sau al reprezentantului legal, măsura supravegherii specializate se dispune de către comisia pentru protecţia copilului, iar, în lipsa acestui acord, de către instanţa judecătorească.

Secţiunea a 5-a - Monitorizarea aplicării măsurilor de protecţie specială

Art. 68 - (1) Împrejurările care au stat la baza stabilirii măsurilor de protecţie specială, dispuse de comisia pentru protecţia copilului sau de instanţa judecătorească, trebuie verificate trimestrial de către direcţia generală de asistenţă socială şi protecţia copilului.

(2) În cazul în care împrejurările prevăzute la alin. (1) s-au modificat, direcţia generală de asistenţă socială şi protecţia copilului este obligată să sesizeze de îndată comisia pentru protecţia copilului sau, după caz, instanţa judecătorească, în vederea modificării sau, după caz, a încetării măsurii.

(3) Dreptul de sesizare prevăzut la alin. (2) îl au, de asemenea, părinţii sau alt reprezentant legal al copilului, precum şi copilul.

Art. 69 - (1) Direcţia generală de asistenţă socială şi protecţia copilului sau, după caz, organismul privat autorizat are obligaţia de a urmări modul în care sunt puse în aplicare măsurile de protecţie specială, dezvoltarea şi îngrijirea copilului pe perioada aplicării măsurii.

(2) În îndeplinirea obligaţiei prevăzute la alin. (1) direcţia generală de asistenţă socială şi protecţia copilului sau,

după caz, organismul privat autorizat întocmește, trimestrial sau ori de câte ori apare o situație care impune acest lucru, rapoarte privitoare la evoluția dezvoltării fizice, mentale, spirituale, morale sau sociale a copilului și a modului în care acesta este îngrijit.

(3) În situația în care se constată, pe baza raportului întocmit potrivit alin. (2), necesitatea modificării sau, după caz, a încetării măsurii, direcția generală de asistență socială și protecția copilului este obligată să sesizeze de îndată comisia pentru protecția copilului sau, după caz, instanța judecătorească.

(4) Propunerea de încetare a măsurii de protecție și reintegrarea în familie este însoțită, în mod obligatoriu, de documente din care să reiasă participarea părinților la ședințe de consiliere, astfel încât reintegrarea să se realizeze în cele mai bune condiții.

Art. 70 - La încetarea măsurilor de protecție specială prin reintegrarea copilului în familia sa, serviciul public de asistență socială, organizat la nivelul municipiilor și orașelor, persoanele cu atribuții de asistență socială din aparatul de specialitate al primarului, precum și direcția generală de asistență socială și protecția copilului, în cazul sectoarelor municipiului București, de la domiciliul sau, după caz, de la reședința părinților, au obligația de a urmări evoluția dezvoltării copilului, precum și modul în care părinții își exercită drepturile și își îndeplinesc obligațiile cu privire la copil. În acest scop, acestea întocmesc rapoarte lunare pe o perioadă de minimum 6 luni.

Art. 71 - Copilul față de care a fost luată o măsură de protecție specială are dreptul de a menține relații cu alte persoane, dacă acestea nu au o influență negativă asupra dezvoltării sale fizice, mentale, spirituale, morale sau sociale.

Capitolul IV - Protecţia copiilor refugiaţi şi protecţia copiilor în caz de conflict armat

Art. 72 - (1) Copiii care solicită obţinerea statutului de refugiat, precum şi cei care au obţinut acest statut beneficiază de protecţie şi asistenţă umanitară corespunzătoare pentru realizarea drepturilor lor.

(2) Copiii prevăzuţi la alin. (1) beneficiază de una dintre formele de protecţie prevăzute de Ordonanţa Guvernului nr. 102/2000[2]) privind statutul şi regimul refugiaţilor în România, aprobată cu modificări prin Legea nr. 323/2001, cu modificările şi completările ulterioare.

Art. 73 - (1) În situaţia în care copilul care solicită statutul de refugiat este neînsoţit de către părinţi sau de un alt reprezentant legal, susţinerea intereselor acestuia pe parcursul procedurii de acordare a statutului de refugiat se asigură de către direcţia generală de asistenţă socială şi protecţia copilului în a cărei rază administrativ-teritorială se află organul teritorial al Ministerului Administraţiei şi Internelor unde urmează a fi depusă cererea.

(2) Cererea pentru acordarea statutului de refugiat al copilului aflat în situaţia prevăzută la alin. (1) se analizează cu prioritate.

(3) În scopul susţinerii adecvate a intereselor copilului prevăzut la alin. (1), direcţia generală de asistenţă socială şi protecţia copilului desemnează o persoană cu studii superioare juridice sau de asistenţă socială din cadrul personalului propriu sau al unui organism privat autorizat, care să susţină drepturile

---

[2] Ordonanţa Guvernului nr. 102/2000, republicată, a fost abrogată. A se vedea Legea nr. 122/2006

copilului şi să participe, alături de acesta, la întreaga procedură de acordare a statutului de refugiat.

(4) În situaţia în care se constată că persoana desemnată de către direcţia generală de asistenţă socială şi protecţia copilului nu îşi îndeplineşte corespunzător obligaţia de apărare a intereselor copilului sau dovedeşte rea-credinţă în îndeplinirea acesteia, Oficiul Naţional pentru Refugiaţi poate solicita direcţiei generale de asistenţă socială şi protecţia copilului înlocuirea acestei persoane.

Art. 74 - (1) Până la soluţionarea definitivă şi irevocabilă a cererii de acordare a statutului de refugiat, cazarea copiilor prevăzuţi la art. 73 se realizează într-un serviciu de tip rezidenţial prevăzut de prezenta lege, aparţinând direcţiei generale de asistenţă socială şi protecţia copilului sau unui organism privat autorizat.

(2) Copiii care au împlinit vârsta de 16 ani pot fi cazaţi şi în centrele de primire şi cazare aflate în subordinea Oficiului Naţional pentru Refugiaţi.

(3) Copiii prevăzuţi la alin. (1), cărora li s-a acordat statutul de refugiat, beneficiază de protecţia specială a copilului lipsit, temporar sau definitiv, de ocrotirea părinţilor săi, prevăzută de prezenta lege.

Art. 75 - (1) În situaţia în care cererea copilului prevăzut la art. 72, de acordare a statutului de refugiat, este respinsă în mod definitiv şi irevocabil, direcţia generală de asistenţă socială şi protecţia copilului sesizează Autoritatea pentru Străini şi solicită instanţei judecătoreşti stabilirea plasamentului copilului într-un serviciu de protecţie specială.

(2) Măsura plasamentului durează până la returnarea copilului în ţara de reşedinţă a părinţilor ori în ţara în care au fost identificaţi alţi membri ai familiei dispuşi să ia copilul.

Art. 76 - (1) Copiii afectați de conflicte armate beneficiază de protecție și asistență în

(2) În caz de conflicte armate, instituțiile statului iau măsurile necesare pentru dezvoltarea de mecanisme speciale menite să asigure monitorizarea măsurilor adoptate pentru protejarea drepturilor copilului.

Art. 77 – Nici un copil nu va fi folosit ca spion, călăuză sau curier în timpul conflictelor armate.

Art. 78 - (1) În situația existenței unui conflict armat, Ministerul Muncii, Familiei, Protecției Sociale și Persoanelor Vârstnice, în colaborare cu Ministerul Administrației și Internelor, cu Ministerul Apărării Naționale, precum și cu alte instituții cu atribuții specifice, are obligația de a iniția și de a implementa strategii și programe, inclusiv la nivel familial și comunitar, pentru a asigura demobilizarea copiilor soldați și, respectiv, pentru a remedia efectele fizice și psihice ale conflictelor asupra copilului și pentru a promova reintegrarea socială a acestuia.

(2) Organele administrației publice centrale menționate la alin. (1), în colaborare cu Agenția Națională de Ocupare a Forței de Muncă și cu Ministerul Educației Naționale, vor promova măsurile corespunzătoare pentru:

a) educarea în spiritul înțelegerii, solidarității și păcii, ca un proces general și continuu în prevenirea conflictelor;

b) educarea și pregătirea copiilor demobilizați pentru o viață socială activă și responsabilă.

Art. 79 - (1) În orice județ sau sector al municipiului București, președintele consiliului județean ori, după caz, primarul sectorului municipiului București are obligația de a înainta direcției generale de asistență socială și protecția copilului, în termen de 24 de ore de la inițierea unui conflict armat, o listă completă a tuturor copiilor aflați pe teritoriul respectivei unități administrativ-teritoriale, în vederea monitorizării situației acestora.

(2) Infrastructura având ca destinație protecția și promovarea drepturilor copilului nu va fi folosită în scopuri militare.

(3) În cazul acțiunilor de evaluare desfășurate în urma unor conflicte armate, copiilor li se va acorda prioritate. Direcția generală de asistență socială și protecția copilului, în colaborare cu protecția civilă, va lua măsurile necesare pentru a se asigura supravegherea copiilor care sunt evacuați de către persoane care își pot asuma responsabilitatea ocrotirii și siguranței lor. Ori de câte ori este posibil, membrii aceleiași familii vor fi cazați împreună.

Capitolul V - Protecția copilului care a săvârșit o faptă penală și nu răspunde penal

Art. 80 - (1) Pentru copilul care a săvârșit o faptă prevăzută de legea penală și care nu răspunde penal, la propunerea direcției generale de asistență socială și protecția copilului în a cărei unitate administrativ-teritorială se află copilul, se va lua una dintre măsurile prevăzute la art. 55 lit. a) și c).

(2) În dispunerea uneia dintre măsurile prevăzute la art. 55 lit. a) și c), Comisia pentru Protecția Copilului, atunci când există acordul părinților sau al altui reprezentant legal al copilului, ori, după caz, instanța judecătorească, atunci când acest acord lipsește, va ține seama de:

a) condițiile care au favorizat săvârșirea faptei;

b) gradul de pericol social al faptei;

c) mediul în care a crescut și a trăit copilul;

d) riscul săvârșirii din nou de către copil a unei fapte prevăzute de legea penală;

e) orice alte elemente de natură a caracteriza situația copilului.

(3) Părinții copilului care săvârșește fapte penale și nu răspunde penal au obligația de a participa la ședințele de consiliere efectuate de către direcția generală de asistență socială și protecția copilului, în baza unui program personalizat de consiliere psihologică.

Art. 81 - (1) Măsura supravegherii specializate constă în menținerea copilului în familia sa, sub condiția respectării de către acesta a unor obligații, cum ar fi:

a) frecventarea cursurilor școlare;

b) utilizarea unor servicii de îngrijire de zi;

c) urmarea unor tratamente medicale, consiliere sau psihoterapie;

d) interzicerea de a frecventa anumite locuri sau de a avea legături cu anumite persoane.

(2) În cazul în care menţinerea în familie nu este posibilă sau atunci când copilul nu îşi îndeplineşte obligaţiile stabilite prin măsura supravegherii specializate, comisia pentru protecţia copilului ori, după caz, instanţa judecătorească, după distincţiile prevăzute la art. 80 alin. (2), poate dispune plasamentul acestuia în familia extinsă ori în cea substitutivă, precum şi îndeplinirea de către copil a obligaţiilor prevăzute la alin. (1).

Art. 82 - În cazul în care fapta prevăzută de legea penală, săvârşită de copilul care nu răspunde penal, prezintă un grad ridicat de pericol social, precum şi în cazul în care copilul pentru care s-au stabilit măsurile prevăzute la art. 81 săvârşeşte în continuare fapte penale, comisia pentru protecţia copilului sau, după caz, instanţa judecătorească dispune, pe perioadă determinată, plasamentul copilului într-un serviciu de tip rezidenţial specializat.

Art. 83 - Este interzis să se dea publicităţii orice date referitoare la săvârşirea de fapte penale de către copilul care nu răspunde penal, inclusiv date privitoare la persoana acestuia.

Art. 84 - (1) Pe toată durata aplicării măsurilor destinate copilului care săvârşeşte fapte penale şi nu răspunde penal, vor fi asigurate servicii specializate, pentru a-i asista pe copii în procesul de reintegrare în societate.

(2) Tipurile de servicii specializate prevăzute la alin. (1), precum şi standardele referitoare la modalitatea de asigurare a acestor servicii se aprobă prin hotărâre a Guvernului.

(3) Copilul care a săvârșit o faptă prevăzută de legea penală și care nu răspunde penal va fi însoțit și asistat de către un psiholog sau asistentul social, desemnat de direcția generală de asistență socială și protecția copilului în orice etapă a cercetării penale.

Capitolul VI - Protecţia copilului împotriva abuzului, neglijării, exploatării şi a oricărei forme de violenţă

Art. 85 - (1) Copilul are dreptul de a fi protejat împotriva abuzului, neglijării, exploatării, traficului, migraţiei ilegale, răpirii, violenţei, pornografiei prin internet, precum şi a oricăror forme de violenţă, indiferent de mediul în care acesta se află: familie, instituţii de învăţământ, medicale, de protecţie, medii de cercetare a infracţiunilor şi de reabilitare/detenţie, internet, mass-media, locuri de muncă, medii sportive, comunitate etc.

(2) Orice persoană fizică sau juridică, precum şi copilul pot sesiza direcţia generală de asistenţă socială şi protecţia copilului din judeţul/sectorul de domiciliu să ia măsurile corespunzătoare pentru a-l proteja împotriva oricăror forme de violenţă, inclusiv violenţă sexuală, vătămare sau de abuz fizic sau mental, de rele tratamente sau de exploatare, de abandon sau neglijenţă.

(3) Angajaţii instituţiilor publice sau private care, prin natura profesiei, intră în contact cu copilul şi au suspiciuni asupra unui posibil caz de abuz, neglijare, exploatare şi orice formă de violenţă asupra copilului sau rele tratamente au obligaţia de a sesiza de urgenţă direcţia generală de asistenţă socială şi protecţia copilului.

Art. 86 - (1) Părinţii copilului sau, după caz, alt reprezentant legal al acestuia, autorităţile publice şi organismele private au obligaţia să ia toate măsurile corespunzătoare pentru a facilita readaptarea fizică şi psihologică şi reintegrarea socială a oricărui copil care a fost victima oricărei forme de neglijenţă, exploatare sau abuz, de tortură sau pedeapsă ori tratamente crude, inumane sau degradante.

(2) Persoanele menţionate la alin. (1) vor asigura condiţiile necesare pentru ca readaptarea şi reintegrarea să favorizeze sănătatea, respectul de sine şi demnitatea copilului.

Secțiunea 1 - Protecția copilului împotriva exploatării economice

Art. 87 - (1) Copilul are dreptul de a fi protejat împotriva exploatării și nu poate fi constrâns la o muncă sau activitate domestică ori în afara familiei, inclusiv în instituții de învățământ, de protecție specială, reeducare și detenție sau în domeniul cultural, artistic, sportiv, publicitar și de modeling, ce comportă un risc potențial sau care este susceptibilă să îi compromită educația ori să îi dăuneze sănătății sau dezvoltării sale fizice, mentale, spirituale, morale ori sociale.

(2) Este interzisă orice practică prin intermediul căreia un copil este dat de unul sau de ambii părinți ori de reprezentantul lui legal, în schimbul unei recompense, unor datorii sau nu, cu scopul exploatării copilului prin muncă.

(3) În situațiile în care copiii de vârstă școlară se sustrag procesului de învățământ, desfășurând munci cu nerespectarea legii, unitățile de învățământ sunt obligate să sesizeze de îndată serviciul public de asistență socială. În cazul unor asemenea constatări, serviciul public de asistență socială împreună cu inspectoratele școlare județene și cu celelalte instituții publice competente sunt obligate să ia măsuri în vederea reintegrării școlare a copilului.

(4) Inspecția Muncii, în colaborare cu Ministerul Muncii, Familiei, Protecției Sociale și Persoanelor Vârstnice, are obligația de a promova campanii de conștientizare și informare:

a) pentru copii - despre măsurile de protecție de care pot beneficia și despre riscurile pe care le implică cazurile de exploatare economică;

b) pentru publicul larg - incluzând educație parentală și activități de pregătire pentru categoriile profesionale care lucrează cu și pentru copii, pentru a-i ajuta să asigure copiilor o reală protecție împotriva exploatării economice;

c) pentru angajatori sau potenţiali angajatori.

Art. 87^1 - (1) Prestarea de către copii a activităţilor remunerate în domeniile cultural, artistic, sportiv, publicitar şi de modeling prevăzute la art. 87 alin. (1) este condiţionată de informarea prealabilă a serviciului public de asistenţă socială de la domiciliul copilului.

(2) Condiţiile de muncă pentru situaţiile prevăzute la alin. (1) şi modalităţile procedurii de informare prealabilă se stabilesc prin hotărâre a Guvernului.

Secţiunea a 2-a - Protecţia copilului împotriva consumului de droguri

Art. 88 - (1) Copilul are dreptul de a fi protejat împotriva folosirii ilicite de stupefiante şi substanţe psihotrope.

(2) Este interzisă vânzarea de solvenţi copiilor, fără acordul părintelui ori al altui reprezentant legal.

(3) Agenţia Naţională Antidrog, în colaborare cu Ministerul Muncii, Familiei, Protecţiei Sociale şi Persoanelor Vârstnice, şi, după caz, cu alte autorităţi sau organe de specialitate ale administraţiei publice centrale, are obligaţia de a lua măsurile corespunzătoare pentru:

a) prevenirea folosirii copiilor la producţia şi traficul ilicit al acestor substanţe;

b) conştientizarea publicului larg şi, în mod particular, a copiilor cu privire la această problematică, inclusiv prin intermediul sistemului de învăţământ şi, după caz, prin introducerea acestui subiect în programa şcolară;

c) sprijinirea copiilor şi familiilor acestora, prin consiliere şi îndrumare - dacă este necesar, de natură confidenţială, dar şi prin elaborarea de politici şi strategii care să garanteze recuperarea fizică şi psihică şi reintegrarea socială a copiilor dependenţi de droguri, inclusiv prin dezvoltarea în acest scop de metode de intervenţie alternativă la instituţiile psihiatrice tradiţionale;

d) dezvoltarea suplimentară a sistemelor pentru adunarea unor date reale asupra apariţiei consumului de droguri la copii, ca şi asupra implicării acestora în producţia şi traficul ilicit de droguri; evaluarea permanentă a acestor situaţii, a progreselor realizate, a dificultăţilor întâmpinate şi, respectiv, a obiectivelor propuse pentru viitor;

e) dezvoltarea unui sistem de informare publică care să reducă toleranţa în ceea ce priveşte consumul de droguri şi să ajute la recunoaşterea primelor simptome de consum de droguri, mai ales în rândul copiilor.

(4) Instituţiile prevăzute la alin. (3) se vor asigura că opiniile copiilor sunt luate în considerare la elaborarea strategiilor antidrog.

Secţiunea a 3-a - Protecţia copilului împotriva abuzului sau neglijenţei

Art. 89 - (1) Prin abuz asupra copilului se înţelege orice acţiune voluntară a unei persoane care se află într-o relaţie de răspundere, încredere sau de autoritate faţă de acesta, prin care sunt periclitate viaţa, dezvoltarea fizică, mentală, spirituală, morală sau socială, integritatea corporală, sănătatea fizică sau psihică a copilului şi se clasifică drept abuz fizic, emoţional, psihologic, sexual şi economic.

(2) Prin neglijarea copilului se înţelege omisiunea, voluntară sau involuntară, a unei persoane care are responsabilitatea creşterii, îngrijirii sau educării copilului de a lua orice măsură pe care o presupune îndeplinirea acestei responsabilităţi, care pune în pericol viaţa, dezvoltarea fizică, mentală, spirituală, morală sau socială, integritatea corporală,

sănătatea fizică sau psihică a copilului şi poate îmbrăca mai multe forme: alimentară, vestimentară, neglijarea igienei, neglijarea medicală, neglijarea educaţională, neglijarea emoţională sau părăsirea copilului/abandonul de familie, care reprezintă cea mai gravă formă de neglijare.

Art. 90 - Sunt interzise săvârşirea oricărui act de violenţă, precum şi privarea copilului de drepturile sale de natură să pună în pericol viaţa, dezvoltarea fizică, mentală, spirituală, morală sau socială, integritatea corporală, sănătatea fizică sau psihică a copilului, atât în familie, cât şi în instituţiile care asigură protecţia, îngrijirea şi educarea copiilor, în unităţi sanitare, unităţi de învăţământ, precum şi în orice altă instituţie publică sau privată care furnizează servicii sau desfăşoară activităţi cu copii.

Art. 91 - (1) Orice persoană care, prin natura profesiei sau ocupaţiei sale, lucrează direct cu un copil şi are suspiciuni în legătură cu existenţa unei situaţii de abuz, neglijare, exploatare sau orice formă de violenţă asupra copilului este obligată să sesizeze serviciul public de asistenţă socială sau direcţia generală de asistenţă socială şi protecţia copilului în a cărei rază teritorială a fost identificat cazul respectiv.

(2) Pentru semnalarea cazurilor de abuz, neglijare, exploatare sau orice formă de violenţă asupra copilului, la nivelul fiecărei direcţii generale de asistenţă socială şi protecţia copilului se înfiinţează obligatoriu telefonul copilului, al cărui număr va fi adus la cunoştinţă publicului.

Art. 91^1 - Părinţii sau reprezentanţii legali au obligaţia de a supraveghea copilul şi de a lua toate măsurile în vederea prevenirii înlesnirii sau practicării cerşetoriei de către copil.

Art. 92 - În vederea asigurării respectării dreptului prevăzut la art. 85 alin. (1), direcția generală de asistență socială și protecția copilului este obligată:

a) să verifice și să soluționeze toate sesizările privind posibilele cazuri de abuz, neglijare, exploatare și orice formă de violență asupra copilului;

b) să asigure prestarea serviciilor prevăzute la art. 107, specializate pentru nevoile copiilor, victime ale abuzului sau neglijării, și ale familiilor acestora.

Art. 93 - Pentru verificarea sesizărilor privind cazurile de abuz, neglijare, exploatare și orice formă de violență asupra copilului, reprezentanții direcției generale de asistență socială și protecția copilului au drept de acces, în condițiile legii, în sediile persoanelor juridice, precum și la domiciliul persoanelor fizice care au în îngrijire sau asigură protecția unui copil. Pentru efectuarea acestor verificări, organele de poliție au obligația să sprijine reprezentanții direcției generale de asistență socială și protecția copilului.

Art. 94 - (1) Reprezentanții persoanelor juridice, precum și persoanele fizice care au în îngrijire sau asigură protecția unui copil sunt obligați să colaboreze cu reprezentanții direcției generale de asistență socială și protecția copilului și să ofere toate informațiile necesare pentru soluționarea sesizărilor.

(2) În situația în care, în urma verificărilor efectuate, reprezentanții direcției generale de asistență socială și protecția copilului stabilesc că există motive temeinice care să susțină existența unei situații de pericol iminent pentru copil, datorată abuzului, neglijării, exploatării și oricărei forme de violență asupra copilului, și nu întâmpină opoziție din partea persoanelor prevăzute la alin. (1), directorul direcției generale de asistență socială și protecția copilului instituie măsura

319

plasamentului în regim de urgență. Prevederile art. 58 - 60, art. 64 alin. (3) și ale art. 66 se aplică în mod corespunzător.

(3) În situația în care persoanele prevăzute la alin. (1) refuză sau împiedică în orice mod efectuarea verificărilor de către reprezentanții direcției generale de asistență socială și protecția copilului, iar aceștia stabilesc că există motive temeinice care să susțină existența unei situații de pericol iminent pentru copil, datorată abuzului, neglijării, exploatării și oricărei forme de violență asupra copilului, direcția generală de asistență socială și protecția copilului sesizează instanța judecătorească, solicitând emiterea unei ordonanțe președințiale de plasare a copilului în regim de urgență la o persoană, la o familie, la un asistent maternal sau într-un serviciu de tip rezidențial, licențiat în condițiile legii. Prevederile art. 58 - 60 și ale art. 64 alin. (3) se aplică în mod corespunzător.

(4) În termen de 5 zile de la data executării ordonanței președințiale prin care s-a dispus plasamentul în regim de urgență, direcția generală de asistență socială și protecția copilului sesizează instanța judecătorească pentru a decide cu privire la: înlocuirea plasamentului în regim de urgență cu măsura plasamentului, decăderea din exercițiul drepturilor părintești, precum și cu privire la exercitarea drepturilor părintești. Instanța se pronunță și cu privire la obligarea părinților copilului de a se prezenta la ședințe de consiliere.

Art. 95 - (1) În cadrul procesului prevăzut la art. 94 alin. (3) și (4), se poate administra, din oficiu, ca probă, declarația scrisă a copilului referitoare la abuzul, neglijarea, exploatarea sau orice formă de violență asupra copilului la care a fost supus. Declarația copilului poate fi înregistrată, potrivit legii, prin mijloace tehnice audio-video. Înregistrările se realizează în mod obligatoriu cu asistența unui psiholog.

(2) Acordul copilului este obligatoriu pentru realizarea înregistrării declarației sale.

(3) Dacă instanța judecătorească apreciază necesar, aceasta îl poate chema pe copil în fața ei, pentru a-l audia. Audierea are loc numai în camera de consiliu, în prezența unui psiholog și numai după o prealabilă pregătire a copilului în acest sens.

Art. 96 - În cazul în care abuzul, neglijarea, exploatarea sau orice formă de violență asupra copilului a fost săvârșită de către persoane care, în baza unui raport juridic de muncă sau de altă natură, asigurau protecția, creșterea, îngrijirea sau educația copilului, angajatorii au obligația să sesizeze de îndată organele de urmărire penală și să dispună îndepărtarea persoanei respective de copiii aflați în grija sa.

Art. 97 - În instituțiile publice sau private, precum și în serviciile de tip rezidențial, publice sau private, care asigură protecția, creșterea, îngrijirea sau educarea copiilor, este interzisă angajarea persoanei împotriva căreia a fost pronunțată o hotărâre judecătorească definitivă și irevocabilă pentru săvârșirea, cu intenție, a unei infracțiuni.

Secțiunea 3^1 - Protecția copilului cu părinți plecați la muncă în străinătate

Art. 97^1 - (1) Părintele care exercită singur autoritatea părintească sau la care locuiește copilul, care urmează să plece la muncă în străinătate, are obligația de a notifica această intenție serviciului public de asistență socială de la domiciliu, cu minimum 40 de zile înainte de a părăsi țara.

(2) Notificarea va conține, în mod obligatoriu, desemnarea persoanei care se ocupă de întreținerea copilului pe perioada absenței părinților sau tutorelui, după caz.

(3) Confirmarea persoanei în întreţinerea căreia va rămâne copilul se efectuează de către instanţa de tutelă, în conformitate cu prevederile prezentei legi.

(4) Dispoziţiile prezentului articol sunt aplicabile şi tutorelui, precum şi în cazul în care ambii părinţi urmează să plece la muncă într-un alt stat.

Art. 97^2 - (1) Persoana desemnată conform art. 97^1 alin. (2) trebuie să facă parte din familia extinsă, să aibă minimum 18 ani şi să îndeplinească condiţiile materiale şi garanţiile morale necesare creşterii şi îngrijirii unui copil.

(2) Serviciile publice de asistenţă socială organizate la nivelul municipiilor, oraşelor, comunelor asigură persoanelor desemnate consiliere şi informare cu privire la răspunderea pentru creşterea şi asigurarea dezvoltării copilului pe o perioadă de 6 luni.

(3) Instanţa va dispune delegarea temporară a autorităţii părinteşti cu privire la persoana copilului, pe durata lipsei părinţilor, dar nu mai mult de un an, către persoana desemnată potrivit art. 97^1 alin. (3).

(4) Acordul persoanei căreia urmează să îi fie delegată autoritatea părintească se exprimă de către aceasta personal, în faţa instanţei.

(5) La cerere, se ataşează acte din care să rezulte îndeplinirea condiţiilor prevăzute la alin. (1).

(6) Cererea se soluţionează în procedură necontencioasă, potrivit Codului de procedură civilă. Soluţionarea cererii de delegare a drepturilor şi îndatoririlor părinteşti se face în termen de 3 zile de la depunerea acesteia.

(7) Hotărârea va cuprinde menţionarea expresă a drepturilor şi îndatoririlor care se deleagă şi perioada pentru care are loc delegarea.

(8) Pentru situaţia prevăzută la alin. (2), după ce instanţa hotărăşte delegarea drepturilor părinteşti, persoana în sarcina

căreia cad îngrijirea și creșterea copilului trebuie să urmeze, obligatoriu, un program de consiliere, pentru a preveni situații de conflict, neadaptare sau neglijență în relația cu minorul.

(9) Instanța de judecată va comunica o copie a hotărârii de delegare primarului de la domiciliul părinților sau tutorelui, precum și primarului de la domiciliul persoanei căreia i se acordă delegarea autorității părintești.

Art. 97^3 - Autoritățile administrației publice locale, prin intermediul serviciilor de asistență socială, pot iniția, în limita prevederilor bugetului de stat sau ale bugetelor locale și în limita bugetelor de venituri și cheltuieli prevăzute cu această destinație, campanii de informare a părinților, în vederea:

a) conștientizării de către părinți a riscurilor asumate prin plecarea lor la muncă în străinătate;

b) informării părinților cu privire la obligațiile ce le revin în situația în care intenționează să plece în străinătate.

Art. 97^4 - Procedura de monitorizare a modului de creștere și îngrijire a copilului cu părinți plecați la muncă în străinătate, precum și serviciile de care aceștia pot beneficia se stabilesc prin hotărâre a Guvernului, la propunerea Ministerului Muncii, Familiei, Protecției Sociale și Persoanelor Vârstnice, în colaborare cu Ministerul Dezvoltării Regionale și Administrației Publice.

Art. 97^5 - Serviciul public de asistență socială și centrul județean de resurse și asistență educațională au obligația de a dezvolta servicii de consiliere specializată destinate copilului care a revenit în țară, după o perioadă de ședere în străinătate alături de părinți mai mare de un an.

Secţiunea a 4-a - Protecţia copilului împotriva răpirii sau oricăror forme de traficare

Art. 98 - (1) Ministerul Administraţiei şi Internelor şi Ministerul Muncii, Familiei, Protecţiei Sociale şi Persoanelor Vârstnice, în colaborare cu Ministerul Educaţiei Naţionale, vor efectua demersurile necesare pentru adoptarea tuturor măsurilor legislative, administrative şi educative destinate asigurării protecţiei efective împotriva oricăror forme de trafic intern sau internaţional al copiilor, în orice scop sau sub orice formă, inclusiv de către proprii părinţi.

(2) În acest scop, autorităţile publice menţionate la alin. (1) au responsabilitatea elaborării unei strategii la nivel naţional pentru prevenirea şi combaterea acestui fenomen, inclusiv a unui mecanism intern de coordonare şi monitorizare a activităţilor întreprinse.

Secţiunea a 5-a - Protecţia copilului împotriva altor forme de exploatare

Art. 99 - (1) Copilul are dreptul la protecţie împotriva oricărei forme de exploatare.

(2) Instituţiile şi autorităţile publice, potrivit atribuţiilor lor, adoptă reglementări specifice şi aplică măsuri corespunzătoare pentru prevenirea, între altele:

a) transferului ilicit şi a nereturnării copilului;

b) încheierii adopţiilor, naţionale ori internaţionale, în alte scopuri decât interesul superior al copilului;

c) exploatării sexuale şi a violenţei sexuale;

d) răpirii şi traficării de copii în orice scop şi sub orice formă;

e) implicării copiilor în conflicte armate;

f) dezvoltării forțate a talentelor copiilor în dauna dezvoltării lor armonioase, fizice și mentale;

g) exploatării copilului de către mass-media;

h) exploatării copilului în cadrul unor cercetări ori experimente științifice.

Capitolul VII - Instituţii şi servicii cu atribuţii în protecţia copilului

Secţiunea 1 - Instituţii la nivel central

Art. 100 - Monitorizarea respectării principiilor şi drepturilor stabilite de prezenta lege şi de Convenţia Organizaţiei Naţiunilor Unite cu privire la drepturile copilului, ratificată prin Legea nr. 18/1990, republicată, precum şi coordonarea şi controlul activităţii de protecţie şi promovare a drepturilor copilului se realizează de către Ministerul Muncii, Familiei, Protecţiei Sociale şi Persoanelor Vârstnice.

Art. 101 - Apărarea drepturilor şi libertăţilor copilului în raporturile acestuia cu autorităţile publice cu scopul de a promova şi de a îmbunătăţi condiţia copilului se realizează şi prin instituţia Avocatul Poporului.

Secţiunea a 2-a - Instituţii şi servicii la nivel local

Art. 102 - Autorităţile administraţiei publice locale au obligaţia să garanteze şi să promoveze respectarea drepturilor copiilor din unităţile administrativ-teritoriale, asigurând prevenirea separării copilului de părinţii săi, precum şi protecţia specială a copilului lipsit, temporar sau definitiv, de îngrijirea părinţilor săi.

Art. 103 - (1) Autorităţile administraţiei publice locale au obligaţia de a implica colectivitatea locală în procesul de identificare a nevoilor comunităţii şi de soluţionare la nivel local a problemelor sociale care privesc copiii.

(2) În acest scop pot fi create structuri comunitare consultative cuprinzând, dar fără a se limita, oameni de afaceri locali, preoți, cadre didactice, medici, consilieri locali, polițiști. Rolul acestor structuri este atât de soluționare a unor cazuri concrete, cât și de a răspunde nevoilor globale ale respectivei colectivități.

(3) Mandatul structurilor comunitare consultative se stabilește prin acte emise de către autoritățile administrației publice locale.

(4) Pentru a-și îndeplini rolul pentru care au fost create, structurile comunitare consultative vor beneficia de programe de formare în domeniul asistenței sociale și protecției copilului.

Art. 104 - (1) În subordinea consiliului județean și, respectiv, a consiliilor locale ale sectoarelor municipiului București funcționează comisia pentru protecția copilului, ca organ de specialitate al acestora, fără personalitate juridică, având următoarele atribuții principale:

a) stabilirea încadrării în grad de handicap și orientarea școlară a copilului;

b) pronunțarea, în condițiile prezentei legi, cu privire la propunerile referitoare la stabilirea unei măsuri de protecție specială a copilului;

c) soluționarea cererilor privind eliberarea atestatului de asistent maternal;

d) alte atribuții prevăzute de lege.

(2) Organizarea și metodologia de funcționare a comisiei pentru protecția copilului se reglementează prin hotărâre a Guvernului.

(3) Președintele, vicepreședintele și membrii comisiilor pentru protecția copilului, precum și secretarul acestora, constituite potrivit legii, au dreptul la o indemnizație de ședință echivalentă cu 1% din indemnizația președintelui consiliului județean, respectiv a primarului de sector.

(4) Indemnizația se suportă din bugetul județului, respectiv al sectorului municipiului București, în limita creditelor bugetare aprobate cu această destinație și cu încadrarea în limita maximă a cheltuielilor de personal, stabilită prin lege.

Art. 105 - (1) Serviciul public specializat pentru protecția copilului, existent în subordinea consiliilor județene și a consiliilor locale ale sectoarelor municipiului București, precum și serviciul public de asistență socială de la nivelul județelor și sectoarelor municipiului București se reorganizează ca direcție generală de asistență socială și protecția copilului.

(2) Direcția generală de asistență socială și protecția copilului este instituție publică cu personalitate juridică, înființată în subordinea consiliului județean, respectiv a consiliilor locale ale sectoarelor municipiului București, care preia, în mod corespunzător, funcțiile serviciului public de asistență socială de la nivelul județului și, respectiv, atribuțiile serviciului public de asistență socială de la nivelul sectoarelor municipiului București.

(3) Instituția prevăzută la alin. (2) exercită în domeniul protecției drepturilor copilului atribuțiile prevăzute de prezenta lege, precum și de alte acte normative în vigoare.

(4) Structura organizatorică, numărul de personal și finanțarea direcției generale de asistență socială și protecția copilului se aprobă prin hotărâre a consiliului județean, respectiv a consiliului local al sectorului municipiului București, care o înființează, astfel încât să asigure îndeplinirea în mod corespunzător a atribuțiilor ce îi revin, precum și realizarea deplină și exercitarea efectivă a drepturilor copilului.

(5) Atribuțiile și regulamentul-cadru de organizare și funcționare ale direcției generale de asistență socială și protecția copilului se aprobă prin hotărâre a Guvernului, la propunerea Ministerului Muncii, Familiei, Protecției Sociale și Persoanelor Vârstnice.

Art. 105^1 - Direcţia generală de asistenţă socială şi protecţia copilului exercită, în domeniul protecţiei şi promovării drepturilor copilului, următoarele atribuţii principale:

a) coordonează activităţile de asistenţă socială şi de protecţie a familiei şi a drepturilor copilului la nivelul judeţului, respectiv al sectorului municipiului Bucureşti;

b) coordonează, la nivel judeţean, activităţile şi măsurile de implementare a obiectivelor strategiei judeţene în domeniul protecţiei şi promovării drepturilor copilului;

c) asigură îndrumarea metodologică a activităţilor serviciilor publice de asistenţă socială;

d) asigură, la nivel judeţean, aplicarea unitară a prevederilor legislaţiei din domeniul protecţiei şi promovării drepturilor copilului;

e) monitorizează şi analizează respectarea drepturilor copilului la nivelul judeţului/sectorului şi propune măsuri pentru situaţiile în care acestea sunt încălcate;

f) monitorizează activitatea autorizată conform art. 87^1 prestată de copii în domeniile cultural, artistic, sportiv, publicitar şi de modeling, în raza sa de competenţă teritorială;

g) solicită informaţii şi documente, în condiţiile legii, de la orice persoană juridică publică sau privată ori de la persoane fizice implicate în sfera sa de competenţă, acestea având obligaţia de a le pune la dispoziţie în termen de 15 zile calendaristice de la data solicitării.

Art. 106 - (1) Serviciile publice de asistenţă socială organizate la nivelul municipiilor şi oraşelor, precum şi persoanele cu atribuţii de asistenţă socială din aparatul propriu al consiliilor locale comunale îndeplinesc în domeniul protecţiei copilului următoarele atribuţii:

a) monitorizează şi analizează situaţia copiilor din unitatea administrativ-teritorială, precum şi modul de respectare a drepturilor copiilor, asigurând centralizarea și sintetizarea datelor și informațiilor relevante, în baza unei fișe de monitorizare aprobate prin ordin al ministrului muncii, familiei, protecției sociale și persoanelor vârstnice;

b) realizează activitatea de prevenire a separării copilului de familia sa;

c) identifică și evaluează situațiile care impun acordarea de servicii și/sau prestații pentru prevenirea separării copilului de familia sa;

d) elaborează documentația necesară pentru acordarea serviciilor și/sau prestațiilor și acordă aceste servicii și/sau prestații, în condițiile legii;

e) asigură consilierea și informarea familiilor cu copii în întreținere asupra drepturilor și obligațiilor acestora, asupra drepturilor copilului și asupra serviciilor disponibile pe plan local;

f) asigură și urmăresc aplicarea măsurilor de prevenire și combatere a consumului de alcool și droguri, de prevenire și combatere a violenței în familie, precum și a comportamentului delincvent;

g) vizitează, periodic, la domiciliu, familiile și copiii care beneficiază de servicii și prestații și urmăresc modul de utilizare a prestațiilor, precum și familiile care au în îngrijire copii cu părinți plecați la muncă în străinătate;

h) înaintează propuneri primarului, în cazul în care este necesară luarea unei măsuri de protecție specială, în condițiile legii;

i) urmăresc evoluția dezvoltării copilului și modul în care părinții acestuia își exercită drepturile și își îndeplinesc obligațiile cu privire la copilul care a beneficiat de o măsură de protecție specială și a fost reintegrat în familia sa;

j) colaborează cu direcția generală de asistență socială și protecția copilului în domeniul protecției copilului și transmit acesteia toate datele și informațiile solicitate din acest domeniu;

k) urmăresc punerea în aplicare a hotărârilor comisiei pentru protecția copilului/instanței de tutelă referitoare la prestarea acțiunilor sau lucrărilor de interes local, prevăzute la art. 63 alin. (2).

(2) La nivelul sectoarelor municipiului București, atribuțiile prevăzute la alin. (1) sunt exercitate de direcția generală de asistență socială și protecția copilului.

(3) Metodologia de lucru privind colaborarea dintre direcțiile generale de asistență socială și protecția copilului și serviciile publice de asistență socială, precum și modelul standard al documentelor elaborate de către acestea se aprobă prin hotărâre a Guvernului, la propunerea Ministerului Muncii, Familiei, Protecției Sociale și Persoanelor Vârstnice, în colaborare cu Ministerul Dezvoltării Regionale și Administrației Publice.

Art. 107 - (1) Pentru prevenirea separării copilului de părinții săi, precum și pentru realizarea protecției speciale a copilului separat, temporar sau definitiv, de părinții săi, se organizează și funcționează următoarele tipuri de servicii:

a) servicii de zi;
b) servicii de tip familial;
c) servicii de tip rezidențial.

(2) Regulamentul-cadru pentru organizarea și funcționarea serviciilor prevăzute la alin. (1) se aprobă prin hotărâre a Guvernului.

Art. 108 - (1) Serviciile de zi sunt acele servicii prin care se asigură menținerea, refacerea și dezvoltarea capacităților copilului și ale părinților săi, pentru depășirea situațiilor care ar putea determina separarea copilului de familia sa.

(2) Accesul la aceste servicii se realizează în baza planului de servicii sau, după caz, a planului individualizat de protecție, în condițiile prezentei legi.

Art. 109 - Serviciile de tip familial sunt acele servicii prin care se asigură, la domiciliul unei persoane fizice sau familii, creșterea și îngrijirea copilului separat, temporar sau definitiv, de părinții săi, ca urmare a stabilirii în condițiile prezentei legi a măsurii plasamentului.

Art. 109^1 - (1) Pot primi copii în plasament familiile și persoanele care au vârsta de minimum 18 ani, au capacitate deplină de exercițiu, domiciliul în România și care prezintă garanții morale și condiții materiale necesare creșterii și îngrijirii copilului separat, temporar sau definitiv de părinții săi.

(2) La stabilirea măsurii de plasament la familii și persoane, direcția generală de asistență socială și protecția copilului realizează demersuri pentru identificarea membrilor familiei extinse alături de care copilul s-a bucurat de viața de familie, în vederea consultării și implicării lor în stabilirea/revizuirea obiectivelor planului individualizat de protecție.

(3) Activitatea persoanei atestate ca asistent maternal, în condițiile legii, se desfășoară în baza unui contract cu caracter special, aferent protecției copilului, încheiat cu direcția sau cu un organism privat acreditat, care are următoarele elemente caracteristice:

a) activitatea de creștere, îngrijire și educare a copiilor aflați în plasament se desfășoară la domiciliu;

b) programul de lucru este impus de nevoile copiilor;

c) planificarea timpului liber se face în funcție de programul familiei și al copiilor aflați în plasament;

d) în perioada efectuării concediului legal de odihnă asigură continuitatea activității desfășurate, cu excepția cazului în care separarea, în această perioadă, de copilul aflat în plasament în familia sa este autorizată de direcție.

(4) Contractul individual de muncă se încheie la data emiterii dispoziției directorului de stabilire a măsurii

plasamentului în regim de urgență sau a hotărârii comisiei pentru protecția copilului/instanței cu privire la stabilirea măsurii plasamentului.

Art. 110 - (1) Serviciile de tip rezidențial sunt acele servicii prin care se asigură protecția, creșterea și îngrijirea copilului separat, temporar sau definitiv, de părinții săi, ca urmare a stabilirii în condițiile prezentei legi a măsurii plasamentului.

(2) Din categoria serviciilor de tip rezidențial fac parte toate serviciile care asigură găzduire pe o perioadă mai mare de 24 de ore.

(3) Sunt considerate servicii de tip rezidențial și centrele maternale.

(4) Serviciile de tip rezidențial care aparțin autorităților administrației publice se organizează numai în structura direcției generale de asistență socială și protecția copilului, în regim de componente funcționale ale acestora, fără personalitate juridică.

(5) Serviciile de tip rezidențial se organizează pe model familial și pot avea caracter specializat în funcție de nevoile copiilor plasați.

Art. 111 - (1) Pentru asigurarea prevenirii separării copilului de părinții lui, consiliile locale ale municipiilor, orașelor, comunelor și sectoarelor municipiului București au obligația să organizeze, în mod autonom sau prin asociere, servicii de zi, potrivit nevoilor identificate în comunitatea respectivă.

(2) În situația în care consiliul local nu identifică resurse financiare și umane suficiente pentru a organiza serviciile prevăzute la alin. (1), la cererea acestuia, consiliul județean va asigura finanțarea necesară înființării acestor servicii. Consiliul local asigură finanțarea cu până la 50% a cheltuielilor de

funcționare a acestor servicii, cota-parte și cuantumul total al acestor cheltuieli fiind stabilite anual prin hotărâre a consiliului județean.

Art. 112 - Pentru asigurarea protecției speciale a copilului lipsit, temporar sau definitiv, de ocrotirea părinților săi, consiliul județean și, respectiv, consiliul local al sectorului municipiului București au obligația să organizeze, în mod autonom sau prin asociere, servicii de tip familial și de tip rezidențial, potrivit nevoilor identificate la nivelul unității lor administrativ-teritoriale. În funcție de nevoile evaluate ale copiilor plasați, consiliul județean poate organiza și dezvolta și servicii de zi.

Capitolul VIII - Organisme private

Art. 113 - (1) Organismele private care pot desfășura activități în domeniul protecției drepturilor copilului și al protecției speciale a acestuia sunt persoane juridice de drept privat, fără scop patrimonial, constituite și acreditate în condițiile legii.

(2) În desfășurarea activităților prevăzute la alin. (1), organismele private acreditate se supun regimului de drept public prevăzut de prezenta lege, precum și de reglementările prin care aceasta este pusă în executare.

(3) Organismele private care organizează și dezvoltă servicii de prevenire a separării copilului de familia sa, precum și servicii de protecție specială a copilului lipsit, temporar sau definitiv, de ocrotirea părinților săi au obligația de a notifica direcției generale de asistență socială și protecția copilului data începerii funcționării efective a acestora și de a permite accesul specialiștilor direcției în spațiile în care se furnizează serviciile.

(4) Organismele private acreditate pot încheia convenții de colaborare cu direcțiile generale de asistență socială și protecția copilului și/sau cu serviciile publice de asistență socială sau pot contracta servicii destinate prevenirii separării copilului de părinții săi, precum și protecției speciale a copilului separat, temporar sau definitiv, de părinții săi, în condițiile legii.

Art. 114 – Abrogat

Capitolul IX - Licenţierea şi inspecţia serviciilor de prevenire a separării copilului de familia sa, precum şi a celor de protecţie specială a copilului lipsit, temporar sau definitiv, de ocrotirea părinţilor săi

Art. 115 - Abrogat
Art. 116 - Abrogat
Art. 117 - Abrogat

Capitolul X - Finanţarea sistemului de protecţie a copilului

Art. 118 - (1) Prevenirea separării copilului de familia sa, precum şi protecţia specială a copilului lipsit, temporar sau definitiv, de ocrotirea părinţilor săi se finanţează din următoarele surse:

a) bugetul de stat - în limita sumelor defalcate din unele venituri ale bugetului de stat aprobate cu această destinaţie prin legile bugetare anuale, repartizate pe judeţe, potrivit propunerilor formulate de Ministerul Muncii, Familiei, Protecţiei Sociale şi Persoanelor Vârstnice, pe baza standardelor de cost pentru serviciile sociale, aprobate prin hotărâre a Guvernului;

b) bugetul judeţului, respectiv al sectorului municipiului Bucureşti - în completarea cuantumului prevăzut la lit. a), pentru acoperirea cheltuielilor de organizare şi funcţionare a serviciilor, din venituri proprii sau din sume defalcate din unele venituri ale bugetului de stat pentru echilibrarea bugetelor locale;

c) bugetul local al comunelor, oraşelor şi municipiilor;

d) donaţii, sponsorizări şi alte forme private de contribuţii băneşti, permise de lege.

(2) Ministerul Muncii, Familiei, Protecţiei Sociale şi Persoanelor Vârstnice poate finanţa programe de interes naţional pentru protecţia şi promovarea drepturilor copilului, din fonduri alocate de la bugetul de stat cu această destinaţie, din fonduri externe rambursabile şi nerambursabile, precum şi din alte surse, în condiţiile legii.

Art. 119 - (1) Pentru fiecare copil faţă de care s-a luat măsura plasamentului se acordă o alocaţie lunară de plasament, raportată la indicatorul social de referință, în cuantum de 0,194 ISR. De această alocație beneficiază și copilul pentru care a fost instituită tutela, în condițiile legii.

(2) Alocația se plătește persoanei sau reprezentantului familiei care a luat în plasament copilul sau tutorelui.

(3) Alocația de plasament se suportă de la bugetul de stat prin bugetul Ministerului Muncii, Familiei, Protecției Sociale și Persoanelor Vârstnice.

(4) Pentru copiii pentru care s-a stabilit măsura plasamentului sau s-a instituit tutela, stabilirea dreptului la alocație prevăzută la alin. (1) se face începând cu luna următoare celei în care a fost emisă dispoziția conducătorului direcției generale de asistență socială și protecția copilului sau hotărârea comisiei pentru protecția copilului sau a instanței de judecată, după caz.

(5) Procedura de stabilire și de plată a alocației prevăzute la alin. (1) se stabilește prin ordin al ministrului muncii, familiei, protecției sociale și persoanelor vârstnice.

Art. 120 - (1) Copiii și tinerii pentru care s-a stabilit o măsură de protecție specială, precum și mamele protejate în centre maternale au dreptul la hrană, îmbrăcăminte, încălțăminte, materiale igienico-sanitare, rechizite/manuale, jucării, transport, materiale cultural-sportive, precum și sume de bani pentru nevoi personale.

(2) Necesarul de îmbrăcăminte, încălțăminte, materiale igienico-sanitare, rechizite/manuale, jucării, materiale cultural-sportive se stabilește în funcție de vârsta și nevoile copilului, prin hotărâre a consiliului județean, respectiv a consiliilor locale ale sectoarelor municipiului București sau, după caz, a organului de conducere al organismului privat acreditat.

(3) În cazul copiilor cu handicap, infectați HIV sau bolnavi SIDA, cuantumul sumelor necesare acordării

drepturilor prevăzute la alin. (1) se majorează cu 50%, în raport cu sumele acordate.

(4) Copiii și tinerii pentru care s-a stabilit o măsură de protecție specială, precum și mamele protejate în centre maternale au dreptul, la ieșirea din sistemul de protecție specială, la o indemnizație care se acordă o singură dată, egală cu valoarea salariului de bază minim brut pe țară, garantat în plată, stabilit potrivit legii.

(5) Cuantumul drepturilor prevăzute la alin. (1) pentru copiii din serviciile publice destinate prevenirii separării copilului de părinții săi și protecției speciale a copilului separat, temporar sau definitiv, de părinții săi se stabilește prin hotărâre a Guvernului și se indexează, periodic, cu rata inflației.

Art. 121 - (1) Primarii acordă prestații financiare excepționale, în situația în care familia care îngrijește copilul se confruntă temporar cu probleme financiare determinate de o situație excepțională și care pune în pericol dezvoltarea armonioasă a copilului.

(2) Prestațiile excepționale se acordă cu prioritate copiilor ale căror familii nu au posibilitatea sau capacitatea de a acorda copilului îngrijirea corespunzătoare ori ca urmare a necesității suportării unor cheltuieli particulare destinate menținerii legăturii copilului cu familia sa.

(3) În funcție de fiecare caz în parte, primarul decide, prin dispoziție, cu privire la acordarea prestației financiare excepționale și cuantumul acesteia.

Art. 122 - Cuantumul maxim, precum și condițiile de acordare a prestațiilor financiare excepționale se stabilesc prin hotărâre a consiliului local.

Art. 123 - Prestațiile financiare excepționale pot fi acordate și sub formă de prestații în natură, pe baza dispoziției primarului, constând, în principal, în alimente, îmbrăcăminte, manuale și rechizite sau echipamente școlare, suportarea cheltuielilor legate de transport, procurarea de proteze, medicamente și alte accesorii medicale.

Capitolul XI - Reguli speciale de procedură

Art. 124 - (1) Cauzele prevăzute de prezenta lege privind stabilirea măsurilor de protecție specială sunt de competența tribunalului de la domiciliul copilului.

(2) Dacă domiciliul copilului nu este cunoscut, competența revine tribunalului în a cărui circumscripție teritorială a fost găsit copilul.

Art. 125 - (1) Cauzele prevăzute la art. 124 se soluționează în regim de urgență, cu citarea reprezentantului legal al copilului, a direcției generale de asistență socială și protecția copilului și cu participarea obligatorie a procurorului.

(2) Audierea copilului care a împlinit vârsta de 10 ani este obligatorie și se face cu respectarea prevederilor art. 24, cu excepția cauzelor care privesc stabilirea unei măsuri de protecție specială pentru copilul abuzat, neglijat, exploatat sau supus oricărei forme de violență asupra copilului; în acest caz, audierea copilului se face cu respectarea prevederilor art. 95 alin. (3).

(3) Termenele de judecată nu pot fi mai mari de 10 zile.

(4) Părțile sunt legal citate dacă citația le-a fost înmânată cel puțin cu o zi înaintea judecării.

(5) Ordonanța președințială de plasare a copilului în regim de urgență la o persoană, familie, asistent maternal sau într-un serviciu de tip rezidențial, licențiat în condițiile legii, este dată în aceeași zi, instanța pronunțându-se asupra măsurii solicitate pe baza cererii și actelor depuse, fără concluziile părților.

Art. 126 - (1) Hotărârile prin care se soluționează fondul cauzei se pronunță în ziua în care au luat sfârșit dezbaterile.

(2) În situații deosebite, pronunțarea poate fi amânată cel mult două zile.

Art. 127 - (1) Hotărârea instanței de fond este executorie și definitivă.

(2) Hotărârea se redactează și se comunică părților în termen de cel mult 10 zile de la pronunțare.

Art. 128 - Termenul de recurs este de 10 zile de la data comunicării hotărârii.

Art. 129 - Dispozițiile prezentei legi referitoare la procedura de soluționare a cauzelor privind stabilirea măsurilor de protecție specială se completează în mod corespunzător cu prevederile Codului de procedură civilă.

Art. 130 - (1) În toate cauzele care privesc aplicarea prezentei legi, direcția generală de asistență socială și protecția copilului de la domiciliul copilului sau în a cărei rază administrativ-teritorială a fost găsit copilul întocmește și prezintă instanței raportul referitor la copil, care va cuprinde date privind:

a) personalitatea, starea fizică și mentală a copilului;

b) antecedentele sociomedicale și educaționale ale copilului;

c) condițiile în care copilul a fost crescut și în care a trăit;

d) propuneri privind persoana, familia sau serviciul de tip rezidențial în care ar putea fi plasat copilul;

e) orice alte date referitoare la creșterea și educarea copilului, care pot servi soluționării cauzei.

(2) - Abrogat

Art. 131 - Cauzele care privesc aplicarea prezentei legi sunt scutite de taxa judiciară de timbru şi de timbru judiciar

Capitolul XII - Răspunderi și sancțiuni

Art. 132[3] - (1) Îndemnul ori înlesnirea practicării cerșetoriei de către un minor sau tragerea de foloase de pe urma practicării cerșetoriei de către un minor se pedepsește cu închisoare de la 1 la 3 ani.

(2) Recrutarea ori constrângerea unui minor la cerșetorie se pedepsește cu închisoare de la 1 la 5 ani.

(3) Dacă fapta prevăzută la alin. (1) sau (2) este săvârșită de un părinte sau de reprezentantul legal al minorului, pedeapsa este închisoarea de la 2 la 5 ani, pentru fapta prevăzută la alin. (1), și de la 2 la 7 ani și interzicerea unor drepturi, pentru fapta prevăzută la alin. (2).

Art. 133[4] - Fapta părintelui sau a reprezentantului legal al unui copil de a se folosi de acesta pentru a apela în mod repetat la mila publicului, cerând ajutor financiar sau material, se pedepsește cu închisoare de la 1 la 5 ani și interzicerea unor drepturi.

Art. 134 - (1) Nerespectarea obligațiilor prevăzute la art. 36 alin. (2), art. 48 alin. (4) și art. 91 constituie abatere disciplinară gravă și se sancționează potrivit legii.

(2) Nerespectarea obligației prevăzute la art. 36 alin. (3), art. 87 alin. (3) teza întâi și art. 106 alin. (1) lit. a) constituie abatere disciplinară.

---

[3] Conform art. 148 și art. 247 din Legea nr. 187/2012, începând cu data de 1 februarie 2014 (data intrării în vigoare a Legii nr. 286/2009 privind Codul penal), art. 132 se abrogă

[4] Conform art. 148 și art. 247 din Legea nr. 187/2012 , începând cu data de 1 februarie 2014 (data intrării în vigoare a Legii nr. 286/2009 privind Codul penal), art. 133 se abrogă.

Art. 135 - (1) Constituie contravenții următoarele fapte, dacă nu au fost săvârșite în astfel de condiții încât, potrivit legii, să fie considerate infracțiuni:

a) nerespectarea obligației prevăzute la art. 9 alin. (1);

b) nerespectarea obligației prevăzute la art. 9 alin. (2);

c) nerespectarea obligațiilor prevăzute la art. 10 alin. (1) și (3);

d) nerespectarea obligației prevăzute la art. 11 alin. (1);

e) necomunicarea, de către organele de poliție, a rezultatelor verificărilor specifice privind identitatea mamei, în conformitate cu prevederile art. 11 alin. (3);

f) neefectuarea, de către serviciul public de asistență socială, a declarației de înregistrare a nașterii, în conformitate cu prevederile art. 11 alin. (6);

g) nerespectarea obligației prevăzute la art. 11 alin. (7);

h) nerespectarea obligației prevăzute la art. 12 alin. (1);

i) nerespectarea obligațiilor prevăzute la art. 13 și la art. 18 alin. (3);

j) nerespectarea prevederilor art. 22 alin. (2) - (4) și ale art. 83;

k) nerespectarea prevederilor art. 35 alin. (1) și (4);

l) nerespectarea prevederilor art. 48 alin. (2);

m) nerespectarea prevederilor art. 70;

n) nerespectarea prevederilor art. 80 alin. (3);

o) nerespectarea prevederilor art. 87 alin. (2);

p) nerespectarea prevederilor art. 91^1;

r) nerespectarea obligației prevăzute la art. 92 lit. a);

s) nerespectarea obligației prevăzute la art. 96;

ș) nerespectarea obligației prevăzute la art. 97^1 alin. (1);

t) nerespectarea prevederilor art. 106 alin. (1) lit. c) - k);

ț) nerespectarea prevederilor art. 118 alin. (1) lit. b).

(2) Contravențiile prevăzute la alin. (1) se sancționează după cum urmează:

a) cu amendă de la 500 lei la 1.000 lei, cele prevăzute la lit. a), c), g), h), i), k), m), n), o), r), s), ș);

b) cu amendă de la 1.000 lei la 2.500 lei, cele prevăzute la lit. f) și l);

c) cu amendă de la 2.500 lei la 5.000 lei, cele prevăzute la lit. b), d), p) și ț);

d) cu amendă de la 5.000 lei la 10.000 lei, cele prevăzute la lit. e), j) și t).

(3) Constatarea contravențiilor și aplicarea sancțiunii se fac de către ofițerii și agenții de poliție, în cazul contravențiilor prevăzute la alin. (1) lit. i), j), o) și p), precum și de persoane anume desemnate dintre cele cu atribuții de control din:

a) Ministerul Sănătății, pentru contravențiile prevăzute la alin. (1) lit. a), c) și d);

b) Ministerul Afacerilor Interne sau structurile subordonate acestuia, după caz, pentru contravențiile prevăzute la alin. (1) lit. b) și e);

c) Ministerul Muncii, Familiei, Protecției Sociale și Persoanelor Vârstnice, pentru contravențiile prevăzute la alin. (1) lit. h), k), m), n), r), s), ș), t) și ț);

d) Ministerul Educației Naționale, pentru contravenția prevăzută la alin. (1) lit. l);

e) consiliul județean, respectiv consiliul local al sectorului municipiului București, pentru contravențiile prevăzute la alin. (1) lit. f) și g).

Art. 136 - Contravențiilor prevăzute la art. 135 le sunt aplicabile prevederile Ordonanței Guvernului nr. 2/2001 privind regimul juridic al contravențiilor, aprobată cu modificări și completări prin Legea nr. 180/2002, cu modificările ulterioare.

Capitolul XIII - Dispoziții tranzitorii și finale

Art. 137 - În termen de 6 luni de la intrarea în vigoare a prezentei legi, direcția generală de asistență socială și protecția copilului va reevalua împrejurările care au stat la baza măsurilor de protecție dispuse de comisia pentru protecția copilului și, după caz, va solicita instituirea tutelei sau stabilirea unei măsuri de protecție specială, în condițiile prezentei legi.

Art. 138 - Centrele de plasament, centrele de primire în regim de urgență și centrele maternale organizate în structura fostelor servicii publice specializate pentru protecția copilului se reorganizează prin hotărârea consiliului județean, respectiv a consiliului local al sectoarelor municipiului București în structura direcției generale de asistență socială din subordinea consiliului județean, respectiv a consiliului local al sectoarelor municipiului București, în regim de componente funcționale ale acestora, fără personalitate juridică.

Art. 139 - (1) Serviciile de zi destinate prevenirii situațiilor ce pun în pericol securitatea și dezvoltarea copilului, înființate de consiliile județene, precum și personalul care deservește aceste servicii se transferă consiliilor locale pe teritoriul cărora acestea funcționează.

(2) Fac excepție de la prevederile alin. (1) serviciile de zi specializate pentru copilul abuzat, neglijat, exploatat sau supus oricărei forme de violență asupra copilului, care se consideră de interes județean.

(3) În situația în care serviciile prevăzute la alin. (1) fac parte dintr-un complex de servicii care are ca obiect de activitate și protecția copilului în regim rezidențial, respectiv centru de plasament, centru de primire în regim de urgență sau

centru maternal, transferul se realizează numai dacă este posibilă separarea patrimoniului și a personalului.

(4) Consiliile locale au obligația să păstreze destinația și structura de personal a serviciilor preluate.

(5) Transferul prevăzut la alin. (1) se realizează pe bază de protocol încheiat între consiliul județean și consiliul local.

Art. 140 - Personalul didactic și didactic auxiliar, transferat potrivit art. 46 din Ordonanța de urgență a Guvernului nr. 26/1997 privind protecția copilului aflat în dificultate, republicată, cu modificările și completările ulterioare, care la data intrării în vigoare a prezentei legi este încadrat cu acest statut în cadrul serviciilor publice specializate pentru protecția copilului, își păstrează statutul.

Art. 141 - În termen de 30 de zile de la intrarea în vigoare a prezentei legi, consiliile județene, respectiv consiliile locale ale sectoarelor municipiului București, Ministerul Sănătății, Ministerul Administrației și Internelor și Ministerul Muncii, Familiei, Protecției Sociale și Persoanelor Vârstnice au obligația să desemneze persoanele dintre cele cu atribuții de control, care vor constata contravențiile și vor aplica sancțiunile menționate în prezentul capitol.

Art. 142 - (1) Pe data intrării în vigoare a prezentei legi se abrogă:

a) art. 88 din Codul familiei;

b) Ordonanța de urgență a Guvernului nr. 26/1997 privind protecția copilului aflat în dificultate, republicată în Monitorul Oficial al României, Partea I, nr. 276 din 24 iulie 1998, cu modificările și completările ulterioare, cu excepția art. 20;

c) Hotărârea Guvernului nr. 604/1997 privind criteriile și procedurile de autorizare a organismelor private care desfăşoară activităţi în domeniul protecţiei copilului, publicată în Monitorul Oficial al României, Partea I, nr. 280 din 16 octombrie 1997;

d) Ordonanţa de urgenţă a Guvernului nr. 123/2001 privind reorganizarea comisiei pentru protecţia copilului, publicată în Monitorul Oficial al României, Partea I, nr. 643 din 15 octombrie 2001, aprobată cu modificări prin Legea nr. 71/2002;

e) lit. A a alin. (2) al art. 3 din Regulamentul-cadru de organizare şi funcţionare a serviciului public de asistenţă socială, aprobat prin Hotărârea Guvernului nr. 90/2003, publicată în Monitorul Oficial al României, Partea I, nr. 81 din 7 februarie 2003, cu modificările ulterioare.

(2) Se modifică în mod corespunzător dispoziţiile referitoare la înregistrarea naşterii copilului abandonat de mamă în spital, cuprinse în Legea nr. 119/1996 cu privire la actele de stare civilă, publicată în Monitorul Oficial al României, Partea I, nr. 282 din 11 noiembrie 1996, cu modificările şi completările ulterioare.

(3) Pe data intrării în vigoare a prezentei legi se abrogă orice alte dispoziţii contrare.

Art. 143 - (1) Formarea iniţială în domeniul protecţiei drepturilor copilului este obligatorie pentru toate categoriile profesionale din sistem şi pentru cei care au atribuţii decizionale privitoare la copil.

(2) Educaţia permanentă şi formarea profesională continuă în domeniul protecţiei speciale a copilului se asigură pentru toate categoriile profesionale din sistem.

(3) Ministerul Muncii, Familiei, Protecţiei Sociale şi Persoanelor Vârstnice împreună cu Ministerul Educaţiei Naţionale, Ministerul Sănătăţii, precum şi, după caz, cu celelalte instituţii publice şi private interesate vor asigura formarea iniţială şi continuă a personalului care, în exercitarea sarcinilor

ce îi revin, intră în contact cu domeniul protecției și promovării drepturilor copilului.

Art. 144 - (1) La angajarea personalului de educație, protecție și îngrijire din cadrul instituțiilor publice și private, care, prin natura profesiei, intră în contact cu copilul, se va prezenta în mod obligatoriu și o expertiză neuropsihiatrică.

(2) Anual personalul prevăzut la alin. (1) este evaluat din punct de vedere psihologic.

(3) Rapoartele privind expertizele neuropsihiatrice, precum și rapoartele de evaluare psihologică se păstrează conform legii la dosarul personal al salariatului.

Art. 145 - (1) Regulamentele proprii ale persoanelor juridice care desfășoară activități de protecție a copilului vor specifica expres regulile stabilite pentru a asigura exercitarea drepturilor și îndeplinirea îndatoririlor pe care le au copiii, în conformitate cu vârsta, sănătatea și gradul de maturitate al acestora.

(2) Aceste regulamente vor fi expuse într-un loc vizibil, astfel încât să permită accesul copiilor și informarea lor adecvată.

Art. 146 - Prevederile prezentei legi se completează cu alte reglementări care se referă la drepturile copilului, inclusiv cu prevederile cuprinse în convențiile și tratatele internaționale la care România este parte.

Art. 147 - Elaborarea proiectelor de acte normative care fac referire la oricare dintre drepturile copilului prevăzute de prezenta lege se realizează obligatoriu cu avizul Ministerului Muncii, Familiei, Protecției Sociale și Persoanelor Vârstnice.

Art. 148 - (1) Prezenta lege intră în vigoare la 1 ianuarie 2005, cu excepția prevederilor art. 17 alin. (2), art. 19 alin. (3), art. 84 alin. (2), art. 104 alin. (2), art. 105 alin. (5), art. 107 alin. (2) și art. 117, care intră în vigoare la 3 zile de la data publicării prezentei legi în Monitorul Oficial al României, Partea I.

(2) Procedura de întoarcere a copiilor în țară, de identificare a părinților sau altor reprezentanți legali ai copiilor, modul de avansare a cheltuielilor ocazionate de întoarcerea în țară a acestora, precum și serviciile de protecție specială, publice sau private, competente să asigure protecția în regim de urgență a copiilor aflați în străinătate, care, din orice motive, nu sunt însoțiți de părinți sau de un alt reprezentant legal ori nu se găsesc sub supravegherea legală a unor persoane din străinătate, prevăzută la art. 19 alin. (3), se elaborează de către Autoritatea Națională pentru Protecția Copilului și Adopție.

(3) Organizarea și metodologia de funcționare a comisiei pentru protecția copilului, prevăzută la art. 104 alin. (2), se elaborează de către Autoritatea Națională pentru Protecția Copilului și Adopție.

(4) Regulamentul-cadru pentru organizarea și funcționarea serviciilor prevăzute la art. 107 alin. (2) se elaborează de către Autoritatea Națională pentru Protecția Copilului și Adopție.

(5) - Abrogat

(6) - Abrogat

(7) Tipurile de servicii specializate, prevăzute la art. 84 alin. (2), ce se asigură pe toată durata aplicării măsurilor destinate copilului care săvârșește fapte penale și nu răspunde penal, pentru a-i asista pe copii în procesul de reintegrare în societate, precum și standardele referitoare la modalitatea de asigurare a acestor servicii se elaborează de către Autoritatea Națională pentru Protecția Copilului și Adopție în colaborare cu Ministerul Justiției.

(8) Atribuţiile şi Regulamentul-cadru de organizare şi funcţionare a direcţiei generale de asistenţă socială şi protecţia copilului, prevăzute la art. 105 alin. (5), se elaborează de către Ministerul Muncii, Solidarităţii Sociale şi Familiei.

LEGEA nr. 273/2004 privind procedura adopţiei[5] republicată în M. Of. nr. 259/19 aprilie 2012

> ➤ cu modificările aduse de **L. 76/2012** pentru punerea în aplicare a Legii nr. 134/2010 privind Codul de procedură civilă, **O.U.G. nr.44/2012** privind modificarea art. 81 din Legea nr. 76/2012 pentru punerea în aplicare a Legii nr. 134/2010 privind Codul de procedură civilă, **L. nr.187/2012** pentru punerea în aplicare a Legii nr. 286/2009 privind Codul penal, **O.U.G. nr.4/2013** privind modificarea Legii nr. 76/2012 pentru punerea în aplicare a Legii nr. 134/2010 privind Codul de procedură civilă precum şi pentru modificarea şi completarea unor acte normative conexe

---

[5] Titlul sub care a fost republicată este **Legea privind regimul juridic al adopţiei,** noul titlu **Legea privind procedura adopţiei** fiind dispus prin Legea 76/2012 pentru punerea în aplicare a Legii nr. 134/2010 privind Codul de procedură civilă (*M.Of. nr. 365 din 30 mai 2012*)

Capitolul I - Dispoziții generale

Art. 1 - Următoarele principii trebuie respectate în mod obligatoriu în cursul procedurii adopției:

a) principiul interesului superior al copilului;

b) principiul creșterii și educării copilului într-un mediu familial;

c) principiul continuității în educarea copilului, ținându-se seama de originea sa etnică, culturală și lingvistică;

d) principiul informării copilului și luării în considerare a opiniei acestuia în raport cu vârsta și gradul său de maturitate;

e) principiul celerității în îndeplinirea oricăror acte referitoare la procedura adopției;

f) principiul garantării confidențialității în ceea ce privește datele de identificare ale adoptatorului sau, după caz, ale familiei adoptatoare, precum și în ceea ce privește identitatea părinților firești.

Art. 2 - În înțelesul prezentei legi, termenii și expresiile de mai jos au următoarele semnificații:

a) adoptat – persoana care a fost sau urmează să fie adoptată, în condițiile prezentei legi;

b) adoptator – persoana care a adoptat sau dorește să adopte, în condițiile prezentei legi;

c) adopție internă – adopția în care atât adoptatorul sau familia adoptatoare, cât și adoptatul au reședința obișnuită în România;

d) adopție internațională – adopția în care adoptatorul sau familia adoptatoare și copilul ce urmează să fie adoptat au reședința obișnuită în state diferite, iar, în urma încuviințării adopţiei, copilul urmează să aibă aceeaşi reşedinţă obişnuită cu cea a adoptatorului;

e) atestat – documentul eliberat, în condiţiile prezentei legi, care certifică existenţa abilităţilor parentale ale solicitantului, precum şi îndeplinirea garanţiilor morale şi condiţiilor materiale necesare creşterii, educării şi dezvoltării armonioase a copilului;

f) Convenţia de la Haga – Convenţia asupra protecţiei copiilor şi cooperării în materia adopţiei internaţionale, încheiată la Haga la 29 mai 1993 şi ratificată de România prin Legea nr. 84/1994, publicată în Monitorul Oficial al României, Partea I, nr. 298 din 21 octombrie 1994, cu modificările ulterioare;

g) copil – persoana care nu a împlinit vârsta de 18 ani sau nu a dobândit capacitate deplină de exerciţiu, în condiţiile legii;

h) direcţia – direcţia generală de asistenţă socială şi protecţia copilului, instituţie publică, cu personalitate juridică, înfiinţată în subordinea consiliilor judeţene, respectiv consiliilor locale ale sectoarelor municipiului Bucureşti, în condiţiile legii;

i) familie adoptatoare – soţul şi soţia care au adoptat sau doresc să adopte, în condiţiile prezentei legi;

j) familie – părinţii şi copiii aflaţi în întreţinerea acestora;

k) familie extinsă – rudele copilului până la gradul al patrulea inclusiv;

l) familie substitutivă – persoanele, altele decât cele care aparţin familiei extinse, care, în condiţiile legii, asigură creşterea şi îngrijirea copilului;

m) Oficiu**) – organ de specialitate al administraţiei publice centrale, cu personalitate juridică, înfiinţat prin reorganizarea Comitetului Român pentru Adopţii, cu atribuţii de supraveghere şi coordonare a activităţilor referitoare la adopţie;

n) părinte firesc – persoana faţă de care copilul are stabilită filiaţia firească, în condiţiile legii;

o) planul individualizat de protecţie – documentul prin care se realizează planificarea serviciilor, prestaţiilor şi măsurilor de protecţie specială a copilului, pe baza evaluării psihosociale a acestuia şi a familiei sale, în vederea integrării copilului care a fost separat de familia sa într-un mediu familial stabil permanent, în cel mai scurt timp posibil;

p) stat primitor – statul în care are reşedinţa obişnuită adoptatorul sau familia adoptatoare, în cazul adopţiei internaţionale, şi în care se deplasează adoptatul în urma încuviinţării adopţiei.

Art. 3 - În înţelesul prezentei legi, prin reşedinţă obişnuită în România a adoptatorului/familiei adoptatoare se înţelege situaţia:

a) cetăţenilor români sau cetăţenilor români cu multiplă cetăţenie, după caz, care au domiciliul în România, care au locuit efectiv şi continuu pe teritoriul României în ultimele 12 luni anterioare depunerii cererii de atestare; la stabilirea continuităţii nu sunt considerate întreruperi absenţele temporare care nu depăşesc 3 luni şi nici cele determinate de şederea pe teritoriul altui stat ca urmare a existenţei unor contracte de muncă impuse de derularea unor activităţi desfăşurate în interesul statului român, precum şi ca urmare a unor obligaţii internaţionale asumate de România;

b) cetăţenilor statelor membre ale Uniunii Europene/Spaţiului Economic European sau străinilor care au drept de rezidenţă permanentă ori, după caz, drept de şedere permanentă pe teritoriul României.

Art. 4 - În înţelesul prezentei legi, prin reşedinţă obişnuită în România a copilului se înţelege situaţia: a) copiilor cetăţeni români cu domiciliul în România care au locuit efectiv şi continuu pe teritoriul României în ultimele 12 luni anterioare introducerii cererii de încuviinţare a adopţiei;

b) copiilor cetăţeni ai statelor membre ale Uniunii Europene şi ai statelor membre ale Spaţiului Economic European sau străini care au drept de rezidenţă permanentă ori, după caz, drept de şedere permanentă pe teritoriul României şi care au locuit în mod efectiv şi continuu pe teritoriul României în ultimele 12 luni anterioare introducerii cererii de încuviinţare a adopţiei.

Art. 5 - Pe tot parcursul procedurii de adopţie direcţia în a cărei rază teritorială domiciliază copilul este obligată să ofere copilului informaţii şi explicaţii clare şi complete, potrivit vârstei şi gradului său de maturitate, referitoare la etapele şi durata procesului de adopţie, la efectele acesteia, precum şi la adoptator sau familia adoptatoare şi rudele acestora.

Capitolul II - Condițiile de fond ale adopției

Art. 6 - (1) Două persoane nu pot adopta împreună, nici simultan și nici succesiv, cu excepția cazului în care sunt soț și soție.

(2) Cu toate acestea, o nouă adopție poate fi încuviințată atunci când:

a) adoptatorul sau soții adoptatori au decedat; în acest caz, adopția anterioară se consideră desfăcută pe data rămânerii irevocabile a hotărârii judecătorești de încuviințare a noii adopții;

b) adopția anterioară a încetat din orice alt motiv;

c) copilul adoptat are un singur părinte, necăsătorit, iar acesta se află într-o relație stabilă și conviețuiește cu o persoană de sex opus, necăsătorită, care nu este rudă cu acesta până la gradul al patrulea, și declară prin act autentic notarial că noul adoptator a participat direct și nemijlocit la creșterea și îngrijirea copilului pentru o perioadă neîntreruptă de cel puțin 5 ani.

(3) În situația prevăzută la alin. (2) lit. c), dispozițiile legale privitoare la adopția copilului de către soțul părintelui firesc sau adoptiv, precum și cele privitoare la nume, domiciliu, drepturile și obligațiile dintre părinți și copii, exercitarea autorității părintești, drepturile succesorale, actele de identitate aplicabile pentru copilul născut în afara căsătoriei cu filiația stabilită față de ambii părinți se aplică în mod corespunzător.

(4) Ori de câte ori prin prezenta lege sau prin alte dispoziții legale se face trimitere la situația copilului adoptat de către soțul părintelui firesc sau adoptiv, trimiterea se consideră a fi făcută și la situația prevăzută la alin. (2) lit. c).

(5) Condiția vizând existența relației stabile și a conviețuirii se verifică de către instanța judecătorească învestită

cu judecarea cererii privind încuviințarea adopției și poate fi dovedită cu orice mijloc de probă.

Art. 7 - (1) Persoana care a fost condamnată definitiv pentru o infracțiune contra persoanei sau contra familiei, săvârșită cu intenție, precum și pentru infracțiunea de trafic de persoane sau trafic și consum ilicit de droguri nu poate adopta.

(2) Persoana ori familia al cărei copil beneficiază de o măsură de protecție specială sau care este decăzută din drepturile părintești nu poate adopta.

(3) Interdicția se aplică și persoanelor care doresc să adopte singure, ai căror soți sunt bolnavi psihic, au handicap mintal sau se găsesc în una dintre situațiile prevăzute la alin. (1) și (2).

(4) Copilul din afara căsătoriei, recunoscut de tată pe cale administrativă, precum și copilul a cărui paternitate a fost stabilită prin hotărâre judecătorească prin care s-a luat act de recunoașterea de către tată sau care consfințește învoiala părților, fără a se fi cercetat temeinicia cererii, pot fi adoptați de către soția tatălui numai dacă filiația este confirmată prin rezultatul expertizei realizate prin metoda serologică ADN.

(5) În cazul adopției copilului de către soția celui care a recunoscut copilul născut în afara căsătoriei, instanța judecătorească va admite cererea de încuviințare a adopției numai dacă paternitatea este confirmată prin rezultatul expertizei filiației prevăzute la alin. (4). Cheltuielile determinate de efectuarea expertizei sunt suportate de către adoptator. În situația în care adoptatorul nu dispune de resursele financiare necesare, acestea vor fi suportate din bugetul de stat.

Art. 8 - (1) Instanța judecătorească poate trece peste refuzul părinților firești sau, după caz, al tutorelui de a consimți la adopția copilului dacă se dovedește, prin orice mijloc de probă, că aceștia refuză în mod abuziv să își dea consimțământul la adopție și instanța apreciază că adopția este în interesul superior al copilului, ținând seama și de opinia acestuia dată în condițiile legii, cu motivarea expresă a hotărârii în această privință.

(2) Se poate considera refuz abuziv de a consimți la adopție și situația în care, deși legal citați, părinții firești sau, după caz, tutorele nu se prezintă în mod repetat la termenele fixate pentru exprimarea consimțământului.

Art. 9 - Părinții firești ai copilului sau, după caz, tutorele acestuia trebuie să consimtă la adopție în mod liber și necondiționat, numai după ce au fost informați în mod corespunzător asupra consecințelor exprimării consimțământului și asupra încetării legăturilor de rudenie ale copilului cu familia sa de origine, ca urmare a încuviințării adopției. Direcția în a cărei rază teritorială locuiesc în fapt părinții firești sau, după caz, tutorele este obligată să asigure consilierea și informarea acestora înaintea exprimării consimțământului la adopție și să întocmească un raport în acest sens.

Art. 10 - Nu poate fi adoptat copilul ai cărui părinți firești nu au împlinit 14 ani.

Art. 11 - Părintele minor care a împlinit 14 ani își exprimă consimțământul asistat de către ocrotitorul său legal.

Art. 12 - (1) Adoptatorul sau familia adoptatoare trebuie să îndeplinească garanțiile morale, precum și condițiile materiale necesare creșterii, educării și dezvoltării armonioase a copilului.

(2) Îndeplinirea garanțiilor și condițiilor prevăzute la alin. (1), precum și existența abilităților parentale se certifică de către autoritățile competente prin eliberarea atestatului prevăzut

la art. 16 alin. (4), cu ocazia evaluării realizate potrivit prevederilor prezentei legi.

Art. 13 - (1) Consimţământul părinţilor fireşti sau, după caz, al tutorelui se dă în faţa instanţei judecătoreşti odată cu soluţionarea cererii de deschidere a procedurii adopţiei.

(2) În cazul adopţiei copilului de către soţul părintelui său, consimţământul părintelui firesc se dă în faţa instanţei judecătoreşti odată cu soluţionarea cererii de încuviinţare a adopţiei.

(3) Odată cu solicitarea consimţământului prevăzut la alin. (1) şi (2), instanţa solicită direcţiei raportul de consiliere şi informare care confirmă îndeplinirea obligaţiei prevăzute la art. 9.

Art. 14 - (1) Consimţământul la adopţie al copilului care a împlinit vârsta de 10 ani se dă în faţa instanţei judecătoreşti, în faza încuviinţării adopţiei.

(2) Adopţia nu va putea fi încuviinţată fără consimţământul copilului care a împlinit vârsta de 10 ani.

(3) Anterior exprimării consimţământului, direcţia în a cărei rază teritorială domiciliază copilul care a împlinit vârsta de 10 ani îl va sfătui şi informa pe acesta, ţinând seama de vârsta şi de maturitatea sa, în special asupra consecinţelor adopţiei şi ale consimţământului său la adopţie, şi va întocmi un raport în acest sens.

Art. 15 - Consimţământul adoptatorului sau familiei adoptatoare se dă în faţa instanţei judecătoreşti odată cu soluţionarea cererii de încuviinţare a adopţiei.

Capitolul III - Procedura adopției interne

Secțiunea 1 - Evaluarea adoptatorului sau a familiei adoptatoare în vederea obținerii atestatului

Art. 16 - (1) Evaluarea adoptatorului sau a familiei adoptatoare reprezintă procesul prin care se realizează identificarea abilităților parentale, se analizează îndeplinirea garanțiilor morale și a condițiilor materiale ale adoptatorului sau familiei adoptatoare, precum și pregătirea acestora pentru asumarea, în cunoștință de cauză, a rolului de părinte.

(2) Odată cu evaluarea prevăzută la alin. (1) vor fi analizate și caracteristicile psihologice, sociale și medicale ale celorlalți membri ai familiei sau altor persoane care locuiesc împreună cu solicitantul, precum și opinia acestora cu privire la adopție.

(3) Evaluarea se realizează pe baza solicitării adoptatorului sau familiei adoptatoare de către direcția de la domiciliul acestora și trebuie să aibă în vedere:

a) personalitatea și starea sănătății adoptatorului sau familiei adoptatoare, viața familială, condițiile de locuit, aptitudinea de creștere și educare a unui copil;

b) situația economică a persoanei/familiei, analizată din perspectiva surselor de venit, a continuității acestora, precum și a cheltuielilor persoanei/familiei;

c) motivele pentru care adoptatorul sau familia adoptatoare dorește să adopte;

d) motivele pentru care, în cazul în care numai unul dintre cei 2 soți solicită să adopte un copil, celălalt soț nu se asociază la cerere;

e) impedimente de orice natură relevante pentru capacitatea de a adopta.

(4) În cazul unui rezultat favorabil al evaluării, direcția va elibera atestatul de persoană sau familie aptă să adopte, care se constituie ca anexă la dispoziția directorului general/executiv al direcției.

(5) Modelul-cadru al atestatului de persoană sau familie aptă să adopte, precum și modelul și conținutul unor formulare, instrumente și documente utilizate în procedura adopției se aprobă prin ordin al președintelui Oficiului.

(6) Atestatul eliberat de direcția în a cărei rază teritorială domiciliază adoptatorul sau familia adoptatoare este valabil pentru o perioadă de un an. Valabilitatea acestui atestat se prelungește de drept până la încuviințarea adopției, în situația în care a fost introdusă pe rolul instanței judecătorești cererea de încredințare în vederea adopției, precum și în situația în care persoana/familia atestată are deja încredințați, în vederea adopției, unul sau mai mulți copii.

(7) Valabilitatea atestatului se prelungește la solicitarea persoanei/familiei, prin dispoziția directorului general/executiv al direcției, până la încuviințarea adopției, în situația în care s-a finalizat procedura de potrivire și a fost întocmit raportul privind potrivirea practică dintre copil și familia adoptatoare.

(8) Atestatul poate fi retras în următoarele situații:

a) în situația în care se constată faptul că persoana/familia adoptatoare a ascuns sau a furnizat informații false cu ocazia realizării evaluării;

b) când se constată faptul că nu mai sunt îndeplinite condițiile în baza cărora a fost eliberat atestatul;

c) în situația în care se constată implicarea directă a persoanei/familiei atestate în identificarea unui copil potențial adoptabil; această dispoziție nu se aplică în situația în care se constată că persoana/familia atestată este rudă până la gradul al patrulea cu copilul;

    d) la propunerea Oficiului, atunci când constată că eliberarea atestatului a fost în mod vădit netemeinică sau nelegală;

    e) la cererea motivată a persoanei sau familiei atestate.

    (9) Valabilitatea atestatului încetează de drept:

    a) ca urmare a expirării;

    b) ca urmare a modificării configurației familiei atestate, prin decesul unuia dintre membrii familiei sau prin divorț;

    c) în cazul căsătoriei sau decesului persoanei atestate;

    d) după încuviințarea adopției, odată cu rămânerea definitivă și irevocabilă a hotărârii judecătorești de încuviințare a adopției, când atestatul și-a produs în integralitate efectele pentru care a fost eliberat.

    Art. 17 - (1) În situația în care solicitantul locuiește în fapt la adresa de reședință, soluționarea cererii de evaluare se realizează de către direcția în a cărei rază teritorială domiciliază acesta.

    (2) Direcția în a cărei rază teritorială își are stabilită reședința solicitantul are obligația de a furniza direcției în a cărei rază teritorială domiciliază solicitantul datele necesare în vederea realizării evaluării, la solicitarea acesteia.

    Art. 18 - (1) Rezultatele evaluării prevăzute la art. 16 se consemnează într-un raport final de evaluare a capacității de a adopta a solicitantului, care conține și propunerea privind eliberarea sau neeliberarea atestatului. Raportul se întocmește în maximum 120 de zile de la depunerea cererii de evaluare și se comunică solicitantului.

    (2) În cazul unui rezultat favorabil al evaluării, direcția emite dispoziția privind eliberarea atestatului.

    (3) În cazul unui rezultat nefavorabil al evaluării, adoptatorul sau familia adoptatoare poate formula contestație

în termen de 5 zile lucrătoare de la comunicarea raportului prevăzut la alin. (1).

(4) În cazul în care rezultatul evaluării nu este contestat în termenul prevăzut la alin. (3), direcția emite dispoziția privind neeliberarea atestatului.

Art. 19 - (1) Contestația prevăzută la art. 18 alin. (3) se depune și se înregistrează la direcția care a realizat evaluarea, aceasta având obligația ca, în termen de 5 zile lucrătoare de la înregistrarea contestației, să o transmită spre soluționare Oficiului. Contestația se transmite însoțită de copia dosarului persoanei/familiei în cauză.

(2) Contestația se soluționează de către Oficiu în termen de 30 de zile de la înregistrare.

Art. 20 - (1) În soluționarea contestației, Oficiul analizează documentația transmisă de către direcție, solicită orice alte date/documente suplimentare relevante pentru soluționarea acesteia de la direcție, contestatar sau de la alte persoane fizice ori juridice sau poate dispune efectuarea unor verificări proprii asupra cazului.

(2) În situația în care Oficiul apreciază contestația ca fiind întemeiată, formulează în atenția direcției următoarele recomandări și propuneri:

a) completarea procesului de evaluare cu noi informații sau documente relevante;

b) realizarea unei noi evaluări sociale și/sau psihologice de către cabinete individuale, cabinete asociate sau societăți profesionale care au încheiat convenții cu Oficiul;

c) eliberarea atestatului în situațiile în care se constată că sunt îndeplinite condițiile legale de eliberare a acestuia și propunerea cuprinsă în raportul prevăzut la art. 18 alin. (1) este în mod vădit netemeinică sau nelegală.

(3) Oficiul poate respinge contestația formulată ca fiind nefondată, tardivă sau introdusă de o persoană fără calitate ori neîmputernicită să formuleze contestație.

(4) Rezultatul soluționării contestației se comunică atât direcției, cât și contestatarului.

Art. 21 (1) În urma comunicării rezultatului soluționării contestației de către Oficiu, direcția poate decide următoarele:

a) menținerea propunerii formulate în raportul prevăzut la art. 18 alin. (1) și emiterea dispoziției privind neeliberarea atestatului;

b) completarea procesului de evaluare cu noi informații sau documente relevante;

c) realizarea unei noi evaluări sociale și/sau psihologice, în condițiile prevederilor art. 20 alin. (2) lit. b);

d) eliberarea atestatului.

(2) În situațiile prevăzute la alin. (1) lit. b) și c), în emiterea dispoziției privind eliberarea/neeliberarea atestatului se vor lua în considerare concluziile rezultate ca urmare a noilor evaluări sociale sau psihologice realizate.

Art. 22 - În cazul în care se realizează o nouă evaluare în condițiile art. 21 alin. (1) lit. c), costurile implicate de aceasta se suportă de către contestatar.

Art. 23 - Dispoziția privind neacordarea/retragerea atestatului de persoană/familie aptă pentru adopție poate fi atacată, în termen de 15 zile de la data comunicării, la instanța competentă în materia adopției de la domiciliul adoptatorului.

Art. 24 - Obținerea atestatului nu este necesară în următoarele cazuri:

a) pentru adopția persoanei care a dobândit capacitate deplină de exercițiu;

b) pentru adopţia copilului de către soţul părintelui firesc sau adoptiv.

Art. 25 - Pe parcursul procesului de evaluare, direcţia în a cărei rază teritorială domiciliază adoptatorul sau familia adoptatoare este obligată să asigure acestora serviciile de pregătire/consiliere necesare pentru a-şi asuma în cunoştinţă de cauză şi în mod corespunzător rolul de părinte.

Secţiunea a 2-a - Deschiderea procedurii adopţiei interne

Art. 26 - (1) Planul individualizat de protecţie, astfel cum este acesta reglementat de Legea nr. 272/2004 privind protecţia şi promovarea drepturilor copilului, cu modificările ulterioare, are ca finalitate adopţia internă dacă:
a) după instituirea măsurii de protecţie specială a trecut un an şi părinţii fireşti ai copilului şi rudele până la gradul al patrulea ale acestuia nu pot fi găsite ori nu colaborează cu autorităţile în vederea realizării demersurilor pentru reintegrarea sau integrarea copilului în familie;
b) după instituirea măsurii de protecţie specială, părinţii şi rudele copilului până la gradul al patrulea care au putut fi găsite declară în scris că nu doresc să se ocupe de creşterea şi îngrijirea copilului şi în termen de 60 de zile nu şi-au retras această declaraţie. Direcţia are obligaţia înregistrării acestor declaraţii, precum şi a celor prin care părinţii şi rudele până la gradul al patrulea revin asupra declaraţiilor iniţiale;
c) copilul a fost înregistrat din părinţi necunoscuţi. În acest caz, adopţia ca finalitate a planului individualizat de protecţie se stabileşte în maximum 30 de zile de la eliberarea certificatului de naştere al acestuia.
(2) În termenul prevăzut la alin. (1) lit. a), direcţia are obligaţia să facă demersurile necesare identificării şi contactării

părinților firești/rudelor copilului până la gradul al patrulea, să îi informeze periodic pe aceștia asupra locului în care se află efectiv copilul și asupra modalităților concrete în care pot menține relații personale cu copilul, precum și asupra demersurilor necesare în vederea reintegrării sau integrării.

Art. 27 - (1) În situația copilului pentru care s-a instituit plasamentul la o rudă până la gradul al patrulea, planul individualizat de protecție poate avea ca finalitate adopția internă numai în situația în care a trecut minimum un an de la data instituirii măsurii de protecție și managerul de caz apreciază că este în interesul copilului deschiderea procedurii adopției interne.

(2) În situația copilului care a împlinit vârsta de 14 ani, planul individualizat de protecție poate avea ca finalitate adopția internă numai dacă există acordul expres al copilului în acest sens și interesul copilului justifică deschiderea procedurii de adopție internă.

Art. 28 - (1) Dosarul copilului pentru care s-a stabilit adopția internă, ca finalitate a planului individualizat de protecție, se transmite compartimentului de adopții și postadopții din cadrul direcției, în vederea luării în evidență a cazului și sesizării instanței judecătorești de la domiciliul copilului, pentru deschiderea procedurii adopției interne.

(2) Direcția în a cărei rază teritorială domiciliază copilul va sesiza instanța judecătorească de la domiciliul copilului pentru încuviințarea deschiderii procedurii adopției interne în termen de 30 de zile de la luarea în evidență a cazului de către compartimentul de adopții și postadopții.

(3) Judecarea cererilor referitoare la deschiderea procedurii adopției interne a copilului se face cu citarea părinților firești ai copilului sau, după caz, a tutorelui și a direcției în a cărei rază teritorială se află domiciliul copilului.

Art. 29 - (1) Încuviinţarea deschiderii procedurii adopţiei interne se face numai dacă:

a) planul individualizat de protecţie are ca finalitate adopţia internă;

b) sunt îndeplinite condiţiile prevăzute la art. 26 sau, după caz, cele prevăzute la art. 27;

c) părinţii copilului sau, după caz, tutorele, îşi exprimă consimţământul la adopţie, în condiţiile legii. Dispoziţiile art. 8, precum şi prevederile legale care reglementează situaţiile speciale privind consimţământul părinţilor se aplică în mod corespunzător.

(2) Direcţia are obligaţia să facă dovada efectuării corespunzătoare a demersurilor prevăzute la art. 26 alin. (2).

(3) În situaţia copilului pentru care s-a instituit tutela, încuviinţarea deschiderii procedurii adopţiei interne se face la solicitarea direcţiei în a cărei rază teritorială domiciliază copilul, numai dacă instanţa constată îndeplinirea condiţiei prevăzute la alin. (1) lit. c) şi apreciază că deschiderea procedurii adopţiei interne este în interesul superior al copilului.

(4) În cazul admiterii cererii de deschidere a procedurii adopţiei interne, în dispozitivul hotărârii judecătoreşti se va face menţiune despre constatarea existenţei consimţământului ambilor părinţi, al unui singur părinte, al tutorelui sau, după caz, despre suplinirea consimţământului în condiţiile art. 8 şi se va încuviinţa deschiderea procedurii adopţiei interne.

(5) Hotărârea judecătorească irevocabilă prin care instanţa admite cererea direcţiei produce următoarele efecte:

a) drepturile şi obligaţiile părinteşti ale părinţilor fireşti sau, după caz, cele exercitate de persoane fizice ori juridice se suspendă şi vor fi exercitate de către preşedintele consiliului judeţean sau, după caz, de către primarul sectorului municipiului Bucureşti în a cărui rază teritorială domiciliază copilul;

b) drepturile și obligațiile părintești exercitate la momentul admiterii cererii de către președintele consiliului județean, primarul sectorului municipiului București în a cărui rază teritorială domiciliază copilul sau, după caz, de tutore se mențin.

(6) Efectele hotărârii judecătorești prevăzute la alin. (5) încetează de drept dacă, în termen de 2 ani de la data rămânerii irevocabile a hotărârii, direcția nu a identificat o persoană sau familie corespunzătoare pentru copil.

(7) Prin excepție de la prevederile alin. (6), efectele hotărârii se prelungesc până la încuviințarea adopției, în cazul copiilor cu părinți necunoscuți, precum și în cazul în care s-a finalizat procedura de potrivire practică și a fost întocmit raportul de potrivire practică.

(8) În situația prevăzută la alin. (6), direcția este obligată să revizuiască planul individualizat de protecție a copilului și să solicite instanței judecătorești, în funcție de finalitatea acestuia, încuviințarea unei noi proceduri de deschidere a adopției.

Art. 30 - (1) Dacă, ulterior rămânerii irevocabile a hotărârii judecătorești de deschidere a procedurii adopției, dispare cauza care, potrivit legii, a făcut imposibilă exprimarea de către unul dintre părinți a consimțământului la adopție, împotriva hotărârii se poate face cerere de revizuire.

(2) Cererea de revizuire se poate introduce până la data pronunțării hotărârii de încuviințare a adopției de oricare dintre părinții firești ai copilului sau de către direcția care a solicitat deschiderea procedurii adopției interne.

(3) Cererea de revizuire se soluționează în camera de consiliu, cu citarea părinților firești, a direcției care a solicitat deschiderea procedurii adopției interne și, dacă este cazul, a direcției în a cărei rază administrativ-teritorială se află domiciliul adoptatorului sau al familiei adoptatoare. Participarea procurorului este obligatorie.

Art. 31 - (1) Cererea de revizuire suspendă soluționarea cererii de încredințare a copilului în vederea adopției sau, după caz, de încuviințare a adopției, dacă vreuna dintre acestea se află pe rolul instanței judecătorești.

(2) Direcția care a solicitat deschiderea procedurii adopției interne are obligația de a informa de îndată instanța prevăzută la alin. (1) despre depunerea cererii de revizuire.

(3) Măsura de protecție a copilului sau, după caz, încredințarea în vederea adopției se prelungește de drept pe perioada soluționării revizuirii. Dispozițiile art. 45 sunt aplicabile în mod corespunzător.

(4) Dacă instanța judecătorească dispune revocarea măsurii încredințării, va hotărî, la propunerea direcției generale în a cărei rază administrativ-teritorială se află domiciliul copilului, o măsură provizorie de protecție a copilului, până la soluționarea revizuirii.

Art. 32 - (1) În cazul în care încuviințează cererea de revizuire, instanța va solicita consimțământul părintelui care nu și l-a dat anterior, numai după depunerea de către direcția în a cărei rază teritorială locuiește acesta a unui raport de consiliere și informare în conformitate cu prevederile art. 9.

(2) Efectuarea unei noi anchete sociale care să vizeze situația actuală a părinților firești, precum și potențialul de reintegrare a copilului în familia biologică este obligatorie. Efectuarea anchetei sociale și întocmirea raportului sunt de competența direcției în a cărei rază teritorială locuiește părintele firesc.

(3) Dispozițiile art. 8 sunt aplicabile în mod corespunzător.

Art. 33 - În cazul în care, după suspendarea prevăzută la art. 31, părintele care s-a aflat în imposibilitatea de a-și exprima consimțământul se opune adopției și nu sunt motive pentru aplicarea prevederilor art. 8, cererea de încredințare a copilului în vederea adopției sau, după caz, de încuviințare a adopției se repune pe rol la solicitarea direcției în a cărei rază teritorială se află domiciliul copilului și se respinge.

Art. 34 - Direcția care a solicitat deschiderea procedurii adopției interne are obligația de a formula de îndată cerere de revizuire sau, după caz, de a solicita suspendarea oricărei proceduri judiciare, precum și a oricărui alt demers privind adopția, dacă ia cunoștință, până la data pronunțării hotărârii de încuviințare a adopției, despre încetarea cauzei care a determinat imposibilitatea părintelui de a-și exprima voința cu privire la adopție.

Art. 35 - Dispozițiile prezentei secțiuni nu sunt aplicabile în cazul adopției copilului de către soțul părintelui firesc sau adoptiv și în cazul adopției persoanei care a dobândit capacitate deplină de exercițiu.

Secțiunea a 3-a - Potrivirea dintre copil și persoana/familia adoptatoare

Art. 36 - (1) Potrivirea este o etapă premergătoare încredințării în vederea adopției prin care se identifică și selectează cea mai potrivită persoană/familie atestată ca fiind aptă să adopte, care răspunde nevoilor identificate ale copilului și se stabilește compatibilitatea dintre copil și persoana/familia adoptatoare.

(2) Potrivirea se realizează acordându-se prioritate rudelor copilului din cadrul familiei extinse și altor persoane alături de care copilul s-a bucurat de viața de familie pentru o perioadă de minimum 6 luni, în măsura în care acest lucru nu contravine interesului său superior.

(3) Procesul de potrivire include o componentă teoretică și una practică.

Art. 37 - (1) Potrivirea teoretică se inițiază de Oficiu pentru copiii aflați în evidența sa și care urmează să fie încredințați în vederea adopției, prin identificarea și selectarea din Registrul național pentru adopții a persoanelor/familiilor atestate care răspund în cea mai mare măsură nevoilor copiilor.

(2) Lista persoanelor/familiilor prevăzute la alin. (1) se transmite de Oficiu pentru continuarea demersurilor de potrivire direcției de la domiciliul copilului.

(3) Selecția celei mai potrivite persoane/familii care urmează să parcurgă etapa potrivirii practice se realizează de către compartimentul de adopții și postadopții din structura direcției, numai din lista prevăzută la alin. (2).

Art. 38 - (1) Metodologia de potrivire teoretică și practică dintre copil și persoana/familia atestată ca aptă să adopte se elaborează de către Oficiu și se aprobă prin hotărâre a Guvernului.

(2) Criteriile pe baza cărora se realizează potrivirea teoretică se elaborează de către Oficiu și se aprobă prin ordin al președintelui acestuia.

Art. 39 - (1) La finalul procedurii de potrivire, compartimentul de adopții și postadopții din cadrul direcției întocmește un raport de potrivire, în care sunt consemnate concluziile referitoare la constatarea compatibilității dintre copil și persoana/familia adoptatoare, precum și propunerea vizând sesizarea instanței judecătorești pentru încredințarea copilului în vederea adopției.

(2) După întocmirea raportului de potrivire, direcția în a cărei rază teritorială se află domiciliul copilului sesizează, în

maximum 5 zile, instanța judecătorească pentru încredințarea copilului în vederea adopției.

Cererea de încredințare în vederea adopției adresată instanței va fi însoțită în mod obligatoriu de lista prevăzută la art. 37 alin. (2).

Secțiunea a 4-a - Încredințarea în vederea adopției

Art. 40 - (1) Adopția nu poate fi încuviințată de către instanța judecătorească decât după ce copilul a fost încredințat pentru o perioadă de 90 de zile persoanei sau familiei care dorește să îl adopte, astfel încât instanța să poată aprecia, în mod rațional, asupra relațiilor de familie care s-ar stabili dacă adopția ar fi încuviințată.

(2) Capacitatea de adaptare, fizică și psihică, a copilului la noul mediu familial va fi analizată în raport cu condițiile de natură socioprofesională, economică, culturală, de limbă, religie și cu orice alte asemenea elemente caracteristice locului în care trăiește copilul în perioada încredințării și care ar putea avea relevanță în aprecierea evoluției ulterioare a acestuia în cazul încuviințării adopției.

Art. 41 - (1) Judecarea cererilor de încredințare a copilului în vederea adopției interne se face cu citarea direcției în a cărei rază teritorială se află domiciliul copilului, a direcției în a cărei rază teritorială domiciliază adoptatorul sau familia adoptatoare și a persoanei ori familiei adoptatoare.

(2) Încredințarea în vederea adopției se dispune de către instanța judecătorească de la domiciliul copilului pentru o perioadă de 90 de zile.

(3) Hotărârile prin care se soluționează cererile de încredințare în vederea adopției sunt executorii de la data pronunțării.

(4) Direcţia de la domiciliul adoptatorilor are obligaţia ca, în termen de 5 zile de la punerea în executare a hotărârii prin care s-a dispus încredinţarea în vederea adopţiei, să transmită o copie a acestei hotărâri autorităţilor competente să elibereze documentele de călătorie pentru adoptat.

Art. 42 - (1) Încredinţarea în vederea adopţiei nu este necesară în următoarele cazuri:
a) pentru adopţia persoanei care a dobândit capacitate deplină de exerciţiu;
b) pentru adopţia copilului de către soţul părintelui firesc sau adoptiv;
c) pentru adopţia copilului pentru care a fost deschisă procedura adopţiei interne şi acesta se află în plasament la unul dintre soţii familiei adoptatoare sau la familia adoptatoare de cel puţin 2 ani;
d) pentru adopţia copilului de către tutorele său, dacă au trecut cel puţin 2 ani de la data instituirii tutelei.
(2) În situaţiile prevăzute la alin. (1) lit. a) şi b) persoana sau familia care doreşte să adopte va putea solicita în mod direct instanţei judecătoreşti încuviinţarea adopţiei, în condiţiile prezentei legi.

Art. 43 - (1) Pe durata încredinţării copilului în vederea adopţiei, domiciliul acestuia se află la persoana sau familia căreia i-a fost încredinţat. Efectuarea actelor obişnuite necesare exercitării drepturilor şi îndeplinirii obligaţiilor părinteşti, cu excepţia celor care conduc la încheierea unui act juridic, se realizează de către persoana sau familia căreia acesta i-a fost încredinţat.
(2) Dreptul de a reprezenta copilul în actele juridice sau, după caz, de a încuviinţa actele pe care acesta le încheie, precum şi dreptul de a administra bunurile copilului se exercită de către preşedintele consiliului judeţean sau primarul

sectorului municipiului București în a cărui rază teritorială domiciliază persoana sau familia căreia i-a fost încredințat copilul în vederea adopției. Dreptul de administrare poate fi delegat, în mod excepțional, către persoana sau familia căreia i s-a încredințat copilul pentru efectuarea unor acte speciale, în interesul copilului, care vor fi expres menționate în cuprinsul documentului prin care se acordă delegarea.

Art. 44 - (1) În perioada încredințării copilului în vederea adopției, direcția de la domiciliul adoptatorului sau familiei adoptatoare urmărește evoluția copilului și a relațiilor dintre acesta și persoana sau familia căreia i-a fost încredințat, întocmind în acest sens rapoarte bilunare.

(2) La sfârșitul perioadei de încredințare în vederea adopției, direcția întocmește un raport final referitor la evoluția relațiilor dintre copil și adoptatori, pe care îl comunică instanței competente în vederea soluționării cererii de încuviințare a adopției.

(3) În situațiile prevăzute la art. 42 alin. (1) lit. c) și d), direcția are obligația să realizeze un raport cu privire la evoluția relațiilor dintre copil și adoptatori, ce va fi transmis instanței de judecată învestită cu soluționarea cererii de încuviințare a adopției.

(4) Cererea de încuviințare a adopției adresată instanței judecătorești prelungește de drept perioada de încredințare până la soluționarea cererii prin hotărâre judecătorească irevocabilă.

Art. 45 - (1) Dacă pe durata perioadei de încredințare în vederea adopției direcția în a cărei rază teritorială domiciliază adoptatorul sau familia adoptatoare constată neadaptarea copilului cu persoana sau familia adoptatoare ori existența oricăror alte motive de natură să împiedice finalizarea procedurii de adopție, sesizează de îndată instanța judecătorească, în vederea revocării sau, după caz, prelungirii măsurii încredinţării.

(2) Dispoziţiile privind procedura de judecată a cererilor referitoare la încredinţare se aplică în mod corespunzător şi în cazul cererilor prevăzute la alin. (1). Hotărârea prin care instanţa de fond dispune revocarea sau prelungirea încredinţării este executorie de drept.

Art. 46 Dacă, în situaţia prevăzută la art. 45 alin. (1), instanţa judecătorească dispune revocarea măsurii încredinţării, se reia procesul de potrivire.

Secţiunea a 5-a - Încuviinţarea adopţiei

Art. 47 - Încuviinţarea adopţiei este de competenţa instanţelor judecătoreşti.

Art. 48 - (1) Cererea de încuviinţare a adopţiei poate fi introdusă direct de către adoptator sau familia adoptatoare, în situaţia adopţiei persoanei care a dobândit capacitate deplină de exerciţiu, şi, în cazul adopţiei copilului, de către soţul părintelui firesc sau adoptiv. În toate celelalte cazuri cererea de încuviinţare a adopţiei va fi introdusă fie de către adoptator sau familia adoptatoare, fie de către direcţia de la domiciliul acestora la sfârşitul perioadei de încredinţare în vederea adopţiei sau, după caz, la împlinirea termenelor prevăzute pentru adopţia copilului aflat în una dintre situaţiile prevăzute la art. 42 alin. (1) lit. c) şi d).

(2) Cererea de încuviinţare a adopţiei este însoţită de următoarele acte:

a) certificatul de naştere al copilului, în copie legalizată;

b) certificatul medical privind starea de sănătate a copilului, eliberat de către unități publice nominalizate de către direcția de sănătate publică;

c) atestatul valabil al adoptatorului sau familiei adoptatoare;

d) hotărârea judecătorească irevocabilă de încredințare în vederea adopției;

e) certificatele de naștere ale adoptatorului sau ale soțului și soției din familia adoptatoare, în copie legalizată;

f) certificatul de căsătorie al adoptatorului sau al soților din familia adoptatoare, în copie legalizată;

g) cazierul judiciar al adoptatorului sau, după caz, al fiecărui membru al familiei adoptatoare;

h) certificatul medical privind starea de sănătate a adoptatorului, eliberat de medicul de familie pe lista căruia este înscris;

i) hotărârea judecătorească irevocabilă de deschidere a procedurii adopției interne a copilului;

j) raportul de consiliere și informare a părinților firești în cazul adopției copilului de către soțul părintelui firesc;

k) documentul care consemnează rezultatul expertizei pentru confirmarea filiației față de tată, realizată prin metoda serologică ADN, în cazul adopției copilului de către soția părintelui firesc atunci când copilul a fost recunoscut de tată pe cale administrativă, precum și în cazul în care paternitatea copilului a fost stabilită prin hotărâre judecătorească prin care s-a luat act de recunoașterea de către tată sau care consfințește învoiala părților, fără a se fi cercetat temeinicia cererii;

l) declarația notarială pe propria răspundere, prevăzută la art. 6 alin. (2) lit. c).

Art. 49 - (1) Judecarea cererilor de încuviințare a adopției se face cu citarea direcției în a cărei rază teritorială se află domiciliul copilului, a direcției care a solicitat deschiderea procedurii adopției interne și a persoanei ori familiei adoptatoare.

(2) Judecarea cererilor de încuviințare a adopției persoanei care a dobândit capacitate deplină de exercițiu se face cu citarea adoptatorului sau a familiei adoptatoare și a adoptatului, iar judecarea cererilor de încuviințare a adopției copilului de către soțul părintelui firesc sau adoptiv se face cu citarea adoptatorului și a părinților firești ai adoptatului.

(3) Direcția în a cărei rază teritorială domiciliază persoana sau familia adoptatoare va avea obligația de a depune rapoartele finale prevăzute la art. 44 alin. (2) sau, după caz, art. 44 alin. (3), până cel mai târziu cu 5 zile înaintea termenului la care a fost citată pentru judecarea cauzei, precum și, după caz, de a da instanței judecătorești orice relații necesare pentru soluționarea cererii de încuviințare a adopției.

Art. 50 - (1) Instanța poate solicita din nou consimțământul la adopție al părinților firești, dacă există indicii că după data la care consimțământul a devenit irevocabil au intervenit elemente noi, de natură să determine revenirea asupra consimțământului inițial. Direcția care a solicitat deschiderea procedurii adopției interne are obligația să aducă la cunoștința instanței, prin intermediul direcției în a cărei rază administrativ-teritorială se află domiciliul adoptatorului/familiei adoptatoare, dacă este cazul, existența oricăror elemente noi cu privire la situația părintelui firesc ori a familiei extinse, care ar putea determina modificarea finalității planului individualizat de protecție.

(2) Chemarea părinților firești în fața instanței competente să încuviințeze adopția se face prin invitație adresată acestora, în camera de consiliu, fără a se indica date cu privire la dosar sau alte date care ar permite, în orice fel, divulgarea identității sau a altor informații cu privire la persoana ori familia adoptatoare.

(3) Instanța poate invita, la aceeași dată, direcția competentă potrivit art. 28 alin. (2) și direcția competentă potrivit art. 48 alin. (1).

(4) În cazul în care părinții se prezintă personal în fața instanței și își exprimă refuzul de a mai consimți la adopție, instanța suspendă soluționarea cererii de încuviințare a adopției. Declarația părinților firești împreună cu încheierea de suspendare se comunică direcției competente potrivit art. 28 alin. (2), care va formula cerere de revizuire a hotărârii de deschidere a procedurii adopției. Dispozițiile art. 30 și 31 se aplică în mod corespunzător.

Art. 51 - (1) Instanța judecătorească va admite cererea de încuviințare a adopției numai dacă, pe baza probelor administrate, și-a format convingerea că adopția este în interesul superior al copilului.

(2) În termen de 5 zile de la rămânerea irevocabilă a hotărârii judecătorești prin care s-a încuviințat adopția, direcția în a cărei rază teritorială se află domiciliul copilului va înștiința, în scris, părinții firești despre aceasta, precum și autoritățile române competente să elibereze documentele de identitate sau de călătorie pentru adoptat.

Capitolul IV - Procedura adopției internaționale

Secțiunea 1 - Dispoziții generale

Art. 52 - (1) Adopția internațională a copilului cu reședința obișnuită în România de către o persoană/familie cu reședința obișnuită în străinătate poate fi încuviințată numai pentru copiii care se află în evidența Oficiului și numai în următoarele situații:

a) adoptatorul sau unul dintre soții familiei adoptatoare este rudă până la gradul al patrulea inclusiv cu copilul pentru care a fost încuviințată deschiderea procedurii adopției interne;

b) adoptatorul sau unul dintre soții familiei adoptatoare este și cetățean român;

c) adoptatorul este soț al părintelui firesc al copilului a cărui adopție se solicită.

(2) Adopția prevăzută la alin. (1) lit. b) este permisă numai pentru copiii pentru care s-a admis cererea de deschidere a procedurii adopției interne și nu a putut fi identificat un adoptator sau o familie adoptatoare cu reședința obișnuită în România sau una dintre persoanele prevăzute la alin. (1) lit. a), într-un termen de 2 ani de la data rămânerii irevocabile a hotărârii judecătorești prin care s-a admis cererea de deschidere a procedurii adopției interne.

Art. 53 - Cererea de încuviințare a adopției se transmite instanței judecătorești de către Oficiu după finalizarea demersurilor administrative prealabile prevăzute în prezentul capitol.

Art. 54 - (1) Adopția internațională are efectele prevăzute de lege și presupune deplasarea copilului pe teritoriul statului primitor, în urma încuviinţării adopţiei de către instanţa judecătorească română.

(2) Efectele adopţiei internaţionale, precum şi efectele în cazul anulării adopţiei internaţionale asupra

cetăţeniei adoptatului sunt prevăzute de Legea cetăţeniei române nr. 21/1991, republicată.

Art. 55 - (1) În cazul adopţiilor internaţionale în care adoptatul are reşedinţa obişnuită în străinătate, iar adoptatorul sau familia adoptatoare are reşedinţa obişnuită în România, cererile de adopţie ale solicitanţilor se transmit autorităţilor străine competente, numai prin intermediul Oficiului.

(2) Evaluarea adoptatorului sau a familiei adoptatoare în situaţia prevăzută la alin. (1) se realizează potrivit prevederilor secţiunii 1 a cap. III.

Secţiunea a 2-a - Atestarea adoptatorului sau familiei adoptatoare din statul de primire

Art. 56 - (1) Cererile persoanelor sau familiilor care au reşedinţa obişnuită pe teritoriul altui stat, parte a Convenţiei de la Haga, şi care doresc să adopte un copil din România sunt transmise Oficiului prin intermediul autorităţii centrale competente din statul respectiv sau al organizaţiilor sale acreditate.

(2) În cazul statelor care nu sunt părţi la Convenţia de la Haga, cererile prevăzute la alin. (1) se transmit Oficiului prin intermediul autorităţii desemnate cu atribuţii în domeniul adopţiei internaţionale sau prin intermediul organizaţiilor acreditate în acest sens în statul de primire.

(3) Organizațiile acreditate prevăzute la alin. (1) și (2) trebuie să fie autorizate și de Oficiu, în conformitate cu metodologia aprobată prin hotărâre a Guvernului[6].

Art. 57 - Cererea adoptatorului sau familiei adoptatoare este luată în evidență de Oficiu numai dacă autoritatea centrală competentă din statul primitor sau organizațiile sale acreditate și autorizate în condițiile legii atestă că:

a) adoptatorul sau familia adoptatoare îndeplinește condițiile de eligibilitate pentru adopție și este apt să adopte în conformitate cu legislația aplicabilă în statul primitor;

b) adoptatorul sau familia adoptatoare a beneficiat de consilierea necesară în vederea adopției în statul primitor;

c) este asigurată urmărirea evoluției copilului după adopție pe o perioadă de cel puțin 2 ani;

d) sunt asigurate servicii postadopție pentru copil și familie în statul primitor.

Art. 58 - (1) Cererile transmise Oficiului trebuie însoțite de următoarele documente:

a) un raport întocmit de autoritățile competente din statul primitor, cuprinzând informații cu privire la identitatea persoanelor care doresc să adopte, capacitatea și aptitudinea lor de a adopta, situația lor personală, familială, materială și medicală, mediul social, motivele care îi determină să adopte un copil din România, precum și cu privire la copiii pe care ar putea să-i primească spre adopție; concluziile raportului vor fi susținute prin documentele eliberate de autoritățile competente din statul primitor;

---

[6] A se vedea Hotărârea Guvernului nr. 1441/2004 cu privire la autorizarea organizațiilor private străine de a desfășura activități în domeniul adopției internaționale, publicată în Monitorul Oficial al României, Partea I, nr. 873 din 24 septembrie 2004

b) certificatele de naștere și căsătorie și actele de identitate ale persoanelor care doresc să adopte, în copie legalizată și însoțite de traducerea lor legalizată în limba română;

c) cazierele judiciare ale persoanelor care doresc să adopte și al soțului care nu se asociază la adopție;

d) raportul medical întocmit separat pentru fiecare adoptator și, după caz, raportul medical privind bolile psihice ale soțului care nu se asociază la adopție;

e) actul din care să rezulte că există garanțiile că adoptatul are posibilitatea să intre și să locuiască permanent în statul primitor, precum și că adoptatul are față de adoptator și rudele acestuia aceeași situație legală ca și aceea a unui copil biologic al adoptatorului.

(2) Documentele prevăzute la alin. (1) lit. a), c), d) și e) vor fi prezentate în original și însoțite de traducerea legalizată în limba română.

Art. 59 - (1) Selecția și potrivirea copilului cu adoptatorul sau familia adoptatoare cu reședința obișnuită în străinătate se realizează de către Oficiu, în conformitate cu metodologia elaborată de acesta și aprobată prin hotărâre a Guvernului.

(2) Persoana sau familia selectată are obligația să se deplaseze în România și să locuiască efectiv pe teritoriul țării pentru o perioadă de cel puțin 30 de zile consecutive, care vor fi utilizate în scopul relaționării cu copilul.

(3) La expirarea termenului prevăzut la alin. (2), direcția în a cărei rază teritorială se află domiciliul copilului va întocmi și va transmite Oficiului un raport cu privire la relaționarea dintre copil și persoana sau familia selectată.

Art. 60 - Oficiul va notifica autorităților centrale competente sau organizațiilor acreditate din statul primitor selectarea adoptatorului sau familiei adoptatoare.

Art. 61 - Odată cu notificarea prevăzută la art. 60, Oficiul va solicita autorității centrale competente sau organizației acreditate din statul primitor să-i comunice următoarele:

a) acordul adoptatorului sau al familiei adoptatoare cu privire la selecția prevăzută la art. 59;

b) acordul cu privire la continuarea procedurii de adopție.

Art. 62 - Prevederile art. 60 și 61 lit. a) nu se aplică în situațiile prevăzute la art. 52 alin. (1) lit. a) și c).

Secțiunea a 3-a - Încuviințarea adopției internaționale de către instanță

Art. 63 - (1) Cererea de încuviințare a adopției, însoțită de documentele prevăzute la art. 56–58 și art. 59 alin. (3), se înaintează de către Oficiu instanței judecătorești.

(2) Judecarea cererilor de încuviințare a adopției internaționale se face cu citarea direcției în a cărei rază teritorială se află domiciliul copilului, al persoanei sau al familiei adoptatoare, precum și a Oficiului.

(3) Prevederile cap. VII se aplică în mod corespunzător.

(4) Oficiul are obligația de a se asigura că adoptatul va beneficia în țara străină de aceeași situație legală ca și aceea a unui copil biologic al adoptatorului; la pronunțarea asupra cererii de încuviințare a adopției instanța judecătorească va avea în vedere și documentul care atestă îndeplinirea acestei obligații.

Art. 64 - Pe baza hotărârii judecătorești irevocabile de încuviințare a adopției, Oficiul eliberează, la cererea adoptatorului/familiei adoptatoare, în termen de 5 zile, un certificat care atestă că adopția este conformă cu normele Convenției de la Haga.

Art. 65 - Deplasarea adoptatului din România în statul în care adoptatorul sau familia adoptatoare are reședința obișnuită este posibilă numai atunci când hotărârea de încuviințare a adopției este irevocabilă. Adoptatul se deplasează numai însoțit de adoptator sau de familia adoptatoare, în condiții de siguranță corespunzătoare nevoilor adoptatului.

Capitolul V - Efectele adopţiei

Art. 66 - Persoanele adoptate au dreptul de a-şi cunoaşte originile şi propriul trecut şi beneficiază de sprijin în realizarea demersurilor vizând contactarea părinţilor fireşti sau a rudelor biologice.

Art. 67 - (1) Persoanele adoptate au dreptul să solicite şi să obţină informaţii care atestă adopţia, precum şi informaţii cu caracter general vizând traseul instituţional şi istoricul personal care nu dezvăluie identitatea părinţilor fireşti. Dezvăluirea adopţiei poate fi făcută numai în cazul persoanelor care au dobândit capacitate deplină de exerciţiu.

(2) Părinţii fireşti sau rudele biologice ale persoanelor adoptate pot obţine informaţii cu caracter general vizând persoana adoptată numai dacă există acordul expres al acesteia sau, după caz, al persoanei sau familiei adoptatoare.

(3) Furnizarea informaţiilor prevăzute la alin. (1) se realizează de către Oficiu.

Art. 68 - (1) Adoptatorii sunt obligaţi să informeze gradual copilul că este adoptat, începând de la vârste cât mai mici, cu sprijinul specialiştilor din cadrul compartimentului de adopţii şi postadopţii al direcţiei.

(2) Adoptatorii şi adoptatul au dreptul să obţină din partea autorităţilor competente extrase din registrele publice al căror conţinut atestă faptul, data şi locul naşterii, dar nu dezvăluie în mod expres adopţia şi nici identitatea părinţilor fireşti.

(3) Identitatea părinţilor fireşti ai adoptatului poate fi dezvăluită înainte de dobândirea de către acesta a capacităţii depline de exerciţiu numai pentru motive medicale, de către

Oficiu, la cererea oricăruia dintre adoptatori, a adoptatului, soțului sau descendenților acestuia ori a reprezentantului unei instituții medicale sau a unui spital.

(4) După dobândirea capacității depline de exercițiu, adoptatul poate solicita tribunalului în a cărui rază teritorială se află domiciliul său ori, în cazul în care el nu are domiciliul în România, Tribunalului București, să-i autorizeze accesul la informațiile aflate în posesia oricăror autorități publice cu privire la identitatea părinților săi firești.

(5) Instanța citează direcția în a cărei rază teritorială se află domiciliul adoptatului, Oficiul, precum și orice altă persoană a cărei ascultare poate fi utilă pentru soluționarea cererii și va putea admite cererea dacă, potrivit probelor administrate, constată că accesul la informațiile solicitate nu este dăunător integrității psihice și echilibrului emoțional ale solicitantului și dacă adoptatul în cauză a beneficiat de consiliere adecvată.

(6) Persoanele adoptate care dețin informații asupra identității părinților firești se pot adresa direct Oficiului pentru realizarea demersurilor vizând contactarea părinților firești sau a rudelor biologice.

Art. 69 - Metodologia privind accesul adoptatului la informații vizând originile sale și propriul trecut, precum și accesul părinților firești sau al rudelor biologice ale persoanelor adoptate la informații cu caracter general vizând persoana adoptată se elaborează de Oficiu și se aprobă prin hotărâre a Guvernului.

Art. 70 - Informațiile relevante referitoare la adopție, la originea copilului, în special cele cu privire la identitatea părinților firești, precum și datele asupra istoricului medical al copilului și familiei sale se păstrează minimum 50 de ani de la data rămânerii irevocabile a hotărârii de încuviințare a adopției.

Capitolul VI - Încetarea adopţiei

Art. 71 - Adopţia încetează prin desfacere sau ca urmare a anulării ori a constatării nulităţii sale, în condiţiile legii.

Art. 72 - Cauzele privind încetarea adopţiei se judecă cu citarea:

a) adoptatorului sau, după caz, a familiei adoptatoare;

b) adoptatului care a dobândit capacitate deplină de exerciţiu;

c) direcţiei în a cărei rază teritorială se află domiciliul adoptatului şi a Oficiului.

Art. 73 - Hotărârile judecătoreşti privitoare la încetarea adopţiei, rămase irevocabile, se comunică Oficiului de către direcţie în vederea efectuării menţiunilor necesare în Registrul naţional pentru adopţii.

Capitolul VII - Dispoziții procedurale comune

Art. 74 - (1) Instanțele judecătorești române sunt competente să judece cererile prevăzute de prezenta lege dacă cel puțin una dintre părți are reședința obișnuită în România.

(2) Instanțele judecătorești române sunt exclusiv competente să judece cererile prevăzute de prezenta lege dacă copilul care urmează a fi adoptat are reședința obișnuită în România și este cetățean român sau apatrid.

(3) Cererile prevăzute de prezenta lege sunt de competența tribunalului în a cărui rază teritorială se află domiciliul adoptatului. Cauzele pentru judecarea cărora nu se poate determina instanța competentă se judecă de Tribunalul București.

(4) Cererile de deschidere a procedurii adopției interne, cererile de încredințare a copilului în vederea adopției și cererile de încuviințare a adopției se judecă în primă instanță, potrivit regulilor prevăzute de Cartea III – Dispoziții generale privitoare la procedurile necontencioase din Codul de procedură civilă, cu excepțiile prevăzute de prezenta lege.

(5) Hotărârile prin care se soluționează cererile prevăzute de prezenta lege sunt supuse numai apelului.

Art. 75 - Cererile prevăzute la art. 74 alin. (3) sunt scutite de taxa judiciară de timbru și se soluționează cu celeritate.

Art. 76 - (1) Cererile prevăzute la art. 74 alin. (3) se soluționează de complete specializate ale instanței judecătorești, în camera de consiliu, cu participarea obligatorie a procurorului. Prezentarea de către direcție a raportului de anchetă socială privind copilul este obligatorie.

(2) Termenele de judecată nu pot fi mai mari de 10 zile. Hotărârea judecătorească se redactează și se comunică părților în maximum 10 zile de la pronunțare.

Art. 77 - Oficiul acționează pentru apărarea drepturilor și interesului superior al copiilor ce fac obiectul procedurilor de adopție, scop în care poate introduce cereri și poate formula apărări în toate cauzele ce intră sub incidența prezentei legi.

Art. 78 - (1) Instanța poate administra orice probe admise de lege.

(2) La judecarea cererii referitoare la deschiderea procedurii adopției interne a copilului, a cererii de încredințare în vederea adopției, a cererii de desfacere a adopției, precum și a cererii privind nulitatea adopției, ascultarea copilului care a împlinit vârsta de 10 ani este obligatorie, iar la încuviințarea adopției copilului care a împlinit vârsta de 10 ani acestuia i se va solicita consimțământul.

(3) În cazul în care ascultarea copilului nu este obligatorie, acestuia i se solicită opinia, în măsura în care este posibil.

(4) Opinia copilului exprimată la judecarea cererilor prevăzute de prezenta lege va fi luată în considerare și i se va acorda importanța cuvenită, avându-se în vedere vârsta și gradul acestuia de maturitate. În situația în care instanța hotărăște în contradictoriu cu opinia exprimată de copil, aceasta este obligată să motiveze rațiunile care au condus la înlăturarea opiniei copilului.

Capitolul VIII - Registrul național pentru adopții

Art. 79 - (1) În scopul întocmirii și organizării la nivel național a evidenței în materia adopției, Oficiul are obligația de a întocmi și de a ține la zi Registrul național pentru adopții.

(2) Registrul conține datele referitoare la adoptatorul sau familia adoptatoare, cu cetățenie fie română, fie străină, precum și cele referitoare la copiii pentru care a fost deschisă procedura adopției interne, pentru cei pentru care a fost pronunțată o hotărâre judecătorească de încredințare în vederea adopției, de încuviințare a adopției, de desfacere a adopției sau de declarare a nulității acesteia.

Art. 80 - (1) În scopul întocmirii și organizării de către Oficiu a evidenței prevăzute la art. 79, direcția în a cărei rază teritorială se află domiciliul copilului transmite Oficiului copii ale următoarelor documente:

a) hotărârea judecătorească prin care s-a încuviințat deschiderea procedurii adopției naționale;

b) hotărârea judecătorească de încredințare în vederea adopției;

c) hotărârea judecătorească de încuviințare a adopției;

d) hotărârea judecătorească de declarare a nulității sau, după caz, de desfacere a adopției;

e) dispoziția privind eliberarea/neeliberarea atestatului și, după caz, atestatul;

f) raportul final de evaluare a capacității de a adopta a solicitantului;

g) raportul final de închidere a cazului prevăzut la art. 82 alin. (3);

h) alte documente necesare organizării evidenței prevăzute la art. 79, care se stabilesc prin ordin al președintelui Oficiului.

(2) Documentele prevăzute la alin. (1) lit. a)-d) se transmit în termen de 5 zile de la rămânerea definitivă a hotărârii judecătorești, cele prevăzute la lit. e) și f), în termen de 5 zile de la data emiterii dispoziției, iar raportul final prevăzut la lit. g), în termen de 5 zile de la întocmire.

(3) Documentul prevăzut la alin. (1) lit. e) va fi însoțit de toate informațiile cu privire la persoanele sau familiile pentru care s-a emis atestatul.

(4) În cazul adopției persoanei majore, precum și în cazul adopției copilului de către soțul părintelui firesc sau adoptiv, sentințele de încuviințare a adopției se comunică din oficiu de către instanța competentă și Oficiului.

Capitolul IX - Monitorizare şi activităţi postadopţie

Art. 81 - Monitorizarea postadopţie reprezintă etapa ulterioară încuviinţării adopţiei prin care se urmăreşte evoluţia copilului adoptat şi a relaţiilor dintre acesta şi părinţii adoptatori în vederea integrării depline a copilului în familia adoptatoare şi identificării precoce a eventualelor dificultăţi ce pot să apară în această perioadă.

Art. 82 - (1) În cazul adopţiei interne, monitorizarea postadopţie se realizează de către direcţia de la domiciliul copilului, care are obligaţia întocmirii unor rapoarte trimestriale pe o perioadă de cel puţin 2 ani după încuviinţarea adopţiei.

(2) În perioada de monitorizare postadopţie, adoptatorii au obligaţia de a colabora cu direcţia pentru a înlesni realizarea rapoartelor trimestriale şi de a o informa cu privire la schimbarea domiciliului ori la modificările intervenite în structura familiei.

(3) La încheierea perioadei de monitorizare postadopţie, direcţiile întocmesc un raport final de închidere a cazului, pe care au obligaţia să îl transmită Oficiului. În situaţia în care, ulterior încuviinţării adopţiei, prenumele copilului adoptat este schimbat pe cale administrativă, raportul va fi însoţit şi de copia actului care a stat la baza schimbării prenumelui.

Art. 83 - (1) În situaţia în care adoptatorul/familia adoptatoare îşi stabileşte domiciliul/reşedinţa în raza teritorială a altei direcţii decât cea care a iniţiat procedura de monitorizare, aceasta are obligaţia de a notifica direcţiei în a cărei rază teritorială se află noul domiciliu/noua reşedinţă a adoptatorului/familiei adoptatoare necesitatea preluării obligaţiei de monitorizare postadopţie.

(2) În situația în care adoptatorul/familia adoptatoare, împreună cu copilul adoptat, își stabilește domiciliul/reședința în altă țară, direcția de la domiciliul acestuia/acesteia realizează continuarea monitorizării postadopție cu sprijinul Oficiului. În aceste cazuri, la solicitarea direcției, Oficiul facilitează obținerea rapoartelor trimestriale prin contactarea serviciilor sociale competente publice sau private din statul în care adoptatorul/familia adoptatoare și-a stabilit domiciliul/reședința.

Art. 84 - (1) În cazul adopției internaționale a copilului cu reședința obișnuită în România de către o persoană/familie cu reședința obișnuită în străinătate, Oficiul are obligația să urmărească evoluția acestuia și a relațiilor lui cu părintele sau cu părinții săi adoptivi cel puțin 2 ani după încuviințarea adopției, prin intermediul autorității centrale competente sau al organizației acreditate ori autorizate din statul primitor.

(2) În scopul îndeplinirii obligației prevăzute la alin. (1), Oficiul trebuie să solicite realizarea monitorizării postadopție și transmiterea de rapoarte trimestriale autorității centrale competente sau organizației acreditate și autorizate din statul primitor.

(3) În cazul adopției internaționale a unui copil cu reședința obișnuită în străinătate de către o persoană/familie cu reședința obișnuită în România, obligația monitorizării postadopție revine direcției în a cărei rază teritorială locuiesc adoptatorii. Durata perioadei de monitorizare postadopție poate fi mai mare de 2 ani, dacă legea țării de proveniență a copilului o cere. Rapoartele întocmite în această perioadă se vor înainta Oficiului.

Art. 85 - (1) Activitățile postadopție se realizează planificat și vizează acordarea de suport și asistență de specialitate adoptatului și adoptatorilor, care să răspundă nevoilor identificate în timpul perioadei de monitorizare postadopție sau semnalate direct de către cei adoptați ori de către persoana/familia adoptatoare.

(2) Obligația realizării activităților prevăzute la alin. (1) revine direcției de la domiciliul solicitantului. Aceste activități pot fi realizate și de către organisme private, precum și de către cabinete individuale, cabinete asociate sau societăți civile profesionale de asistență socială și/sau de psihologie, care au încheiat convenții cu Oficiul.

(3) Modelul-cadru al convențiilor prevăzute la alin. (2), precum și la art. 20 alin. (2) lit. b) se aprobă prin ordin al președintelui Oficiului.

(4) Activitățile postadopție pot consta în:

a) informare și consiliere pentru copii și părinți;

b) organizarea de cursuri pentru dezvoltarea capacităților parentale;

c) constituirea de grupuri de suport pentru copii și părinți;

d) sprijinirea adoptatorilor în vederea informării copilului cu privire la adopția sa.

Art. 86 - (1) Pe perioada monitorizării postadopție, participarea la activitățile prevăzute la art. 85 alin. (4) este obligatorie pentru adoptatori dacă rapoartele întocmite pe această perioadă consemnează o propunere motivată în acest sens. O astfel de propunere poate fi formulată în situațiile în care se apreciază că există riscul compromiterii relației dintre părinți și copilul/copiii adoptați ori ar putea determina, în timp, eșecul adopției.

(2) În situația în care adoptatorii, în mod nejustificat, refuză să dea curs propunerii formulate potrivit alin. (1) sau refuză să informeze copilul cu privire la adopția sa, responsabilul de caz propune prelungirea perioadei de

monitorizare postadopție peste termenul minim prevăzut la art. 82 alin. (1).

Capitolul X - Dispoziţii finale, tranzitorii şi sancţiuni

Art. 87 - Oficiul ia toate măsurile ce se impun, conform prevederilor Convenţiei de la Haga, în vederea prevenirii câştigurilor necuvenite, financiare sau de altă natură, ce ar putea fi realizate cu prilejul adopţiei şi descurajării oricăror practici contrare obiectivelor acestei convenţii şi prezentei legi.

Art. 88 - Sunt interzise donaţiile şi sponsorizările, precum şi oferirea de către adoptator sau familia adoptatoare, în nume propriu ori prin persoane interpuse, în mod direct sau indirect, de orice foloase materiale necuvenite Oficiului, direcţiilor implicate sau persoanelor fizice din cadrul instituţiilor publice implicate în procesul de adopţie.

Art. 89 - (1) Este interzisă participarea organismelor private în procedura adopţiei internaţionale desfăşurată în România. Interdicţia se aplică şi membrilor sau personalului acestora, cu excepţia situaţiei în care au calitatea de adoptator.

(2) Autorităţile române pot colabora în ceea ce priveşte adopţia internaţională cu organisme private care îşi desfăşoară activitatea pe teritoriul statului primitor, numai dacă acestea sunt acreditate de statul respectiv şi autorizate conform prevederilor art. 56 alin. (3).

(3) În situaţia în care se constată nerespectarea dispoziţiilor alin. (1) şi (2), Oficiul este obligat să solicite instanţei judecătoreşti dizolvarea persoanei juridice implicate.

(4) Serviciile şi activităţile care pot fi derulate de către organismele private în cadrul adopţiei interne, precum şi metodologia de autorizare a acestora se stabilesc prin hotărâre a Guvernului.

Art. 90 - Constituie abatere disciplinară și se sancționează, potrivit legii, nerespectarea prevederilor art. 9 teza a II-a, art. 18 alin. (1) teza a II-a, art. 39 alin. (2), art. 51 alin. (2), art. 79 alin. (1), art. 82 alin. (3) teza I, precum și neîndeplinirea sau îndeplinirea defectuoasă a obligațiilor prevăzute la art. 44 alin. (1)–(3) și art. 82 alin. (1).

Art. 91 - (1) Constituie contravenții următoarele fapte:
a) nerespectarea prevederilor art. 14 alin. (3);
b) nerespectarea prevederilor art. 26 alin. (1);
c) nerespectarea obligației prevăzute la art. 26 alin. (2);
d) nerespectarea obligației prevăzute la art. 31 alin. (2);
e) nerespectarea obligațiilor prevăzute la art. 34;
f) neîndeplinirea obligației prevăzute la art. 45 alin. (1);
g) nerespectarea obligațiilor prevăzute la art. 82 alin. (2).

(2) Contravențiile prevăzute la alin. (1) se sancționează după cum urmează:
a) cu amendă de la 1.000 lei la 2.500 lei cele prevăzute la lit. a), b) și g);
b) cu amendă de la 2.000 lei la 3.500 lei cele prevăzute la lit. c)–f).

(3) Constatarea contravențiilor și aplicarea sancțiunilor se fac de către persoane anume desemnate din cadrul Oficiului.

(4) Contravențiilor prevăzute la alin. (1) le sunt aplicabile și dispozițiile Ordonanței Guvernului nr. 2/2001 privind regimul juridic al contravențiilor, aprobată cu modificări și completări prin Legea nr. 180/2002, cu modificările și completările ulterioare.

Art. 92 - (1) Fapta părintelui sau a reprezentantului legal al unui copil de a pretinde sau de a primi, pentru sine sau pentru altul, bani ori alte foloase materiale în scopul adopției copilului se pedepsește cu închisoare de la 2 la 7 ani și interzicerea unor drepturi.

(2) Fapta persoanei care, fără drept, intermediază adoptarea unui copil, în scopul obţinerii de foloase materiale, se pedepseşte cu închisoare de la un an la 5 ani.

Art. 93 - (1) Atestatul de persoană sau familie aptă să adopte, eliberat anterior intrării în vigoare a prevederilor prezentei legi, este valabil pentru o perioadă de un an de la data eliberării lui.

(2) Prevederile art. 25 se aplică în mod corespunzător persoanelor sau familiilor prevăzute la alin. (1).

Art. 94 - (1) Cererile pentru încuviinţarea adopţiei aflate pe rolul instanţelor judecătoreşti la data intrării în vigoare a prezentei legi se soluţionează, potrivit dispoziţiilor legale în vigoare, la data introducerii cererii.

(2) Persoanele şi familiile care, la data intrării în vigoare a prezentei legi, aveau copii încredinţaţi în vederea adopţiei, vor putea introduce cereri pentru încuviinţarea adopţiei, care vor fi soluţionate potrivit dispoziţiilor Ordonanţei de urgenţă a Guvernului nr. 25/1997 cu privire la regimul juridic al adopţiei, aprobată cu modificări prin Legea nr. 87/1998, cu modificările şi completările ulterioare.

(3) În toate celelalte cazuri, întreaga procedură a adopţiei va trebui să se conformeze dispoziţiilor prezentei legi.

(4) În scopul aplicării dispoziţiilor prezentei legi, Oficiul va renegocia acordurile bilaterale şi multilaterale în domeniul adopţiei, încheiate de România cu alte state, care vor fi publicate în Monitorul Oficial al României, Partea I.

Art. 95 - În situaţia copiilor cu privire la care s-au făcut comunicări de către comisiile pentru protecţia copilului în baza prevederilor Ordonanţei de urgenţă a Guvernului nr. 25/1997, aprobată cu modificări prin Legea nr. 87/1998, cu modificările şi completările ulterioare, şi aflaţi în evidenţa Comitetului

Român pentru Adopţii la data intrării în vigoare a prezentei legi, dispoziţiile art. 26 şi 29–35 se aplică în mod corespunzător.

Art. 96 - (1) În situaţia copiilor declaraţi judecătoreşte abandonaţi în temeiul prevederilor Legii nr. 47/1993 cu privire la declararea judecătorească a abandonului de copii, direcţia are obligaţia să reevalueze împrejurările care au stat la baza stabilirii măsurilor de protecţie pentru aceşti copii şi să întocmească planul individualizat de protecţie.

(2) Dacă planul individualizat de protecţie are ca finalitate reintegrarea copilului în familie sau în familia extinsă, direcţia solicită instanţei judecătoreşti redarea exerciţiului drepturilor părinteşti sau, după caz, delegarea acestora membrilor familiei extinse unde copilul urmează să fie plasat.

(3) Instanţa competentă să soluţioneze cererile privind redarea sau, după caz, delegarea drepturilor părinteşti este tribunalul de la domiciliul copilului.

(4) Judecarea cererii se face cu citarea părinţilor sau, după caz, a membrilor familiei extinse, a direcţiei în a cărei rază teritorială domiciliază copilul şi cu participarea obligatorie a procurorului. Cererea va fi însoţită de raportul de anchetă socială întocmit de direcţia în a cărei rază teritorială domiciliază copilul.

Art. 97 - (1) Prezenta lege intră în vigoare la 1 ianuarie 2005, cu excepţia prevederilor art. 56 alin. (3), art. 89 alin. (4) şi art. 99, care intră în vigoare la 3 zile de la data publicării prezentei legi în Monitorul Oficial al României, Partea I.

(2) Normele metodologice pentru aplicarea prevederilor art. 56 alin. (3), art. 89 alin. (4) şi art. 99 se elaborează de către Autoritatea Naţională pentru Protecţia Copilului şi Adopţie.

(3) La data intrării în vigoare a prezentei legi se abrogă următoarele acte normative:

a) Ordonanța de urgență a Guvernului nr. 25/1997 cu privire la regimul juridic al adopției, publicată în Monitorul Oficial al României, Partea I, nr. 120 din 12 iunie 1997, aprobată cu modificări prin Legea nr. 87/1998, cu modificările și completările ulterioare;

b) Ordonanța de urgență a Guvernului nr. 121/2001 pentru suspendarea temporară a tuturor procedurilor referitoare la adopțiile internaționale, publicată în Monitorul Oficial al României, Partea I, nr. 633 din 9 octombrie 2001, aprobată cu modificări și completări prin Legea nr. 347/2002, cu modificările ulterioare;

c) Hotărârea Guvernului nr. 245/1997 cu privire la criteriile de autorizare a organismelor private care desfășoară activități în domeniul protecției drepturilor copilului prin adopție, publicată în Monitorul Oficial al României, Partea I, nr. 112 din 5 iunie 1997;

d) orice alte dispoziții contrare prezentei legi.

(4) La 3 zile de la data publicării prezentei legi în Monitorul Oficial al României, Partea I), se abrogă următoarele acte normative:

a) Legea nr. 47/1993 cu privire la declararea judecătorească a abandonului de copii, publicată în Monitorul Oficial al României, Partea I, nr. 153 din 8 iulie 1993;

b) Hotărârea Guvernului nr. 1.315/2000 privind unele măsuri pentru protecția drepturilor copilului prin adopție, publicată în Monitorul Oficial al României, Partea I, nr. 678 din 19 decembrie 2000.

Art. 98 - Autorizațiile emise de Comitetul Român pentru Adopții în baza Hotărârii Guvernului nr. 245/1997 cu privire la criteriile de autorizare a organismelor private care desfășoară activități în domeniul protecției drepturilor copilului prin adopție își încetează valabilitatea de la data intrării în vigoare a prezentei legi.

Art. 98^1 - Dispoziţiile prezentei legi se completează cu prevederile Codului civil şi, după caz, ale Codului de procedura civila.

Art. 99 - În termen de 30 de zile de la data publicării prezentei legi în Monitorul Oficial al României, Partea I, vor fi elaborate normele metodologice de aplicare a prezentei legi, care vor fi aprobate prin hotărâre a Guvernului[7].

---

[7] A se vedea Hotărârea Guvernului nr. 350/2012 pentru aprobarea Normelor metodologice de aplicare a Legii nr. 273/2004 privind regimul juridic al adopţiei şi al Regulamentului de organizare şi funcţionare a Consiliului de coordonare de pe lângă Oficiul Român pentru Adopţii

LEGEA nr. 217/2003
pentru prevenirea şi combaterea violenţei în familie republicată în M.Of. nr. 365 din 30 mai 2012

➤ cu modificarea adusă de **L. 187/2012** pentru punerea în aplicare a Legii nr. 286/2009 privind Codul penal (M. Of. nr. 757 din 12 noiembrie 2012)

Capitolul I - Dispoziţii generale

Art. 1 - (1) Ocrotirea şi sprijinirea familiei, dezvoltarea şi consolidarea solidarităţii familiale, bazată pe prietenie, afecţiune şi întrajutorare morală şi materială a membrilor familiei, constituie un obiectiv de interes naţional.

(2) Prevenirea şi combaterea violenţei în familie fac parte din politica integrată de ocrotire şi sprijinire a familiei şi reprezintă o importantă problemă de sănătate publică.

(3) Statul român, prin autorităţile competente, elaborează şi implementează politici şi programe destinate prevenirii şi combaterii violenţei în familie, precum şi protecţiei victimelor violenţei în familie.

Art. 2 - Protecţia şi promovarea drepturilor victimelor violenţei în familie se realizează în conformitate cu următoarele principii:
a) principiul legalităţii;
b) principiul respectării demnităţii umane;
c) principiul prevenirii săvârşirii actelor de violenţă în familie;
d) principiul celerităţii;
e) principiul parteneriatului;
f) principiul egalităţii de şanse şi de tratament.

Art. 3 - (1) În sensul prezentei legi, violenţa în familie reprezintă orice acţiune sau inacţiune intenţionată, cu excepţia acţiunilor de autoapărare ori de apărare, manifestată fizic sau verbal, săvârşită de către un membru de familie împotriva altui membru al aceleiaşi familii, care provoacă ori poate cauza un prejudiciu sau suferinţe fizice, psihice, sexuale, emoţionale ori psihologice, inclusiv ameninţarea cu asemenea acte, constrângerea sau privarea arbitrară de libertate.

415

(2) Constituie, de asemenea, violenţă în familie împiedicarea femeii de a-şi exercita drepturile şi libertăţile fundamentale.

Art. 4 - Violenţa în familie se manifestă sub următoarele forme:

a) violenţa verbală - adresarea printr-un limbaj jignitor, brutal, precum utilizarea de insulte, ameninţări, cuvinte şi expresii degradante sau umilitoare;

b) violenţa psihologică - impunerea voinţei sau a controlului personal, provocarea de stări de tensiune şi de suferinţă psihică în orice mod şi prin orice mijloace, violenţă demonstrativă asupra obiectelor şi animalelor, prin ameninţări verbale, afişare ostentativă a armelor, neglijare, controlul vieţii personale, acte de gelozie, constrângerile de orice fel, precum şi alte acţiuni cu efect similar;

c) violenţa fizică - vătămarea corporală ori a sănătăţii prin lovire, îmbrâncire, trântire, tragere de păr, înţepare, tăiere, ardere, strangulare, muşcare, în orice formă şi de orice intensitate, inclusiv mascate ca fiind rezultatul unor accidente, prin otrăvire, intoxicare, precum şi alte acţiuni cu efect similar;

d) violenţa sexuală - agresiune sexuală, impunere de acte degradante, hărţuire, intimidare, manipulare, brutalitate în vederea întreţinerii unor relaţii sexuale forţate, viol conjugal;

e) violenţa economică - interzicerea activităţii profesionale, privare de mijloace economice, inclusiv lipsire de mijloace de existenţă primară, cum ar fi hrană, medicamente, obiecte de primă necesitate, acţiunea de sustragere intenţionată a bunurilor persoanei, interzicerea dreptului de a poseda, folosi şi dispune de bunurile comune, control inechitabil asupra bunurilor şi resurselor comune, refuzul de a susţine familia, impunerea de munci grele şi nocive în detrimentul sănătăţii, inclusiv unui membru de familie minor, precum şi alte acţiuni cu efect similar;

f) violența socială - impunerea izolării persoanei de familie, de comunitate și de prieteni, interzicerea frecventării instituției de învățământ, impunerea izolării prin detenție, inclusiv în locuința familială, privare intenționată de acces la informație, precum și alte acțiuni cu efect similar;

g) violența spirituală - subestimarea sau diminuarea importanței satisfacerii necesităților moral-spirituale prin interzicere, limitare, ridiculizare, penalizare a aspirațiilor membrilor de familie, a accesului la valorile culturale, etnice, lingvistice ori religioase, impunerea aderării la credințe și practici spirituale și religioase inacceptabile, precum și alte acțiuni cu efect similar sau cu repercusiuni similare.

Art. 5 - În sensul prezentei legi, prin membru de familie se înțelege:

a) ascendenții și descendenții, frații și surorile, copiii acestora, precum și persoanele devenite prin adopție, potrivit legii, astfel de rude;

b) soțul/soția și/sau fostul soț/fosta soție;

c) persoanele care au stabilit relații asemănătoare acelora dintre soți sau dintre părinți și copii, în cazul în care conviețuiesc;

d) tutorele sau altă persoană care exercită în fapt ori în drept drepturile față de persoana copilului;

e) reprezentantul legal sau altă persoană care îngrijește persoana cu boală psihică, dizabilitate intelectuală ori handicap fizic, cu excepția celor care îndeplinesc aceste atribuții în exercitarea sarcinilor profesionale.

Art. 6 - Victima violenței în familie are dreptul:

a) la respectarea personalității, demnității și a vieții sale private;

b) la informarea cu privire la exercitarea drepturilor sale;

c) la protecție specială, adecvată situației și nevoilor sale;

d) la servicii de consiliere, reabilitare, reintegrare socială, precum și la asistență medicală gratuită, în condițiile prezentei legi;

e) la consiliere și asistență juridică gratuită, în condițiile legii.

Art. 7 - (1) Autoritățile administrației publice centrale și locale au obligația să ia măsurile necesare pentru prevenirea violenței în familie și pentru preîntâmpinarea unor situații de încălcare repetată a drepturilor fundamentale ale victimelor violenței în familie.

(2) Autoritățile administrației publice centrale și locale au obligația să asigure exercitarea dreptului la informare al victimelor violenței în familie, potrivit competențelor ce le revin, după caz, cu privire la:

a) instituțiile și organizațiile neguvernamentale care asigură consiliere psihologică sau orice alte forme de asistență și protecție a victimei, în funcție de necesitățile acesteia;

b) organul de urmărire penală la care pot face plângere;

c) dreptul la asistență juridică și instituția unde se pot adresa pentru exercitarea acestui drept;

d) condițiile și procedura pentru acordarea asistenței juridice gratuite;

e) drepturile procesuale ale persoanei vătămate, ale părții vătămate și ale părții civile;

f) condițiile și procedura pentru acordarea compensațiilor financiare de către stat, potrivit legii.

Capitolul II - Instituţii cu atribuţii în prevenirea şi combaterea violenţei în familie

Art. 8 - (1) Ministerele şi celelalte organe centrale de specialitate ale administraţiei publice, prin structurile lor teritoriale, desemnează personalul cu atribuţii în domeniul prevenirii şi combaterii violenţei în familie.

(2) Ministerele şi celelalte organe centrale de specialitate ale administraţiei publice, autorităţile administraţiei publice locale, organizaţiile neguvernamentale şi alţi reprezentanţi ai societăţii civile vor desfăşura, separat sau, după caz, în cooperare, activităţi de prevenire şi combatere a violenţei în familie.

(3) Ministerul Muncii, Familiei şi Protecţiei Sociale este autoritatea publică centrală care elaborează politica de asistenţă socială şi promovează drepturile victimelor violenţei în familie.

(4) Ministerul Muncii, Familiei şi Protecţiei Sociale, prin structurile sale specializate de la nivel central şi teritorial, elaborează şi aplică măsuri speciale de integrare pe piaţa muncii a victimelor violenţei în familie.

(5) Ministerele şi celelalte organe centrale de specialitate ale administraţiei publice au responsabilitatea elaborării unei strategii la nivel naţional pentru prevenirea şi combaterea fenomenului violenţei în familie, inclusiv a unui mecanism intern de coordonare şi monitorizare a activităţilor întreprinse, care se aprobă prin hotărâre a Guvernului, la propunerea Ministerului Muncii, Familiei şi Protecţiei Sociale şi a Ministerului Administraţiei şi Internelor.

Art. 9 - Ministerul Sănătăţii, împreună cu Ministerul Administraţiei şi Internelor, elaborează şi difuzează materiale documentare privind cauzele şi consecinţele violenţei în familie.

Art. 10 - Ministerul Educaţiei, Cercetării, Tineretului şi Sportului realizează, cu sprijinul celorlalte ministere implicate şi în colaborare cu organizaţiile neguvernamentale cu activitate în domeniu, programe educative pentru părinţi şi copii, în vederea prevenirii violenţei în familie.

Art. 11 - Serviciul de probaţiune din cadrul tribunalului, în colaborare cu organizaţiile neguvernamentale care desfăşoară activităţi specifice în domeniu sau cu specialiştii, va desfăşura activităţi de reinserţie socială a infractorilor condamnaţi pentru infracţiuni de violenţă în familie.

Art. 12 - Autorităţile prevăzute la art. 8 asigură pregătirea şi perfecţionarea continuă a persoanelor desemnate cu atribuţii în domeniul prevenirii şi combaterii violenţei în familie.

Art. 13 - (1) Autorităţile administraţiei publice locale au obligaţia să ia următoarele măsuri specifice:

a) să includă problematica prevenirii şi combaterii violenţei în familie în strategiile şi programele de dezvoltare regională, judeţeană şi locală;

b) să acorde sprijinul logistic, informaţional şi material compartimentelor cu atribuţii în prevenirea şi combaterea violenţei în familie;

c) să înfiinţeze, direct sau în parteneriat, unităţi de prevenire şi combatere a violenţei în familie şi să susţină funcţionarea acestora;

d) să dezvolte programe de prevenire şi combatere a violenţei în familie;

e) să sprijine accesul agresorilor familiali la consiliere psihologică, psihoterapie, tratamente psihiatrice, de dezintoxicare şi dezalcoolizare;

f) să elaboreze și să implementeze proiecte în domeniul prevenirii și combaterii violenței în familie;

g) să își prevadă în bugetul anual sume pentru susținerea serviciilor sociale și a altor măsuri de asistență socială pentru prevenirea și combaterea violenței în familie;

h) să suporte, din bugetul local, în cazurile sociale grave, cheltuielile cu întocmirea actelor juridice, precum și pentru obținerea certificatelor medico-legale pentru victimele violenței în familie;

i) să colaboreze la implementarea unui sistem de înregistrare, raportare și management al cazurilor de violență în familie.

(2) Autoritățile administrației publice locale desemnează personalul specializat să implementeze sistemul de înregistrare, raportare și management al cazurilor de violență în familie.

(3) Primarii și consiliile locale vor conlucra cu organizațiile de cult, organizațiile neguvernamentale, precum și cu oricare alte persoane juridice și fizice implicate în acțiuni caritabile, acordându-le sprijinul necesar în vederea îndeplinirii obligațiilor prevăzute la alin. (1) și (2).

(4) La nivelul județelor și sectoarelor municipiului București se înființează, pe lângă direcțiile generale de asistență socială și protecția copilului județeneaale sectoarelor municipiului București, echipa intersectorială în domeniul prevenirii și combaterii violenței în familie, cu rol consultativ.

(5) Echipa intersectorială are în componența sa câte un reprezentant al poliției, jandarmeriei, direcției de sănătate publică, al compartimentului violenței în familie din cadrul direcției generale de asistență socială și protecția copilului, al unităților pentru prevenirea și combaterea violenței în familie, precum și al organizațiilor neguvernamentale active în domeniu.

(6) Din echipa intersectorială pot face parte, dar fără a se limita, și reprezentanții serviciilor de probațiune, ai unităților

de medicină legală, precum și ai altor instituții cu atribuții în domeniu.

(7) Echipa intersectorială propune măsuri de îmbunătățire a activității în domeniu, asigură cooperarea dintre instituțiile prevăzute la alin. (5) și (6) și evaluează anual activitatea în domeniu.

(8) Înființarea și modul de organizare și funcționare a acestora se aprobă prin hotărâre a consiliului județean, respectiv a consiliilor locale ale sectoarelor municipiului București.

Art. 14 - Persoanele desemnate de autoritățile publice pentru instrumentarea cazurilor de violență în familie vor avea următoarele atribuții principale:

a) monitorizarea cazurilor de violență în familie din sectorul sau unitatea teritorială deservită; culegerea informațiilor asupra acestora; întocmirea unei evidențe separate; asigurarea accesului la informații la cererea organelor judiciare și a părților sau reprezentanților acestora;

b) informarea și sprijinirea lucrătorilor poliției care în cadrul activității lor specifice întâlnesc situații de violență în familie;

c) identificarea situațiilor de risc pentru părțile implicate în conflict și îndrumarea acestora spre servicii de specialitate;

d) colaborarea cu instituții locale de protecție a copilului și raportarea cazurilor, în conformitate cu legislația în vigoare;

e) îndrumarea părților aflate în conflict în vederea medierii;

f) solicitarea de informații cu privire la rezultatul medierii;

g) instrumentarea cazului împreună cu asistentul social.

Capitolul III - Unităţi pentru prevenirea şi combaterea violenţei în familie

Art. 15 - (1) Unităţile pentru prevenirea şi combaterea violenţei în familie sunt:

a) centre de primire în regim de urgenţă;

b) centre de recuperare pentru victimele violenţei în familie;

c) centre de asistenţă destinate agresorilor;

d) centre pentru prevenirea şi combaterea violenţei în familie;

e) centre pentru servicii de informare şi sensibilizare a populaţiei.

(2) Unităţile pentru prevenirea şi combaterea violenţei în familie oferă gratuit servicii sociale destinate victimelor violenţei în familie.

Art. 16 - (1) Unităţile pentru prevenirea şi combaterea violenţei în familie pot fi publice, private sau în parteneriat public-privat.

(2) Unităţile pentru prevenirea şi combaterea violenţei în familie pot fi înfiinţate numai de către furnizorii de servicii sociale, acreditaţi în condiţiile legii.

(3) Înfiinţarea, organizarea şi funcţionarea unităţilor pentru prevenirea şi combaterea violenţei în familie se aprobă prin hotărâri ale consiliilor judeţene sau, după caz, ale consiliilor locale, respectiv ale sectoarelor municipiului Bucureşti şi al Consiliului General al Municipiului Bucureşti.

(4) Finanţarea unităţilor publice pentru prevenirea şi combaterea violenţei în familie se asigură din bugetele locale.

(5) În cazul unităţilor pentru prevenirea şi combaterea violenţei în familie, utilizarea sumelor alocate de la bugetul de

stat sau, după caz, de la bugetele locale se supune controlului organelor abilitate de lege.

(6) Instituţia care a acordat finanţarea sau subvenţia unităţilor pentru prevenirea şi combaterea violenţei în familie, publice, private şi în parteneriat public-privat, monitorizează folosirea fondurilor alocate.

(7) Asistarea sau, după caz, găzduirea victimelor, respectiv asistarea agresorilor în unităţile prevăzute la art. 15 alin. (1) lit. a)-c) se face în baza încheierii unui contract de acordare a serviciilor sociale. Pentru minori contractul de acordare a serviciilor sociale este semnat de părintele însoţitor sau, după caz, de reprezentantul legal.

Art. 17 - (1) Centrele de primire în regim de urgenţă, denumite în continuare adăposturi, sunt unităţi de asistenţă socială, cu sau fără personalitate juridică, de tip rezidenţial, care asigură protecţie, găzduire, îngrijire şi consiliere victimelor violenţei în familie.

(2) Adăposturile asigură gratuit, pe o perioadă determinată, asistenţă familială atât victimei, cât şi minorilor aflaţi în îngrijirea acesteia, protecţie împotriva agresorului, asistenţă medicală şi îngrijire, hrană, cazare, consiliere psihologică şi consiliere juridică, potrivit instrucţiunilor de organizare şi funcţionare elaborate de autoritate.

(3) Primirea victimelor în adăpost se face numai în caz de urgenţă sau cu aprobarea scrisă a directorului direcţiei generale de asistenţă socială şi protecţia copilului, atunci când izolarea victimei de agresor se impune ca măsură de protecţie. Persoanelor care au comis actul de agresiune le este interzis accesul în incinta adăpostului unde se găsesc victimele.

(4) Locaţia adăposturilor este secretă publicului larg.

(5) Izolarea de agresori a victimelor se face cu consimţământul acestora sau, după caz, al reprezentantului legal.

Dreptul familiei. Legislaţie adnotată şi legi speciale

(6) Toate adăposturile trebuie să încheie o convenţie de colaborare cu un spital sau cu altă unitate sanitară, care să asigure îngrijirea medicală şi psihiatrică. Convenţia se încheie de către consiliile locale, respectiv de către consiliile sectoarelor municipiului Bucureşti sau, după caz, de către consiliile judeţene, precum şi de organele de conducere ale furnizorilor de servicii sociale privaţi acreditaţi.

Art. 18 - (1) Centrele de recuperare pentru victimele violenţei în familie sunt unităţi de asistenţă socială de tip rezidenţial, cu sau fără personalitate juridică, care asigură găzduirea, îngrijirea, consilierea juridică şi psihologică, sprijin în vederea adaptării la o viaţă activă, inserţia profesională a victimelor violenţei în familie, precum şi reabilitarea şi reinserţia socială a acestora.

(2) Centrele de recuperare pentru victimele violenţei în familie vor încheia convenţii cu autorităţile pentru ocuparea forţei de muncă judeţene şi ale sectoarelor municipiului Bucureşti în vederea acordării suportului pentru integrarea în muncă, readaptarea şi recalificarea profesională a persoanelor asistate.

(3) Prevederile art. 17 alin. (5) şi (6) se aplică în mod corespunzător.

Art. 19 - (1) Centrele de asistenţă destinate agresorilor sunt unităţi de asistenţă socială care funcţionează ca centre de zi, cu sau fără personalitate juridică, care asigură reabilitarea şi reinserţia socială a acestora, măsuri educative, precum şi servicii de consiliere şi mediere familială.

(2) Tratamentele psihiatrice, de dezalcoolizare şi dezintoxicare acordate prin centrele de asistenţă destinate agresorilor se asigură în spitalele sau unităţile sanitare cu care s-au încheiat convenţii, în condiţiile prevăzute la art. 17 alin. (6).

425

Art. 20 - Centrele pentru prevenirea și combaterea violenței în familie sunt unități de asistență socială în regim de zi, cu sau fără personalitate juridică, care asigură asistență socială, consiliere psihologică, juridică, precum și informarea și orientarea victimelor violenței în familie.

Art. 21 - Centrele pentru servicii de informare și sensibilizare a populației sunt unități de asistență socială, cu sau fără personalitate juridică, care oferă servicii de informare și educare, asistență socială și un serviciu telefonic de urgență pentru informare și consiliere.

Art. 22 - (1) Persoanele condamnate pentru infracțiuni de violență în familie sunt obligate să participe la programe speciale de consiliere și reinserție socială organizate de către instituțiile însărcinate cu executarea pedepsei în evidența cărora se află.

(2) Cazurile de violență în familie pot fi supuse medierii la cererea părților, conform legii.

Capitolul IV - Ordinul de protecţie

Art. 23 - (1) Persoana a cărei viaţă, integritate fizică sau psihică ori libertate este pusă în pericol printr-un act de violenţă din partea unui membru al familiei poate solicita instanţei ca, în scopul înlăturării stării de pericol, să emită un ordin de protecţie, prin care să se dispună, cu caracter provizoriu, una ori mai multe dintre următoarele măsuri - obligaţii sau interdicţii:

a) evacuarea temporară a agresorului din locuinţa familiei, indiferent dacă acesta este titularul dreptului de proprietate;

b) reintegrarea victimei şi, după caz, a copiilor, în locuinţa familiei;

c) limitarea dreptului de folosinţă al agresorului numai asupra unei părţi a locuinţei comune atunci când aceasta poate fi astfel partajată încât agresorul să nu vină în contact cu victima;

d) obligarea agresorului la păstrarea unei distanţe minime determinate faţă de victimă, faţă de copiii acesteia sau faţă de alte rude ale acesteia ori faţă de reşedinţa, locul de muncă sau unitatea de învăţământ a persoanei protejate;

e) interdicţia pentru agresor de a se deplasa în anumite localităţi sau zone determinate pe care persoana protejată le frecventează ori le vizitează periodic;

f) interzicerea oricărui contact, inclusiv telefonic, prin corespondenţă sau în orice alt mod, cu victima;

g) obligarea agresorului de a preda poliţiei armele deţinute;

h) încredinţarea copiilor minori sau stabilirea reşedinţei acestora.

(2) Prin aceeași hotărâre, instanța poate dispune și suportarea de către agresor a chiriei și/sau a întreținerii pentru locuința temporară unde victima, copiii minori sau alți membri de familie locuiesc ori urmează să locuiască din cauza imposibilității de a rămâne în locuința familială.

(3) Pe lângă oricare dintre măsurile dispuse potrivit alin. (1), instanța poate dispune și obligarea agresorului de a urma consiliere psihologică, psihoterapie sau poate recomanda luarea unor măsuri de control, efectuarea unui tratament ori a unor forme de îngrijire, în special în scopul dezintoxicării.

Art. 24 - (1) Durata măsurilor dispuse prin ordinul de protecție se stabilește de judecător, fără a putea depăși 6 luni de la data emiterii ordinului.

(2) Dacă hotărârea nu cuprinde nicio mențiune privind durata măsurilor dispuse, acestea vor produce efecte pentru o perioadă de 6 luni de la data emiterii ordinului.

Art. 25 - (1) Cererea pentru emiterea ordinului de protecție este de competența judecătoriei de pe raza teritorială în care își are domiciliul sau reședința victima.

(2) Cererea pentru emiterea ordinului poate fi introdusă de victimă personal sau prin reprezentant legal.

(3) Cererea poate fi introdusă în numele victimei și de:

a) procuror;

b) reprezentantul autorității sau structurii competente, la nivelul unității administrativ-teritoriale, cu atribuții în materia protecției victimelor violenței în familie;

c) reprezentantul oricăruia dintre furnizorii de servicii sociale în domeniul prevenirii și combaterii violenței în familie, acreditați conform legii, cu acordul victimei.

Art. 26 - (1) Cererea privind emiterea ordinului de protecție se întocmește potrivit formularului de cerere prevăzut în anexa care face parte integrantă din prezenta lege.

(2) Cererea este scutită de taxa judiciară de timbru.

Art. 27 - (1) Cererile se judecă de urgență, în camera de consiliu, participarea procurorului fiind obligatorie.

(2) Citarea părților se face potrivit regulilor privind citarea în cauze urgente.

(3) La cerere, persoanei care solicită ordinul de protecție i se poate acorda asistență sau reprezentare prin avocat.

(4) Asistența juridică a persoanei împotriva căreia se solicită ordinul de protecție este obligatorie.

(5) În caz de urgență deosebită, instanța poate emite ordinul de protecție chiar în aceeași zi, pronunțându-se pe baza cererii și a actelor depuse, fără concluziile părților.

(6) Procurorul are obligația de a informa persoana care solicită ordinul de protecție asupra prevederilor legale privind protecția victimelor infracțiunii.

(7) Judecata se face de urgență și cu precădere, nefiind admisibile probe a căror administrare necesită timp îndelungat.

(8) Pronunțarea se poate amâna cu cel mult 24 de ore, iar motivarea ordinului se face în cel mult 48 de ore de la pronunțare.

Art. 28 - În cazurile prevăzute la art. 25 alin. (3), victima poate renunța, potrivit art. 246 din Codul de procedură civilă, la judecarea cererii privind ordinul de protecție.

Art. 29 - (1) Ordinul de protecție este executoriu.

(2) La cererea victimei sau din oficiu atunci când împrejurările cauzei impun astfel, instanța va putea hotărî ca

executarea să se facă fără somaţie sau fără trecerea vreunui termen.

Art. 30 - (1) Hotărârea prin care se dispune ordinul de protecţie este supusă numai recursului, în termen de 3 zile de la pronunţare dacă s-a dat cu citarea părţilor şi de la comunicare, dacă s-a dat fără citarea lor.

(2) Instanţa de recurs poate suspenda executarea până la judecarea recursului, dar numai cu plata unei cauţiuni al cărei cuantum se va stabili de către aceasta.

(3) Recursul se judecă cu citarea părţilor.

(4) Participarea procurorului este obligatorie.

Art. 31 - (1) Ordinul de protecţie se comunică de îndată structurilor Poliţiei Române în a căror rază teritorială se află locuinţa victimei şi a agresorului.

(2) Ordinul de protecţie prin care se dispune oricare dintre măsurile prevăzute la art. 23 alin. (1) se pune în executare de îndată, de către sau, după caz, sub supravegherea poliţiei.

(3) Pentru punerea în executare a ordinului de protecţie, poliţistul poate intra în locuinţa familiei şi în orice anexă a acesteia, cu consimţământul persoanei protejate sau, în lipsă, al altui membru al familiei.

(4) Organele de poliţie au îndatorirea să supravegheze modul în care se respectă hotărârea şi să sesizeze organul de urmărire penală în caz de sustragere de la executare.

Art. 32 - Încălcarea oricăreia dintre măsurile prevăzute la art. 23 alin. (1) şi dispuse prin ordinul de protecţie constituie infracţiunea de nerespectare a hotărârii judecătoreşti şi se pedepseşte cu închisoare de la o lună la un an. Împăcarea înlătură răspunderea penală.

Art. 33 - La expirarea duratei măsurilor de protecție, persoana protejată poate solicita un nou ordin de protecție, dacă există indicii că, în lipsa măsurilor de protecție, viața, integritatea fizică sau psihică ori libertatea i-ar fi puse în pericol.

Art. 34 - (1) Persoana împotriva căreia s-a dispus o măsură prin ordinul de protecție pe durata maximă poate solicita revocarea ordinului sau înlocuirea măsurii dispuse.

(2) Revocarea se poate dispune dacă sunt îndeplinite, cumulativ, următoarele condiții:

a) agresorul a respectat interdicțiile sau obligațiile impuse;

b) agresorul a urmat consiliere psihologică, psihoterapie, tratament de dezintoxicare ori orice altă formă de consiliere sau terapie care a fost stabilită în sarcina sa ori care i-a fost recomandată sau a respectat măsurile de siguranță, dacă asemenea măsuri s-au luat, potrivit legii;

c) dacă există indicii temeinice că agresorul nu mai prezintă un real pericol pentru victima violenței sau pentru familia acesteia.

(3) Cererea de revocare se soluționează cu citarea părților și a unității de poliție care a pus în executare ordinul de protecție a cărui revocare se solicită. Participarea procurorului este obligatorie.

Art. 35 - Dacă, odată cu soluționarea cererii, instanța constată existența uneia dintre situațiile care necesită instituirea unei măsuri de protecție specială a copilului, va sesiza de îndată autoritatea publică locală cu atribuții privind protecția copilului.

Capitolul V- Finanţarea în domeniul prevenirii şi combaterii violenţei în familie

Art. 36 - Activităţile în domeniul prevenirii şi combaterii violenţei în familie se finanţează din următoarele surse:

a) bugetul de stat;

b) bugetele fondurilor provenite din credite externe contractate sau garantate de stat şi ale căror rambursare, dobânzi şi alte costuri se asigură din fonduri publice;

c) bugetele fondurilor externe nerambursabile;

d) bugetele locale ale judeţelor, respectiv ale sectoarelor municipiului Bucureşti, precum şi ale municipiilor, oraşelor şi comunelor;

e) donaţii, sponsorizări şi alte surse, în condiţiile legii.

Art. 37 - (1) Ministerul Muncii, Familiei şi Protecţiei Sociale poate finanţa sau, după caz, cofinanţa programe de interes naţional care au ca scop prevenirea şi combaterea violenţei în familie, precum şi ocrotirea şi sprijinirea familiei în vederea creşterii calităţii vieţii acesteia, din fonduri alocate de la bugetul de stat cu această destinaţie, din fonduri externe rambursabile şi nerambursabile, precum şi din alte resurse, în condiţiile legii.

(2) Serviciile sociale în domeniul prevenirii şi combaterii violenţei în familie pot fi dezvoltate şi prin:

a) finanţarea în parteneriat a serviciilor sociale pentru asigurarea continuităţii serviciului, în conformitate cu nevoia socială şi cu principiul subsidiarităţii;

b) finanţarea proiectelor-pilot pentru implementarea programelor din domeniul asistenţei sociale.

Art. 38 - Programele de interes naţional prevăzute la art. 37 alin. (1), complementare acţiunilor finanţate la nivel local, au următoarele obiective:

a) realizarea investiţiilor necesare pentru dezvoltarea, diversificarea, restructurarea şi buna funcţionare a unităţilor de prevenire şi combatere a violenţei în familie;

b) susţinerea funcţionării unităţilor pentru prevenirea şi combaterea violenţei în familie;

c) realizarea de studii, cercetări şi publicaţii în domeniu;

d) instruirea personalului de specialitate din domeniul prevenirii şi combaterii violenţei în familie, în special instruirea personalului care îşi desfăşoară activitatea în cadrul serviciilor sociale şi unităţilor pentru prevenirea şi combaterea violenţei în familie, precum şi instruirea personalului din cadrul instituţiilor cu competenţe în domeniu desemnat să instrumenteze cazurile de violenţă în familie;

e) informarea, conştientizarea şi sensibilizarea opiniei publice privind drepturile victimelor violenţei în familie, precum şi fenomenul violenţei în familie;

f) menţinerea şi dezvoltarea sistemului de înregistrare, raportare şi management al cazurilor de violenţă în familie;

g) sprijinirea victimelor prin programe de recuperare a sănătăţii şi de reinserţie socială;

h) asistarea agresorilor prin tratamente de dezalcoolizare, dezintoxicare, psihologice şi psihiatrice;

i) iniţierea şi coordonarea parteneriatelor sociale în scopul prevenirii şi combaterii violenţei în familie;

j) orice alte obiective corespunzătoare domeniului de activitate al Ministerului Muncii, Familiei şi Protecţiei Sociale.

Art. 39 - Finanţarea unităţilor pentru prevenirea şi combaterea violenţei în familie se asigură din:

a) bugetele locale ale autorităților administrației publice locale care au aprobat înființarea acestora, precum și din subvenții acordate în condițiile legii;

b) sume din donații și sponsorizări;

c) fonduri externe, rambursabile și nerambursabile;

d) din alte surse, cu respectarea legislației în domeniu.

Capitolul VI – Sancțiuni

Art. 40

(1) Constituie contravenții, dacă, potrivit legii penale, nu constituie infracțiuni, și se sancționează cu amendă între 1.000 lei și 5.000 lei următoarele fapte:

a) refuzul primirii în adăpost ori refuzul de a acorda, la solicitarea motivată a asistentului social, îngrijire medicală gratuită celui aflat în suferință vizibilă, pentru înlăturarea consecințelor violențelor;

b) schimbarea destinației adăpostului.

(2) Constituie contravenție și se sancționează cu amendă între 500 lei și 1.000 lei refuzul părăsirii adăpostului, indiferent de motiv, în momentul în care condițiile care au determinat internarea au dispărut.

(3) Constituie contravenție și se sancționează cu amendă între 500 lei și 1.000 lei încercarea persoanei care a comis acte de agresiune de a pătrunde în incinta adăpostului în care se află sau crede că se află victima.

(4) Contravențiile se constată și sancțiunile se aplică, conform legii, de către asistenții sociali, primar sau împuterniciții acestuia.

(5) Contravențiilor le sunt aplicabile dispozițiile Ordonanței Guvernului nr. 2/2001 privind regimul juridic al contravențiilor, aprobată cu modificări și completări prin Legea nr. 180/2002, cu modificările și completările ulterioare.

Capitolul VII - Dispoziţii finale

Art. 41 - Prezenta lege intră în vigoare la 90 de zile de la data publicării ei în Monitorul Oficial al României, Partea I.

ANEXA   Cerere privind emiterea ordinului de protecţie

I. Date privind autoritatea sau organismul care formulează cererea (dacă este cazul)

Denumirea:

Adresa:

Telefon:

Fax:

E-mail:

Persoana desemnată cu formularea cererii:

II.Asistenţa juridică

Victima are un avocat?	DA/NU
În caz negativ, doreşte să i se acorde asistenţă juridică prin avocat?	DA/NU

III.Date privind victima violenţei în familie

Numele:	Prenumele:	
Locul şi data naşterii		Cetăţenia
Sexul: F/M		
Prenumele tatălui	Prenumele mamei	
Act de identitate: CI/BI/Paşaport	Serie	nr.
CNP		
Adresa1: Doreşte să rămână secretă? DA/NU		
Telefon2: Doreşte ca numărul să rămână secret? DA/NU		

1. Dacă victima declară că dorește să abandoneze domiciliul familial, nu este necesar să se indice noua adresă la care se mută, ci doar adresa unde locuiește în prezent. Adresa indicată trebuie să fie una la care partea poate primi citațiile și celelalte acte de procedură.

2. Poate fi indicat orice număr la care reclamantul are garanția că va putea primi citațiile și celelalte acte de procedură.

IV. Reprezentantul legal al victimei (dacă este cazul)

Numele:	Prenumele:
Locul și data nașterii	Cetățenia
Sexul F/M	
Prenumele tatălui	Prenumele mamei
Adresa	
Telefon	

V. Relația dintre victima violenței în familie și persoana împotriva căreia se solicită emiterea ordinului de protecție (pârât)

1. Victima a mai formulat anterior vreo cerere, plângere, reclamație etc. împotriva aceleiași persoane? DA/NU
În caz afirmativ, se va indica numărul acestora.

2. Știți dacă pârâtul este parte în vreun proces cu privire la vreo infracțiune sau contravenție?   DA/NU
În caz afirmativ, indicați, dacă știți, instanța la care se află dosarul și numărul acestuia.

3. Există o legătură de rudenie sau de altă natură cu pârâtul?

4. Situația familială – persoane care conviețuiesc în locuință

Numele și prenumele	Data nașterii	Gradul de rudenie

VI.Descrierea faptelor pentru care se solicită emiterea ordinului de protecție

1. Relatarea faptelor și locul desfășurării lor

2. Ce alte acte de violență s-au produs anterior împotriva persoanelor (victimă, membri ai familiei, minori sau alte persoane) sau asupra bunurilor?

3. A avut loc vreun act de violență în prezența minorilor?
4. Există vreo situație de risc pentru minori, inclusiv posibilitate de a fi luați fără drept de pârât?
5. Pârâtul deține arme sau are acces la arme prin natura muncii sale ori din alte motive?
6. Există martori la faptele descrise?
7. Ce alte probe pot susține declarațiile? (de exemplu, linii telefonice tăiate/rupte, telefoane mobile sparte, alte obiecte distruse, mesaje telefonice înregistrate, inclusiv sms, scrisori, fotografii, documente etc.)

VII.Asistenţa medicală a victimei

1 Victima a suferit leziuni fizice sau a fost maltratată psihologic? DA/NU

2. A primit îngrijiri în vreun centru medical? DA/NU

3. Deţine certificat medico-legal, medical sau alte documente medicale? DA/NU

În caz afirmativ, acestea se vor anexa în copie.

În caz negativ, se vor indica centrul medical şi data consultului medical.

VIII.Măsurile care se solicită a fi dispuse prin ordinul de protecţie

a) evacuarea temporară a pârâtului din locuinţă, indiferent dacă acesta este titularul dreptului de proprietate;	DA/NU
b) reintegrarea victimei şi, după caz, a copiilor în locuinţa familiei;	DA/NU
c) limitarea dreptului de folosinţă al pârâtului, dacă este posibil, doar asupra unei părţi a locuinţei comune, astfel încât pârâtul să nu vină în contact cu victima;	DA/NU
d.1) obligarea pârâtului la păstrarea unei distanţe minime determinate faţă de victimă; d.2) obligarea pârâtului la păstrarea unei distanţe minime determinate faţă de copiii victimei sau faţă de alte rude ale acesteia; d.3) obligarea pârâtului la păstrarea unei distanţe minime determinate faţă de reşedinţa, locul de muncă sau unitatea de învăţământ a persoanei protejate; În caz afirmativ, se vor menţiona datele de identificare a acestor locuri.	DA/NU DA/NU DA/NU
e) interdicţia pentru pârât de a se deplasa în anumite localităţi sau zone determinate pe care	DA/NU

victima le frecventează sau le vizitează periodic; În caz afirmativ, se vor identifica aceste localități și zone.	
f) interzicerea oricărui contact, inclusiv telefonic, prin corespondență sau în orice alt mod, cu victima;	DA/NU
g) obligarea agresorului de a preda poliției armele deținute;	DA/NU
h) încredințarea copiilor minori sau stabilirea reședinței acestora; În caz afirmativ, se vor indica numele, prenumele și data nașterii copiilor, persoana către care se propune încredințarea.	DA/NU
i) suportarea de către pârât a chiriei și/sau a întreținerii pentru locuința temporară unde victima, copiii minori sau alți membri ai familiei locuiesc sau urmează să locuiască din cauza imposibilității de a rămâne în locuința familială. În caz afirmativ, care este suma considerată necesară și ce reprezintă?	DA/NU

IX. Alte măsuri

1. Victima are o activitate remunerată? În caz afirmativ, se va indica, cu aproximație, suma pe care o primește.	DA/NU
2. Pârâtul are loc de muncă sau desfășoară o activitate remunerată? În caz afirmativ, se indică suma lunară aproximativă pe care pârâtul o primește, dacă se cunoaște.	DA/NU
3. Există alte surse de venituri ale familiei? În caz afirmativ, să se indice suma aproximativă, dacă se cunoaște.	DA/NU

X.Alte precizări considerate ca relevante

Data

Semnătura

....

....

Domnului președinte al Judecătoriei ....

EDITURA LUMEN

Str. Ţepeş Vodă, nr.2, Iaşi

www.edituralumen.ro

www.librariavirtuala.ro

Printed in EU

www.ingramcontent.com/pod-product-compliance
Lightning Source LLC
Chambersburg PA
CBHW060315200326
41519CB00011BA/1735

9 789731 663722